U0549299

贵州行思录

郑艾林　著

社会科学文献出版社
SOCIAL SCIENCES ACADEMIC PRESS (CHINA)

图书在版编目(CIP)数据

贵州行思录 / 郑艾林著. -- 北京 : 社会科学文献出版社, 2020.7

ISBN 978 - 7 - 5201 - 6928 - 8

Ⅰ. ①贵… Ⅱ. ①郑… Ⅲ. ①区域经济 - 研究 - 贵州 Ⅳ. ①F127.73

中国版本图书馆 CIP 数据核字（2020）第 126107 号

贵州行思录

著　　者 / 郑艾林

出 版 人 / 谢寿光
组稿编辑 / 刘　荣
责任编辑 / 单远举
文稿编辑 / 程丽霞

出　　版 / 社会科学文献出版社 · 联合出版中心（010）59367011
地址：北京市北三环中路甲 29 号院华龙大厦　邮编：100029
网址：www.ssap.com.cn
发　　行 / 市场营销中心（010）59367081　59367083
印　　装 / 三河市东方印刷有限公司

规　　格 / 开 本：787mm × 1092mm　1/16
印 张：16.5　字 数：245 千字
版　　次 / 2020 年 7 月第 1 版　2020 年 7 月第 1 次印刷
书　　号 / ISBN 978 - 7 - 5201 - 6928 - 8
定　　价 / 99.00 元

本书如有印装质量问题，请与读者服务中心（010 - 59367028）联系

目 录

贵　阳

亚当·斯密说过：劳动生产力上最大的增进似乎都是分工的结果，分工起因于交换能力，分工的程度总要受交换能力大小的限制；换言之，要受市场广狭的限制。水运开拓了比陆运所开拓的广大得多的市场，工艺和产业的改良都自然发轫于水运便利的地方。①从昆明直达贵阳的高铁只需两个小时，交易成本的降低能大力促进经济的发展，而制度创新是市场扩大的保障，也是交易成本降低的重要因素。地方经济的发展，需要集聚有创新能力的人，需要激励人们对新知识的发现，制度创新无疑很重要。

贵阳的河流散发着灵性。从高铁站乘50路公交车到河滨公园，经过市中心和大南门，房子不高，街道不宽。河滨公园大门内，一片草地中有石头的图腾柱。公园内有一段青石板路，鸟声悠扬，竹子青翠，有餐馆掩映在翠竹中，餐桌上常见的是黔南州的勇闯天涯啤酒。走下石梯，南明河的水一片明亮，河水清悠，河流缓缓，满眼的杂草绿绿的，在流水中不停地摇荡。漫步南明河边，河水在阳光下金光闪闪，九月的河风让人舒畅，时有白鸟散步，又在水上拍翅，跳到水里时发出“啊”的声音。河岸上树木茂盛，处处有木炭烤着贵阳豆腐，河边的小吃味美而价格便宜，散发出乡土气息，贵阳是能够抚慰乡愁的城市。石孔桥上缓慢行驶着公共汽车，河两岸不高的楼房让人感到很接地气。河道转弯

① 〔英〕亚当·斯密：《国民财富的性质和原因的研究》（上卷），郭大力、王亚南译，商务印书馆，2017，第19—20页。

处水声一片，白水一层层流下，让人感觉无比清凉，水上白鸟成群，为城市增添了诗情画意。

贵阳城洋溢着生活气息。虹形的“雪涯桥”上面，下班的人有的在买阿婆的豆腐，有的吃着苗家砂锅酸辣烫，有的吃着布依族人的砂锅排骨盖饭。文化路上银杏树高大茂盛，都司路上香樟树四季青油油，瑞金路上又见南明河蜿蜒流淌。一片大楼，有贵州省科学技术馆、贵州省总工会、对外友好宾馆，中华路上的高楼让人不知到哪里去。路边卖饭的凯里女孩说：“河边的人民广场晚上很热闹，我来到城市后住在我的大姨妈家。”广场四周有矮树，里面有各种颜色的花坛，人们都很悠闲，很多人在演奏乐器。一个保安人员说：“那是芦笙，芦笙是贵州的象征。”开摩托车的司机送我到青云路夜市，他是农村来打工的，收了我 5 元钱，同朴素的人在一起心情十分愉快。我喜欢小吃街的生活气息，吃了福建人的两个烤羊肉串，又吃了广西人的烤生蚝。生蚝是长在海里的，不是我小时候在湖北吃的河里的那种。我童年时那样亲近自然，和伙伴们在河里捞鱼可真快乐，现在好久没有摸泥巴了。这个广西人的摊位一个月租金要几千块，一年要几万块，老百姓靠劳动谋生都不容易。去找旅社的路上，有两个摆摊的阿婆在吵架，民警来后还是争吵不已。在巷子里住家庭旅馆，比住在酒店感觉好，一夜只需要 70 元。这里若有人在路上摆摊，发一张照片举报给城管，可以获得 10 元奖励。我认为应该取消对摆摊的不合理限制，应该给普通人以更多的自由空间，应该提倡普通市民相互友爱的文化，应该让城市的生活更加闲适。

贵阳城在群山环抱中。扶风山门外墙上写有“重在知行”，清代西南巨儒郑珍称赞为“插天一朵青芙蓉”。山上的阳明祠最早建于明嘉靖十三年（1534），白云庵始建于清嘉庆十九年（1814），有尹道真祠和扶风寺。20 年前我曾漫步扶风山，当时是不收门票的，让我感到城市很亲切。那是王阳明生活过的地方，山上树木茂盛，山顶平平，山上的泥土至今让人感到温馨，经常在山上漫步的人让我羡慕。现在生活在高校，真有一种同社会脱离的感觉，我羡慕陶渊明同乡亲们生活在一起，长期过着从容的隐居生活。古建筑正在维修，从门缝中可看到山坡上白色的阳明祠，感觉怅然而饱含崇敬。扶风山下是省委所在地，路边可以吃到3元一块的贵阳豆腐，乘摩托车到黔灵山公园只要花15元。一元钱的价值对于普通人来说都很大，给他们更多的支持可以提高整个社会的福利水平。公园的南门外，梧桐树高大，凉风悠悠，黄叶翩翩，山上有古人题的“黔南第一山”。这里小吃很多，青岩卤猪脚很大，卖莲蓬的人也很多。进门有青石板广场，桂花树和湖水相映衬，湖上有圆拱桥一座座，山坡是那样平坦。沿溪流而上，两边山上树木茂密，鸟声婉转，湖面越宽水越绿，一路上有风雨亭，顶上都有青藤覆盖。蒋介石与张学良会面处，山坡上有两间黄色和红色的小房子，有水池和风雨廊，亭旁有两棵高大的青松，远处半山腰有一亭。从小石子路下来，河上见大石桥，湖里睡莲耀眼。桥边有麒麟洞，原名唐山洞，是一个旱洞，洞外有古树，洞内有巨大钟乳石。这里本为尼姑修行处，张学良和杨虎城先后被关押于此，大门上写有“佛殿耸灵山朝看猿鸟听经去，石麟护宝地暮涌云霞入洞来”。湖边檀泉建于清代，泉水从山壁龙口流出，龙下面是乌龟，龙口下大石缸上刻有莲花，写着“长寿”二字，檀泉亭上有对联“泉落青山出白云，檀槽一抹广陵春”。黔灵湖在长长隧道那边，1954年拦大罗溪水筑坝而成，湖面积28公顷，湖面银光闪闪，四面绿树环抱，亭阁掩映在绿水中。湖边有烤山猪肉，山下有农舍，有菜园一块块，鸡鸣狗吠之声不断。

贵阳有深厚的历史文化底蕴。贵阳古城在元代为顺元城，明洪武十五年（1382）改元代土城为石城。贵阳城原有九门，老东门处有古城遗址，古城墙残壁大约三人高，斑驳的城墙厚厚的，上面的通道四通八达，台阶和滑道俱备。武胜门上设谯楼，外筑月城，文昌阁在月城内，明万历二十四年（1596）建，上层祀魁星，中层祀文昌，下层祀关羽，为九门四阁仅存之阁。南明河上有大南门遗址，有一棵300年的银杏树，河边的古城墙边有一片古树。古渡头门坊，写有“浪静波恬近水有情皆绕郭，云蒸霞蔚远山如画独当门”。贵州高原，自古有都柳江、清水江、㵲阳河以及乌江，一直同外界进行着经济文化交流。始建于明末的黔明古寺，抗战时期太虚和虚云曾在此讲经，大门上写有“闹市闻钟乐钟渐杳别有梵天醒梦，长河对影形影皆忘于无处所生心”。巷子内的房子依稀有古韵，有民国时期交通部部长王伯群故居，有黄齐生曾任校长的达德学校旧址。南霁云祠在达德学校处，王阳明题诗充满儒家的浩然之气：“死矣中丞莫谩疑，孤城援绝久知危。贺兰未灭空遗恨，南八如生定有为。风雨长廊嘶铁马，松杉阴雾卷灵旗。英魂千载知何处，岁岁边人赛旅祠。”

南明河宽阔，两岸古柳依依，远远地能看到石拱桥，桥上的楼那样秀美，“甲秀楼”几个字金光闪闪。桥头牌坊上写着“城南胜迹”，上面雕刻着龙凤花鸟。桥上涵碧亭，修于雍正年间，顶上画着太极图，写有“水从碧玉环中出，人在青莲瓣里行”“银汉浮空星过水，玉虹拖雨雁横秋”。甲秀楼大门上，有清朝古州兵备道易佩绅撰的对联，“风尘莽荡此登楼问两游郡县休戚何如忧乐莫忘平日志，身世苍茫一搔首叹万里江山古今多故安危须仗出群才”。明万历年间，巡抚江东之“于渔矶石四面砌石为台，状如奋起的鳌头，在台上建阁两层，分祭祀文昌、武曲二星，以培补贵阳文明风气”。甲秀楼于明朝天启元年（1621）重建，清康熙二十八年（1689）由田雯重建，乾隆四十一年（1776）由裴宗锡改建，宣统元年（1909）由庞鸿书重建，现留存有古石碑八块。甲秀楼集中体现出儒家“立德、立言、立功”的价值观念，也体现出文化积累需要保持连续性。江东之，明万历进士，安徽歙县人，官至右都御史，性格刚直畅达，著有《瑞阳阿集》，共 10 卷。江东之有诗：“明河清浅水悠悠，新筑沙堤接远洲。秀出三狮连凤翼，雄驱双骏踞鳌头。渔郎矶曲桃花浪，丞相祠前巨壑舟。此日临渊何所羡，擎天砥柱在中流。”江东之万历二十七年用 3000 名士兵剿杨应龙失败而被罢官后，继任巡抚郭子章继续支持修甲秀楼，由贵阳绅士许崇德牵头，“继增石桥五拱，将甲秀楼改为三层，立江东之像于楼中，请祭祀于名宦祠内”。郭子章，江西泰和人，明隆庆五年（1571）进士，著述甚丰，注重介绍西方地理知识，代表作有《黔记》。郭子章有诗：“楗石为鳌障急湍，名河潋滟镜中看。波涛不怕龙门险，砥柱偏连狻岭寒。俯弄山光窥睥睨，直吞云影吐琅玕。芳亭夹岸风尘隔，锁钥地灵紫翠蟠。”鄂尔泰，清康熙年间举人，雍正三年（1725）任云贵总督，有诗：“鳌矶湾下柳毵毵，芳渡洲前小驻骖。更上层楼瞰流水，虹桥风景似江南。”“炊烟卓午散轻丝，十万人家饭熟时。问讯何年招济火，斜阳满树武乡祠。”吴达善，乾隆进士，曾任云贵总督，有诗：“为寻胜地一登楼，四面云山尽入眸。多少春光题不出，柳烟轻宕小桥头。”“甲秀楼边曲径幽，绿杨夹水荡渔舟。而今回忆当年事，风景苍苍我白头。”夜晚的甲秀楼灯光黄晕，檐上有飞龙，顶上有芦笙，水里倒映着石孔，桥身上的树藤清晰，水中荡漾着金子般的光辉。

贵阳甲秀楼

山坡上有翠微园，大门有对联“半岭通佳气，双桥落彩虹”。翠微园始建于明宣德年间，前身为南庵，后改名为忠烈祠、武侯祠、观音寺。沿着双龙戏珠龙碑而上，有拱南阁，始建于南明永历十年（1656）。张献忠部将孙可望，被南明桂王封为秦王，在贵阳开科取士，有陈世基等54人被录用，是少有的一件被历史学者称道的事。龙门书院，椭圆形门内有翠竹和小亭，书院初建于明代，清康熙七年（1668）因纪念贵州巡抚刘荫枢改名为刘公祠。刘荫枢（1637—1724），康熙八年举人，康熙十五年进士，初出任河南兰阳知县，后任吏部和刑部给事中、户部郎官。刘荫枢家乡陕西韩城，是“大禹治水凿龙门”“鲤鱼跃龙门”之地，诞生了司马迁等文化名人。司马迁二十而南游江淮，上会稽，探禹穴，窥九疑，浮于沅湘，北涉汶泗，讲业齐鲁之都，游学范围甚广。① 刘荫枢念念不忘为家乡造桥，任云南布政使时着力治理昆明湖水患。康熙四十七年，刘荫枢调任贵州巡抚，任职14年，在四川乌蒙土司和贵州威宁土司斗争中采取招抚方法。这体现出儒家仁爱的思想。儒家强调统治者的自我修养，而正式制度的完善有益于儒家思想更好

贵阳甲秀楼夜景

① 司马迁：《史记》，中华书局，2013，第3999页。

地发挥作用。孔子说："宽则得众，信则民任焉，敏则有功，公则说。"《孙子》说："善用兵者，屈人之兵而非战也，拔人之城而非攻也，毁人之国而非久也。必以全争于天下，故兵不顿而利可全，此谋攻之法也。"甲秀楼内的管理员对游客们说："贵州的文风需要培育，整个中国的文风也需要培育，历届的贵州巡抚注重文化培育，明清之际贵州出六千举人、七百进士、两状元、一探花。"

贵阳到处可见"打造创新型中心城市""建设生态文明贵阳"的字样，2018 年数博会、生态文明贵阳国际论坛给人以开放向上的感觉。物质资本具有边际效应递减的特征，而人力资源和科学技术具有边际效应递增的特征，经济的持续发展在于创新。后发赶超的效果，在于激励人们的生产性努力而不是分配性努力，在于人的创造力的充分发挥。城市的竞争力，不在于土地的营运，经济发展不能过多地依靠自然资源的利用，而要加强文化等无形资本的培育。熊彼特认为，我们所说的发展，可以定义为执行新的组合：采用一种新的产品，也就是消费者还不熟悉的产品，或一种产品的一种新的特征；采用一种新的生产方法，也就是在有关的制造部门中尚未通过经验验定的方法，这种新的方法绝不需要建立在新的发现的基础之上，也可以存在于商业上处理一种产品的新的方式之中；开辟一个新的市场，也就是有关国家的某一制造部门以前不曾进入的市场，不管这个市场以前是否存在过；掠取或控制原材料或半制成品的一种新的供应来源，也不问这种来源是已经存在的，还是第一次创造出来的；实现任何一种工业的新的组织，比如造成一种垄断地位，或打破一种垄断地位。[①] 熊彼特所说的创新主要是企业家的事情，合适的制度对企业家的创新具有激励作用，可预测的制度环境能够激励人们的专业化分工，能够让人们放心地将企业做大，专业化的物质资本和人力资本都具有专用性。制度包含正式制度和文化等非正式制度两个方面，两个方

① 〔美〕约瑟夫·熊彼特：《经济发展理论：对于利润、资本、信贷、利息和经济周期的考察》，何畏等译，商务印书馆，2017，第 76 页。

面的相互适应更能激励人们的生产性劳动，其中正式制度对经济增长的推动作用更强。梁漱溟教授的《中国文化要义》客观地分析比较了中西文化，认为我国传统文化中有十分有价值的内容，应该贯穿正式制度的各个方面，且应该用正式制度的创新来促进优秀文化的发挥。

花　溪

花溪是城市和乡村交融之地。在贵阳老东门遗址，当地一个数学老师很热情地邀我坐下聊天，和他聊天十分开心。我说自己喜欢溪流，还喜欢文化底蕴深的地方。他说："那里有贵州省新的民族博物馆，花溪公园内有溪水，还有文创园，可以了解贵州少数民族文化。"当地的一个大学毕业生听说我是老师还站了起来，贵州人对教师还是很尊重的。老师和学生友好交流很重要，《周易》说"天地交而万物通也，上下交而其志同也"。从贵阳乘202路公交车可以到花溪，有两个妇女要在贵州大学下车，告诉我应该在她们下车后的下一站下车。有文化素养的人，是一个地方灵性的体现，能够产生正向的外部效应，让人心情较为舒畅。我在路边招了一辆摩托车，说好送我到车站后给他10元钱，但到了车站后他没有要我的钱，可见人的行为并不总是趋利的。那人是20年前从四川来的，他说这里气候好，人也好，所以不想回去了。这里环境优美，有山岚叠嶂，有溪水流淌，又有几所大学让古朴和现代并存。大学永恒的价值是传承"独立之精神，自由之思想"，若学者只是趋利避害则不利于整个社会发展。应该激励人们为学术而学术的精神，这对于国家或地区的核心竞争力至关重要。

花溪是一个能够留住乡愁的地方。从花溪车站乘公交车，会经过一片片乡村社区，城市和乡村一体化方便了人们的生活。夜晚来到花溪公园附近，桥边的步行街灯火辉煌，我在步行街找了一家70元一夜的旅馆。河边有老百姓摆摊卖烧烤，有贵阳的烤小豆腐，是将一块很小的豆腐切成5片，放上香油后烤得热乎乎的，10元钱可以吃35块。坐在那里和他们聊天很愉快，他们都是在这里租房子住。卢梭说过，在庄稼人的粗布衣服下面隐藏着一颗善良的心。附近的百姓在这里摆地摊也要收摊位费，亲民的政策即将出台，减税有利于改善民生。他们的收入提高需要城市的发展，城市和乡村是互相帮助的，而现在必须特别强调乡村本身要存在，乡村的文脉应该保存。陶渊明的诗句充满了乡村气息："清晨闻叩门，倒裳往自开。问子为谁欤，田父有好怀。""故人赏我趣，挈壶相与至。班荆坐松下，数斟已复醉。……"马歇尔说："即使大多数邻人都和他一样从事农业，他们也逐渐供给他以良好的道路和其他交通工具；他们并使他有一个市场，在这市场上他能以合理的条件购买他所要的东西，供他自己和家庭用的必需品、舒适品和奢侈品，以及农业上各种必需的用品。他们使他获得知识，给他以医疗、教育和娱乐的便利；他的胸襟日益开阔了，他的效率在许多方面都提高了。如果附近的市镇扩充为一个大的工业中心，他的利益就更大了。他的一切生产物更值钱了；有些他一向丢掉的东西也可得到善价出售。"①

第二天看到花溪河水碧绿，河岸边古柳依依，花溪大桥下流水声哗哗，绿水向山中流去，连绵的将军山像强健的武士。花溪大道边有十里河滩，离花溪大桥不远。进入公园，就看到绿水从桥下弯转流来，河里布满水草，河中有石头，河水金光荡漾。十里溪水蜿蜒，河水是那样绿，河中水草丰茂，河边处处可见到田园。山上流下的泉水形成一条条小溪，明亮的小溪边长满绿草。九月的阳光是那样灿烂，有时遇到大人带着小娃娃散步，有时看到人们用小漏网在溪水里舀鱼。美丽的十里河滩，仿佛仙境一般，贴近人们的生活，当地的人是那样悠闲，可以随时感受世外桃源的魅力。溪水边有人家，山上有明朝的布依族古寨，那是自然形成的少数民族村寨，村口风雨廊上有卖小吃的，一片热闹。溪水边有孔子学院，天人合一的儒家思想和崇尚自然的民族

① 〔英〕马歇尔：《经济学原理》（上卷），朱志泰译，商务印书馆，2011，第201—202页。

文化是相通的。这里有贵阳烤豆腐和炸土豆，民风十分淳朴，自然与灵性让人留恋。

“花溪公园”几个字很典雅。公园内有小广场，前面是树木、花草、荷塘，草地中有各少数民族人塑像。溪水明亮，鸟声如潮，柳枝招摇，树木倒映在绿水中。水中鸟儿嬉戏，雨丝细细的，河中形成一圈圈水波，四面尖尖的小山上绿茸茸的。放鸽桥曲曲折折，掩映在芦苇中。在桥上看到溪水一片片，隐现在小洲和绿树中，青翠的小山顶上有小亭。1960 年 5 月，周总理访问东南亚各国，曾下榻公园西舍，并在桥上放飞和平鸽。桥那边遍布芙蓉洲，沙洲、礁岛和石拱桥错落有致，水中小岛上绽放着红艳艳的花。马鞍桥散发出古韵，石板桥面上布满青苔，此桥是清朝举人周奎为激励本地青年用功读书而建的。梁漱溟教授认为，中国社会“政治上经济上各种机会都是开放的。……而行行出状

花溪公园百步桥

元，读书人固可致身通显，农工商业亦都可以白手起家”。[①] 马鞍桥两边碧水潺潺，湖中礁岛上木芙蓉很耀眼，洲上有一片参天古柳。走过马鞍桥，绿洲上古木高大，平湖里是一片宽阔的碧水，长长的石板桥下有白闪闪的水隆隆穿过。百步桥在芦苇丛中，由 130 多个石墩组成，湖水从一座座石墩间流下，在礁石中曲折流向花草幽深处。百步桥那边有小亭，亭边怪石嶙峋，绿竹一片，有刻于乾隆年间的麟山碑。沿着大道而回，两边是古柳，河里是芙蓉洲，有荷塘一片，里面布满睡莲。公园由清朝举人周奎始建于乾隆五十二年（1787），1937 年作为公园开始建设，1940 年建设完成时称“中正公园”，放鸽桥边有抗日将领戴安澜将军之墓，增添了花溪公园的人文底蕴。

从高坡乡到花溪的汽车上，听司机说花溪的天河潭好玩，但我认为自然的村落才更加接地气，人为的旅游度假区我很少去。在青岩古镇外住的是 80 元一夜的家庭旅馆，那里可以和主人聊天。天河潭景区内楼房雅致，最便宜的宾馆是 200 元的。一家餐馆在热情地吆喝，一碗盖饭要 48 元，另外一家有 15 元一碗的冬瓜排骨饭。遵义老板的羊肉面一碗 15 元，一个门面一个月房租是 3000 多元。络绎不绝的人们很兴奋，让我增加了对这体验品的信心。夜晚，路上有游客说：“哎呀，天河潭，天河潭，早就听说你，今天总算来了。”楼舍林立，钟声悦耳，天河潭的路都由细细的沙子铺成。早上天是那么蓝，云是那样白，九月的朝阳让人舒畅，有游客说：“秋天来了，秋天来了，秋高气爽啊。”一片精致的楼房边，白闪闪的湖水在风中荡漾，湖与天都是一片蔚蓝。湖的四周是草坪，石头上写有“天星湖”几个字。湖水如蔚蓝的天空，湖中荷叶亭亭，荷花依然艳丽。小山坡上一片绿，堤上的花一片红。湖边有栈道，湖中有石堤，水里有满眼的石头。湖波荡漾，荷花招摇，楼阁玲珑仿佛浮在水中。湖边绿草地一片片，小土坡上处处是茶树、枫树、樱花树，红的、绿的、黄的，颜色是那样耀眼。石头高耸如壁处，有一大片白水如布，水声远远地就可以听到，下面的石子上是欢快的泉水，在

---

① 梁漱溟：《中国文化要义》，上海人民出版社，2018，第 222 页。

阳光下白闪闪的。瀑布边的山坡上，红艳艳的一片是海棠花，靛蓝的一片是薰衣草，金黄的一片是满天星。小山坡顶上有圆形小广场，中央的花坛五颜六色，四周的水池如镜，蓝天是那样近，远处群山叠翠。我羡慕陶渊明在乡村能够与自然亲近："露凄暄风息，气澈天象明。往燕无遗影，来雁有余声。"

从山上下来遇见公园的保安，他说还有老景区是完全自然的。到老景区的路上，两边是小山坡，山上有梨树和枫树，鸟声婉转，阳光明媚，秋风送爽。从大门下到峡谷，有一片桃树林，林中的知了是那样欢快。溪水碧绿，隐现在茂盛的草木中，河上有白色的两孔桥。在桥上看，溪水浅浅的，河床里有沙土，河边有石子，处处芦苇摇动。那山腰中有一片白瀑，一股股白水从洞口流出，瀑布的声音如音乐，河里溪水一股股，绕过一片片石子奔流。过了桥，走在石子路上，一边是山壁直立，一边是溪流哗哗，溪流边有古柳。沿石阶而上，一片绿水在平平的河中流，最后落到绿茵茵的潭中。路平坦处，草地一片，松树遮阴，蝴蝶翩翩，草木中碧水潺潺。大桥处，河面开阔，水流缓缓，岸上有海棠花，映在水中一片红。走过一片幽深的环山木，忽见碧水明亮，水声哗哗，高大的美人山上瀑布一条条。那山边的湖水碧绿，从岩石上奔流而下。前面喧闹处是绝壁，有水车和香粑车转动。泉水从山洞滚滚而出，层层叠叠而来，飞溅如烟。陶渊明有诗句："气和天惟澄，班坐依远流。弱湍驰文鲂，闲谷矫鸣鸥。"不少地方农村的地下水已经污染，贵州的山泉依然清澈明亮，让人感到人与自然无比和谐。

青　岩

从花溪到青岩，大道平坦，坝子宽阔，田野一片秀色，远处的山连绵如屏。青岩古镇，设于明洪武二十六年（1393）。明清时期青岩镇的地理位置十分重要，是黔中交通要冲，贵阳南部屏障，相邻的惠水为黔中鱼米之乡及贵阳粮仓。《徐霞客游记》中写道："青崖屯属贵州前卫，而地则广顺州所辖。北去省五十里，南去定番州三十五里，东北去龙里六十里，西南去广顺州五十里。……是贵省南鄙要害，今添设总兵驻扎其内。"

青岩古镇的外街齐整，两层的楼房很漂亮。古镇的门票为 80 元，性价比很高。漫步古镇，青石板街道光滑，两边是两层的木板房。店铺中青岩特产丰富，有豆腐干和卤猪脚，锅里有热乎乎的清明粑粑。店主还给我倒了一杯开水，生活在市民社会中让我很开心。城镇的形成在于人们之间的互相帮助，青岩古镇虽作为军事要塞而形成，但和自然形成的城镇有相同之处，都有让人温暖的市民社会。亚当·斯密说："农民常常需要锻工、木匠、轮匠、犁匠、泥水匠、砖匠、皮革匠、鞋匠和缝匠的服务。这类工匠，一方面因为要互相帮助，另一方面又因为不必要像农民那样有固定地址，所以，自然而然地聚居一地，结果，就形成了一种小市镇或小村落。后来，又有屠户、酒家、面包师，以及许多就供给临时需要那一点说对他们是必要的或有用的其他工匠及零售商人加入，于是市镇日益扩大起来。乡民和市民是相互服务的。市镇是乡民不断前往把原生产物交换制造品的市集或市场。就是依着这种交换，都市居民才取得了工作材料和生活资料的供给。”①

青岩古镇

青岩的儒家文化浓郁。古镇大门内有文化广场，这里从明朝开始形成崇尚文化之风，并孕育出进士周渔璜、状元赵以炯等文化名人，城镇的魅力在于文化的沉淀。广场台阶上有文昌阁，建于明万历年间，白色的大门让人感觉很素朴，大门上写有“万世师表”“文章千古尊师表，圣典一篇立乾坤”。悬山顶砖木结构，二进四合院，里面有青岩书院，有高大的文昌阁，“凤阁绕祥云撒开玉带三千丈，文昌腾紫气长护狮山六百秋”。院子内十分宁静，有泮池和小桥，有古石榴树斜倚，门内有字葬塔和古碑，有四株高大的泡桐树。文昌阁大门外的字葬塔于 1958 年拆除，重建于 2007 年。明清时期，古镇百姓把写有文字的纸张等弃物统一焚烧，正是为了表达对文化的尊重。明清巷子内有状元赵以炯故

① 〔英〕亚当·斯密：《国民财富的性质和原因的研究》（上卷），郭大力、王亚南译，商务印书馆，2017，第 365 页。

居，文化名人很能体现一个地方的灵性。赵以炯，光绪十二年（1886）进士及第，殿试第一，官翰林院修撰，光绪十四年充四川乡试副考官，光绪十七年任广西提督学政，光绪二十一年任会试同考官。他于光绪二十六年丁母忧回籍，在贵阳学古书院讲学，后归青岩讲学。大门上写有“琴鹤谱志，论语传家”，天井中写有“庭前梅报平安讯，云外鸟传如意音”“四壁书声小邹鲁，一庭秋色古黄虞”，正房的大门写有“山川遗故宅，文史纪科名”。赵氏原籍为湖南长沙府湘潭县，始祖赵洪美于清康熙年间迁入贵阳，世代以耕读为本，赵以炯为第七代。

青岩的文化呈多元性。在明清街与明清背街交叉处的斜坡下，有财神庙建于道光年间，两面是木板，屋顶飞檐，内供奉赵公明。贵州各地只有财神庙香火最旺，其他庙宇都少有人光顾。慈云寺建于清康熙初年，道光十二年（1832）重修，里面的雕塑为三国人物。明清背街上的迎祥寺建于同治年间。南门处的基督教堂建于1987年。明清背街处的万寿宫，又称江西会馆，清乾隆四十三年（1778）由江西客民建造。明清背街入口处高台上有一所小房子，原是丁氏人家居所。外面由石头围成，内里有三间木制的房子，屋前有石板场子。周恩来父亲周贻能，抗战时期居住于此。他戴一顶瓜皮小帽，穿阴丹布衫，常给百姓治病，青岩人对他印象很深。抗战时期浙江大学部分师生曾在此落脚，为青岩增添了光辉。那个守门的是本地小伙子，对人很热情，古镇的民风很朴实。沿着青石板街道而下，有内南门，高大厚重。高大的百岁坊，建于道光二十三年，写有“升平人瑞”，上面的双狮戏珠、母狮护子形态逼真，是为超过百岁的赵以炯曾祖赵理伦而修的，朝廷很重视对德高年长者的表彰，以发挥乡绅的表率作用。定广门十分厚实，城楼三开间，重檐歇山式顶木结构，墙体上有垛口、炮台。城墙绵延起伏，直上狮子山顶，狮子山高900米。城墙外有护城河，芦苇摇曳，荷花艳丽，远处群山起伏。

青岩的军事历史厚重。通往南门的街道上，赵公专祠白色的大门很醒目，大门内过道上有两棵高大的泡桐树。赵公专祠建于同治年间，是纪念青岩团务总理赵慰三的。咸丰五年（1855），潘名杰领导贵定苗族起义，赵慰三坚守青岩，拱卫省城桥头堡。咸丰十一年，赵慰三发动青岩教案，杀死教徒四人并火烧天主教堂，清廷迫于法国压力免去其职务，后来赵慰三戴罪出征战死。晚清时期，士大夫对国外宗教持排斥态度，因为那和儒家文化是相冲突的。梁漱溟教授认为："道德为理性之事，存在于个人之自觉自律。宗教为信仰之事，寄于教徒之恪守教诫。中国自有孔子以来，便受其影响，走上以道德代宗教之路。"① 赵慰三的四个儿子皆为举人，三人为进士，赵以炯为云贵历史上第一个状元。天井上面有班麟贵祠，大门上写有"畏地畏天畏百姓，多仁多德多贤良"。班麟贵，先祖为陕西扶风人，明初从征来黔，定居青岩。明天启年间，班麟贵任青岩土司，明朝廷授指挥同知，青岩土守备，准世袭，统领八番十二司。安邦彦是贵州织金那威人，明末水西彝族土司，明天启二年（1622）响应四川永宁安抚使奢崇明叛乱，联合水东土司宋万化攻陷安顺、平坝、龙里，三次围攻贵阳达十个月之久，并围攻青岩断贵阳粮道。班麟贵率土司辖地兵马援救青岩，围剿四十八庄兵，打通贵阳粮道，受到兵部尚书赵彦赞扬。安邦彦之乱平定后，班麟贵掌控程番府军事大权。程番民俗犷悍，难于控摄，班麟贵于天启四年提出扩建青岩城，天启六年竣工。四周以土筑城墙，城北抵达谢家坡，南至大茨窝，东至卡子门，西南抵黄家坡，西北达黑神庙，东西南北各设城门一座，并修建碉楼。顺治十七年（1660），班麟贵之子班应寿承父职任土司，增建定广门。乾隆五十六年（1791），袁大鹏建石城，高 4 米，长 200 余米，设东南西北四门，并于嘉庆三年（1798）重修定广门。袁大鹏 27 岁中武举，无意仕途，以耕读为本，两个儿子也是武举。咸丰十年石达开入贵州，贵州巡抚田兴恕亲赴青岩坐镇，击溃太平军并收复定番城。田兴恕为湖南镇筸人，年十六充行伍。干把珠，明景泰、天顺时期高坡人，高坡苗族自然首领，因大旱攻打都匀获取粮食。明朝廷震惊，调川、黔、湖广、滇兵围剿，天顺三年（1459）官军攻下高坡石门，将干把珠押解到京都杀害。《孟子》说："无恒产而有恒心者，惟

① 梁漱溟：《中国文化要义》，上海人民出版社，2018，第 126 页。

士为能。若民，则无恒产，因无恒心。苟无恒心，放辟邪侈，无不为已。及陷于罪，然后从而刑之，是罔民也。”明朝成化年间周洪谟《流民说》认为：“若今听其近诸县者附籍，远诸县者设州县以抚之，置官吏，编里甲，宽徭役，使安生业，则流民皆齐民矣。”仁政思想是儒家文化特别提倡的，其实行则需要正式制度来促进。1935 年 4 月 9 日，红军越过湘黔公路，分三路进入花溪、高坡、青岩等地，4 月 10 日凌晨至深夜顶住国民革命军吴奇伟部进攻，用“攻其所必救”的方法调动敌人。红军胜利的一个重要原因便是群众拥护，《孙子》说：“道者，令民与上同意也。故可以与之死，可以与之生，而不畏危。”

定广门

明朝时期的屯田制有助于各民族相互帮助，兵家文化的传播对于民族统一起了很大的作用。《孙子》认为“百战百胜，非善之善者也；不战而屈人之兵，善之善者也”，“兵闻拙速，未睹巧之久也。夫兵久而国利者，未之有也，故不尽知用兵之害者，则不能尽知用兵之利也”。

《老子》主张“兵者，不祥之器，非君子之器，不得已而用之，恬淡为上”。平定奢安之乱后，众建土司，使之势少力分，从而有利于地方稳定。青岩古镇的军事史让人心里有些沉重，但将兵法用于工商各业可以发挥十分重要的作用。青岩古镇现在迎来了各民族共同繁荣的时期。青岩浓郁的儒家文化现在依然有其价值，它增添了城镇的魅力，与市场经济是兼容的。儒家文化的发展正因中国社会有其需求，而恰当的社会结构有助于弘扬儒家文化。梁漱溟先生认为，中国文化是早熟的，即社会结构尚未发展时理性就有相当程度的发展，对我们加强制度建设很有启发。儒家文化提倡人与人之间的和谐，市场经济需要人们之间的平等互助。要实现经济、文化和社会的长期发展，需要建立恰当的社会结构，要在不同社会集团和各民族之间建立平衡，要确保下层集团拥有杠杆，并能从上层集团得到支持。张维迎教授认为市场经济能促进人们的道德提升，我认为他是一个有学识且很正直的学者。

高　坡

在高坡乡，到处看到的是乡村的自然美丽。在青岩的大道拦班车到高坡，道路平坦宽阔，远处小山如屏，山顶都是尖尖的。田野如棋盘，河水如长带，河两岸绿树成荫。“建设好旅游观光农业”的横幅十分醒目。现在是城里人愿意到乡村，而乡村人想到城里去了，这很符合经济学中的边际效用递减规律。高坡石门外是河流，石门内地势增高很多，这里是高坡苗族乡，苗族人喜欢住在高山上。

云顶草原让人心情明朗。云顶村平均海拔 1600 米，有 4 个自然村，共 340 户 1363 人，旅游开发为其带来了活力。这里的田野宛如一片小丘陵，黄色的稻田一望无际，田野中有通往村庄的水泥路。行走在水泥路上，有一片石林挺立，山坡上转动着风力发电装置，远处有一片两层的房舍，掩映在绿树中。招了一辆面包车，那小伙子带我到村寨路口，公路边水渠哗哗流淌，有一块块绿草地，有一片片水塘如镜。金黄色的稻子连着蓝天白云，稻田里有很多照相的游客。周末城里来玩的人很多，小车不断地开到村子里来。村寨内楼房齐整，屋前屋后的洼地积水很深，成群的小孩儿到处玩耍，穿着苗族衣服的阿婆晒着药草，盖房子的人们唱着山歌。草原景区，草地中有泥土路，近处绿草地空旷，远处褐色的山如波涛，天上蔚蓝的云海如盖，这里仿佛是地球最高处。

甲定苗族村淳朴自然。那里有洞葬景区，在高坡乡最远处，保持着宁静。公路上有班车直达村子，公路两边有小卖部，放着桌子和凳子，周围有几个小孩儿，有一个摩托车司机。山坡下田野中有一片两层的楼房，那一片村庄有 300 多户人家。高寨苗族村在山坡上，有

云顶草原

100 多户人家，村口有一棵特别大的银杏树，田里松土的妇女说自己姓陈。以前的房子已经歪歪斜斜，都有大石块垒成的院墙，木板房门上还挂着镜子，里面堆着杂物。村里的水泥路高低曲折，房子高高低低一片，有两层的楼房前停着面包车。屋前地上坐着几个年纪大些的，“你去买点酒来喝”，“哪里还有钱啊”。村寨内许多树木粗大参天，需要两人才能合抱。一个装沙子的人说：“那些大树是金丝榄。我们这里划定为小康村，做房子没有任何优惠，每户人家一年收入一般有几千元，大户人家也有收入上万元的，面包车有些人家还是可以买的，做楼房都是靠贷款。”走到街上，那摩托车司机说：“我们这里田少，每人不到两亩，老人在家里喂鸡和猪也喂不起，它们还是要吃东西。出去打工的也只能拿回两三万元，有的回家还没有路费。”看来，乡村振兴光靠旅游开发是不够的，还要加强乡村治理，提高老百姓的收入。

高寨营盘在山上，是道光年间苗民为防土匪修建的，有内外两重营墙，东西两扇门，墙和门都由巨石垒砌，巨石上有天然洞穴，大王洞为领头寨王居所。我踏着石子走上去，山路陡峭，石头很滑，小道杂草丛生，仰望可见城墙，我走到半山腰返回，看见有人牵着大水牛下山。以往的社会中从事分配性努力的人多，人们的产权得不到保护，因而以往的生产得不到多大发展。现在乡村振兴，最根本的是人们要走向市场，一个能够保护产权的地方将会吸引资本，而保护产权更多地要依靠法制。制度经济学认为，对市场经济而言，有效而理想的法律制度应当包括产权的界定、合同法和仲裁制度。如果没有法律来强制执行合同或保障公司保有其利润，就很难建立市场经济。制度经济学还认为："在小而开放的欧洲国家里，机会主义的统治者们常要对付资本、有钱人和商人—企业家逃离其领土的问题。而别的国家则开始强化产权，其主要手段是发展可以进行产权交易的自由市场。那些国家通过编纂法律和建立有效的法庭来保护契约。他们建立了有序的税制，并使其服从于法律。像威尼斯、佛罗伦萨、热那亚，以及后来的葡萄牙、纽伦堡、荷兰、英国那样的国家（和地区）都受益于资本和企业的流入，这使它们的岁入不断增长。"①

公路两边有小卖部、大米厂、五金店以及小摩托修理店。漫步在公路上，可见村寨被小山环抱，山上有绿树覆盖，田野里的谷子绿中带黄。田里立着草人，网丝上粘着黄蜂，屋前屋后有成群的鸡。有的屋前养着马，有马在田里啃草，有人牵着马驮着东西路过。路上遇见两个老人挑着玉米，两头的筐里都是满满的，他们是挑到街上去卖的。很快路过街道，远处小山连绵，近处种着稻子和玉米，蓝天上白云如絮。宣传牌上写有"脱贫无捷径，滴水把石穿""不愁吃，不愁穿，义务教育有保障，基本医疗有保障，安全住房有保障"。公路边村支部委员会是两层的楼房，而甲定小学的教学楼是四层的，说明这里对教育很重视。这里能够亲近自然，但看不到河流，石山上流不出水。公路边有一小块水

---

① 〔德〕柯武刚、史漫飞：《制度经济学：社会秩序与公共政策》，韩朝华译，商务印书馆，2000，第249页。

塘，浑浊的水中有一头牛。有两个读六年级的小孩儿，他们的身上和脸上都是泥巴。“他的牛长得又小又瘦，不敢牵出来和我的牛打架。”“还是要好好读书，考个好大学。”“老师要我们考到花溪一中去。”大山中的孩子是自然朴实的，教育能够点燃孩子心中的希望，希望有越来越多的一流人才愿意做乡村教师，乡村的振兴需要教育的振兴。远处有泥巴村，远远地听到一阵阵鸡叫声，山下一个中年人在田里蹲着，他的牛在水塘中打滚。他说：“现在基本上吃的有了保障。”

在公路上行走10多里路，来到龙打岩山麓的甲定苗族洞葬，这真是一个荒僻的地方。每到清明节，附近的苗人都会前来祭拜祖先。路边搭着一个棚子，棚子前坐着的老妇已经有85岁。田里做活的女子说：“你要买5元钱的香和纸，表示对祖先的尊重。”那女子送我去看洞葬，她在洞口烧了香和纸，还对着山洞拜了两下。洞深35米，宽10米，高20米，两个洞口有大小棺百余具，只有寨老和有名望及有功劳的族人才能葬入此洞。那女子说：“我们以前不是这里的，把棺木放在这里是一直还想回去，清朝以前的棺木一直放在这里。”那女子还说：“这里吃饭都是米饭煮白菜，若你饿了我可以做给你吃，就怕你吃不下去。”“我哥哥在这里守了30多年，养了些猪，种了点蔬菜，还酿酒卖给别人。不久前有人来闹事，那人喝醉了酒，把酒从我哥哥头上倒下来。那人的脸是自己弄破的，现在我哥还关在派出所，要坐牢了。”我安慰她说：“这个也不至于坐牢。”回到街上，一家餐馆有三个年轻人，我和他们一下子成了朋友。他们说那家的牛肉粉很好吃，这里姓唐、王、张、陈的较多，说他们的祖先是从湘西过来的，上面的高寨比他们来得更早，是高寨的人叫他们到下面来住的。我说起那个看守洞葬的人，他们说：“那人已经走了，他儿子回来了一下也走了。”

制度经济学认为：“在有人对他人拥有巨大权势（这时他人就是不自由的）的社会中，即使存在着强有力的制度和强制性控制，冲突仍很可能发生，并可能带来代价高昂的后果。在个人自由得到保护的场合，包括转移和退出自由得到保护的场合，一般较少发生冲突。因此，确保退出机制的制度也会限制侵犯他人自由的滥用权势。而且可以说，服从规则的权势者可以使他们自己不在冲突的紧要关头滥用权势。从这个角度来看，规则是强力对理性和社会和平的让步。”[1] 乡村治理以公平正义为出发点，人们迁移的自由度大大增强了，但只有人们的自由离开是不够的，要加强乡村精神共同体的建设，还要加强乡村对弱势群体的凝聚力。于建嵘教授认为乡村振兴需要公众有序参与[2]，我也感受到乡村的治理需要法治对权力的制约，加强社会建设才能让更多的人回到乡村来。

---

① 〔德〕柯武刚、史漫飞：《制度经济学：社会秩序与公共政策》，韩朝华译，商务印书馆，2000，第 147 页。

② 于建嵘：《乡村振兴需要公众有序参与》，《人民论坛》2018 年第 12 期。

清　镇

清镇的街道不宽，房子不高，生活气息浓郁，街道两边红花艳丽。招了一辆车到红枫湖景区，司机是四川广安人，晚上下班后想增加点收入。他的车不是正规出租车，收30元我认为有点贵，后来车站的售票员说最多只要15元。他送我到景区大门口售票处，那里的大宾馆要200多元，我认为有点贵，住进去就不能和当地人交流了。马路边晚上有卖烧烤的，有一家餐馆的人说："这里没有农家乐，路边的酒店都是一百多的，你还是乘公交车到清镇便宜。"我顺着马路找了一家位置偏僻的酒店，最便宜的房间要118元。那酒店老板家人都在贵阳，在贵阳还有酒楼，打工的两个女子是本地人。在烧烤店吃螺蛳，主人阿婆以前是电厂的小学教师，退休后买了这套房子。她儿子读大学时在北方学水电，现在做自驾游生意，我认为自己做生意是很好的，劳动光荣，现在社会倡导自己创业。这里已经开发成电厂了，以前的村落都拆迁了，但靠近安顺那边还是有村落的。来到这里，能够接触普通人，对此我比较满意，我愿意和他们在一起，喜欢听他们说些柴米油盐的事。第二天早上又是阴天，贵州的天气总是这样，不像云南那样总是阳光明媚。听说红枫湖以前可以绕道进去的地方都堵住了，但一家餐馆的女子说从蓝莓园的小道可以绕过去。走在蓝莓园的田埂上，遇到两个摘草莓的妇女，有棚子里住着中年男子，都很热情地告诉我绕过去就是红枫湖里面了。风景区内的大道上，可以看到一片水银白，水中小岛无数，红的桃花一束束，黄的油菜花一片片，这里的油菜长得比较高大。滴澄关景点处，有8根图腾柱，有几个湖南游客，兴致很高。这里水面大约有 3 平方公里，有云盘山等大小山头十多座，明永乐十一年（1413）设有滴澄关巡检司，有屯军 924 人，以前有滴澄桥，清朝有军队驻扎，徐霞客来过此地。水边有翠绿的柳枝，楼房有黄色的楼身红色的瓦，码头边的人说那是度假村的房子。买 50 元的船票，同坐“文明号”的是上海人和重庆人，他们是从昆明玩了一圈过来的，很爱旅游。坐船很惬意，水里浪花跳跃，岛屿浮在水上，岛上树木中有房子。船在龟岛停留一会儿，山坡上面有亭，亭里石碑上画着献寿图，岛上有石头像乌龟一样。蛇岛上可看到一些竹子和梧桐树，有观音庙，据说是古代的，人们以前在仙人洞中烧香。同船的人说那里其实是卖炸鱼的，正是天冷人少的时候，那里 20 元一盘，上船处 30 元一盘，黄果树餐馆 50 元一盘。船到风雨桥处，岛上树木更加茂盛，湖水是碧绿一片了。侗寨码头上，松树弯弯曲曲，进去看木头的房子要验门票。岛前面有一座横亘的山如大象。这里有不少摊子，卖着炸鱼和小豆腐，她们的摊位不收摊位费，因为这岛是她们村的，后山上就是她们的村庄。在这里总算看到了一些当地的人，同船的人都说苗寨就不去了，坐船返回心情是愉快的，这里坐船只要 50 元，都说便宜。

卫城正在赶集，一条主街上到处摆着摊子，逛街的人们很悠闲，小喇叭的叫声不断。有都匀毛尖 30 元一两，有半大的鸡 14 元一只，有馒头和包子卖。卖药材的摊子上，两个阿婆吵得面红耳赤，这正是市民社会的可爱之处。贺龙广场处，清朝的青砖瓦房可见原貌。1936 年 2 月 1 日，贺龙和萧克的部队抵达卫城，次日举行千人大会发动群众抗日。小巷子上木房子依旧，街道上是青石板，有南大门。转了几道弯，来到扶风楼处，那是明朝的三层阁楼，小广场在山坡下。古城在修建中，里面有小桥流水，仿古的建筑上已经挂上各种小吃的牌子。回到主街，上车到花海，花海景区大门口种有玉兰和油菜，里面有圆形的小广场，现在正在把水泥地恢复成土地。那小广场四周有楼房围着，旁边的几栋高楼还在建。里面有一条河，河中可见泥土，水面上有一群白鸟飞走了，有褐色的小燕子在穿梭，有雄鹰在空中飞翔。湖边有废弃的花钵子，斜坡上是青草，满目的花树有的断掉了。里面有一条条水泥路，树上挂的牌子上写着“建设好美丽园林”的字样，有一个路过的人说这一片以前全是良田。铝城大道这样长的坝子贵州少有，大道两边的油菜花和桃花艳丽，那一处处的村庄十分美丽。

岩脚村村口，大石头上写着“贵州省美丽乡村示范村”。大道边田里油菜花一片，两层的房子是橘黄色的，广场上刻有浮雕，有健身器材，村口有两个绿色的垃圾桶。村子里有一条水泥路，村口有一家榨油坊，屋前有一片菜地，有一棵柳树有 80 年了，我对小卖部的人说：“这里还是做到了生态宜居。”房子是楼房，有的用围墙围着，里面有场子，又有菜园，也有各样的果树，家家都有自来水，这里的门大都关着，村里有公共卫生间，厕所革命取得了很大成绩。村子里有一户正在修房子，有一个老人邀我到家里坐。那人说是以前从毕节那边迁移过来的，他们姓钱的在卫城总共不到 10 户，他们的祖先是明朝的将军，有五虎下西山的故事。他拿出家谱给我看，始祖是威武的轩辕黄帝。家谱能够延续人们共同的记忆，增加乡村共同体的凝聚力，祖先崇拜是我国传统文化的重要特征。他说城里的房子好卖出去，乡里的房子没人住，但也不能卖，这里兄弟分家想多盖房子要办许多证件。这里有一所学校，但教学水平跟不上，二、三年级的学生要到城里，读书要乘车来回。这里的良田被占用后喂猪也喂不成了，买东西喂猪划不来。乡村的公共服务和城镇相差太大，乡村的人只能到城里买房子。回到清镇，想找茶马古镇，听说那里有古代的牌坊，但走进了一家黑山羊粉面馆，有几个人坐在火炉边聊天，我听见他们在谈论 1 斤蒜薹多少钱。《周易》说：“本乎天者亲上，本乎地者亲下，则各从其类也。”我十分喜欢那样的小店，喜欢那样朴素热情的人们，希望美丽乡村都有这样的小店。

鸭池河是清镇市的一个镇。我是在从贵阳到清镇的公交车上听说的，一路上经过的斗篷山是人们露营的地方，那母女俩说河的一边以前是水东土司而另一边是水西土司。从清镇到鸭池河的车票为 16 元，一路上能看到铝厂和煤厂，满眼的小山很多座，山上的树木长得不高。山坡上和山坡间的田里颜色耀眼，有金黄的油菜花，有红的桃花和白的李

鸭池河

花，让人惊叹山地乡村自然风光的美丽。最美丽的是小山下的梯田，梯田平平的一片，油菜花黄黄的一片，有白的农房点缀其间。鸭池河镇在河的这边，有大桥在河上，河是乌江的一部分，河水碧绿如翡翠。桥头来了黔西一家人，听那男子介绍乌江水怎样从毕节发源，说黔西有多少河流汇成乌江，我一下子也记不住。大桥边有一座铁桥修于 20 世纪 50 年代，那朋友说以前一直有战士护桥，他说他什么也没有做，他们要开车赶往省城去了。铁桥头有两棵大桃树，满树的桃花绯红，在绿的江水边格外耀眼。鸭池河的上游弯曲，看不到有多长，只感觉河床下切很深，两岸山壁直立。在桥上看下头，两岸田野颜色多彩，河身蜿蜒如带，河水明亮如玉，有农房在岸边。前几天的桃花节一片热闹。河边镇上的旅馆 50 元一晚，主人于 80 年代在云南当兵三年，当完兵后又回到农村。现在镇上的房子是他自己的，有两个女儿都已经出嫁，有两个孙女由他们带着，儿子在清镇市的卫城打工。这里的餐馆主要是做鱼的，每条鱼都很大，也有牛肉火锅。我找了一家烙锅店，吃的是土豆和豆腐，那两岁的女娃很乖，我一坐下就拿来菜单。那布依族人家很热情，男的没有上班而是自己做生意，邀我一起吃火锅，但是我的肚子很饱了，我十分赞赏普通的劳动者。贺雪峰教授认为美丽乡村建设应该对广大乡村提供基本服务，我也感受到这样不仅能增加乡村基础设施服务的公平性，更能避免将乡村变为城镇。

修　文

修文古名龙场，明朝奢香夫人建立龙场驿，清康熙二十六年（1687）建县命名修文，取“偃息武备，修明文教”之意。修文县城有阳明大道，街道的名称洋溢着儒家文化气息。1508 年兵部主事王阳明任龙场驿丞，潜心研究《大学》，反思程朱理学，悟“格物致知”，首倡“知行合一”，创龙冈书院，后讲学于贵阳书院。景区大门口有广场，广场上流水潺潺，一树树鲜花盛开，石柱上刻有王门在全国各地的著名弟子，郭子章在《黔记》中记载了阳明先生在贵州的著名弟子。王门学派贵州代表，早期有汤伯元、陈宗鲁、叶子苍，成熟期有李渭、孙应鳌、马廷锡，后有萧重望等。进大门有王阳明先生铜像，底座上刻有他征战江西、广西、福建各地的业绩。王阳明纪念馆内有三进房子，门楣上分别写有“明德”“亲民”“至善”，可以看出《大学》对阳明学说的影响。《大学》提倡“物格而后知至，知至而后意诚，意诚而后心正，心正而后身修，身修而后家齐，家齐而后国治，国治而后天下平”。阳明先生从泛滥于辞章到出入于佛老，几经周折后在龙场驿潜心研究儒家经典，在认识论方面与朱熹的“穷万物之理”的路径不同。风雨廊内刻有阳明先生诗作。先生著述甚丰，他的学说的根本点是“心物合一”“人我一体”。他认为心无体，以天地万物感应是非为体，人们对草木、鸟兽、亲友、国家之爱都因为我心与之为一体。他主张要多在人事上用功夫，是极端的唯心论者也是极端的实验论者。任何事情都有普遍的“道”在其中，经历不同的事，体验不同的环境，能使我们多了解非可言传的知识，多数知识都是边干边学的产物。

王阳明先生铜像

圆形的门上写有“阳明洞”几个字。沿着石阶上山，满目古树苍苍，不一会儿就到了一个院子。院子外面是青砖的围墙，门内有青石板天井，一边是龙场驿站，另一边的阳明祠在九级台阶上，院墙边有一棵五百年的黄荆树。山上两层的亭阁建于道光二十二年（1842），一层放有一把古琴和一些纸，阳明先生来贵州时就携带着这两样东西。亭阁的石头上刻有“知行合一”，“知行合一”是阳明学说方法论核心，先生说“行之明觉精察处便是知，知之真切笃实处便是行”。旁边是龙冈书院（后改建为王文成公祠），大门上有对联“三载栖迟洞古山深含至乐，一宵觉悟文经武纬是全才”。当时学生越来越多，有不少湖南、湖北的学子远道而来。先生当年对龙场学生的教条为“立志，勤学，改过，责善”。过道内是天井，天井旁边一间房子内有阳明先生铜像，铜像是日本的一家公司赠送的，反映了阳明学说在日本的影响。根据复旦大学创始人马相伯在日本的体验，明末逸民在日本江户立昌明学校，学

龙冈书院（王文成公祠）大门

士大夫都手持先生之书，使得日本人勇于变法、勇于敌忾、勇于地方自治，学以精神而不学以形式、规矩，从心改变自我。有一个重庆的老师带着几个学生在参观，那老师说打算以后致力于讲解心学，但那些学生都没有听导游的介绍。铜像边有一束束的菊花，说明我国游客对先生非常景仰，也说明我国优秀的传统文化越来越受国人的重视。天井一边的房子上写着“培养元气”几个字，听说是民国时期修文县县长书写的，还有一间房子关押过张学良和赵四小姐。民国时期把龙冈书院搬迁出去，后来正式改名为修文中学，这里的旧址失去了文化传承的功能，成了人们缅怀先生的地方。晚清以来我国的教育不断变革，科学技术方面学习西方，精神方面弘扬我国的传统文化。科学和人文是相互贯通的，梁启超先生认为道学是本而科学是末。杨叔子院士认为：“没有科学的民族一打即垮，没有人文的民族不打自垮。”《线性代数》是《道德经》，《概率论与数理统计》是文学理论。“啤酒 2 元钱一瓶，4 个瓶盖换 1 瓶，2 个空瓶换 1 瓶，问 10 元可以喝几瓶?”这题找等量关系方法的就更有普遍性。做具体的数学题而体会数学的精神，正是知行合一思想的运用。教育不能只是教点谋生的技能，应该使身心健康发展，“仁”就是人与人之间的相处，任正非同志就特别强调精神方面的修养。《孙子》说：“善用兵者，避其锐气，击其惰归，此治气者也。以治待乱，以静待哗，此治心者也。以近待远，以逸待劳，以饱待饥，此治力者也。”先生的军事业绩应该与自己的心学相关，先生任兵部主事时上疏直言：“伏愿追收前旨，使铣等仍旧贡职，扩大公无我之仁，明改过不吝之勇。”刘瑾矫诏杖五十，发配贵州龙场，佯投钱塘，有诗“百年臣子悲何极，夜夜江涛泣子胥”。沿着石阶而下，至阳明洞，路边几棵高大的阳明柏都有 500 多年历史了。阳明洞有三个门，是一个很小的旱洞，里面钟乳石千姿百态。洞门口写有“阳明先生遗爱处”“奇境”等字样，大门的顶上刻有不少书法。阳明洞边有一间木房子，是当时老百姓搭了给先生住的茅草棚改建的，后来阳明先生搬到洞里住了。阳明先生是性善论者，晚年特别强调“致良知”，认为良知就在每个人的心里。现在的市场经济需要强调“致良知”，市场的扩大需要信任作为基础。根据“知行合一”，只有爱国的口号而没有爱国的行动不算真爱国，沉下心做好自己事情的人更加真诚。当我们有好的思想观念的时候，还需要适当的社会结构和正式制度与其相适应，这样才能保证“知行合一”和“致良知”。

修文县的旅游开发以王阳明为依托，能增强人们对传统文化的自信。从贵阳高铁站到金阳客车站的车上，遇到一个做饭的大妈，很喜欢世界文学，有的书反复看许多遍，去年看了一百多本世界文学书，一直保持着年轻时的理想。而人文教育中，学些这概论那概论作用相对较小，名著的熏陶才是真正有益的。一个本地朋友只上过小学，他还是十多年以前来过，说以前下面的那些建筑都没有。这次到贵阳认识的这个朋友对我很友好，当我要离开修文县城到桃源河景区时一直送我到车上。良知在他心里，他像照顾自己一样照顾我。我们很多人认为和受教育不多的人一起更愉快，说明教育应该保持人们天性中自然淳朴的方面。卢梭的自然教育思想是十分有益的。老子的智慧主要来自对大自然的观察。《老子》说："含德之厚，比于赤子。"《论语》说："居处恭，执事敬，与人忠。"来到桃源河景区，房子都是三四层的楼房。桃源河景区正在维修，门票230元我认为很贵，但后来听说贵阳人都喜欢来玩，城市人很喜欢周末到乡下来，7月、8月、9月三个月每家客栈都满满的。有两个贵阳来的妇女，是给父亲治腿的，说这里有个老中医很有名。她们的修养很好，爱自己的父亲像爱自己一样，在孝方面做到了"知行合一"。《论语》说："父母之年，不可不知也。一则以喜，一则以惧。"公路边的地以前是种玉米和稻谷的，现在都改为种花和苗木了。有一片水塘是挖出来的，山坡上青草绿绿的，有风雨廊和建筑物。沿着大道而行，山谷中和山坡上有9800亩猕猴桃基地，这里的猕猴桃主要卖给酒厂，实现了产业链的衍生，产品的附加值大大增加。三产融合是乡村振兴的重要内容。独山村是美丽乡村，房子集中在公路两边，像一个镇一样，这里的农家乐只在旅游旺季营业，平时营业的话会亏本。有一家很大的山庄，重庆人喜欢夏季来避暑，里面有很多房间，人住得满满的。来到一家布依族人的"下西冲农家山庄"，这里的布依族人以前住木房子，他们说那样的房子住着不方便，现在生活水平提高了，都愿意住楼房了。清明节他们家族人都在一起吃饭，许多人都在贵阳市上班，看上去都是有文化的。这家农家乐生意很好，平时也是营业的，树林中养着土鸡，城里人很喜欢吃这里的土鸡和鱼，还把腌肉和香肠作为礼品带回去。这里有水库，是山上溪水自然形成的。一个在农家乐做工的人是来本村做女婿的，我和他在一起聊天很愉快，他说现在旅游开发回来了不少人，创业主要做养殖，如养鱼、养鸡、养蜜蜂。一个大学毕业生说贵州的民居都由北京同一家公司打造，哪里都是一个样子了，说王阳明对修文县的影响是"带动了旅游开发"。我认为阳明先生不仅应该带动经济发展，更应该带动乡村文化的振兴，在旅游开发中应该增加文化的内涵。王阳明先生是罕见的兼三不朽于一身的人，学习他的思想智慧有益于我们的全面发展。他剿灭宁王叛乱后，将朝中交贿臣僚手籍悉焚，深得儒家恕道。江彬等奸臣陷害前，张永见皇上，说："王都御史忠臣为国，今欲以此害之，他日朝廷有事，何以教臣子之忠!"他如爱自己那栏热爱山地乡村，写的诗体现了心物合一："苍峰抱层嶂，翠瀑绕双溪。下有幽人宅，萝深客到迷。"

开　阳

从修文进入开阳境内，有村子保留着以前的木板房，传统民居让人感觉很新鲜，村子中红军广场让人有股亲切感。大山上树木郁郁葱葱，有云雾茶海一片。开阳市区高楼大厦满眼，开州大道上樱花红艳艳，哪里都能听到鸟的叫声。到南江大峡谷的时候开始打雷下雨，一家屋檐下坐着两个老人，还有一个背着小孩儿的年轻人，他们邀我坐一会儿。下面一排房子有农家乐，有一个人喊我进去住，说我一个人就只收 80 元。刚安顿下来雨就大了，不一会儿门前雨水成河，我就坐在屋檐下和那主人聊天。那人说这里的土和水都有丰富的硒元素，这里的两个乡镇在开阳的 16 个乡镇中以前是最穷的，通过旅游开发现在已经排在最前面了。有一个福建老板把白茶引进来种，五个种茶基地都由政府统一管理，请那个福建人当经理。旅游开发一开始由贵阳的一家铁路公司做，没有做起来，后来政府引进福建老板，投资多了，现在来的人就多了。昨天他的客栈来了 12 个人，一共住了 6 个房间，今天又有 8 个大人和 4 个小孩儿预订好房间了，这雨让他失去了一两千元。2009 年到 2013 年公费旅游期间，旺季每天吃饭的有 60—100 桌。上个月以来一直有港、澳、台的旅游团来，他的农家乐现在都是通过美团预订。这里的田政府征收每亩补偿 2 万多元，房子是政府划好地基后老百姓自己做，他花了 40 多万元。这里实行退耕还林后只剩下良田，良田征收用来旅游开发后对老百姓进行保障，政府要每人交 36800 元，办完手续后退还 2 万多元，60 岁以后每月可以领到 1300 元。那人说政府做得很好，老百姓的眼睛都很明亮，旅游开发应该以保障广大农民利益为前提条件，这样才能更好地贯彻公平正义理念，实现经济与社会协调发展。

南江大峡谷形成有两亿年了，江水奔腾，两岸青山上果树一片，清晨的山顶上笼罩着云雾，后面的山上白色楼房高低错落。顺着江水而行，一路水声很响，江中有礁滩长长的，上面长着青草。山上时见泉水流下，在草木中飞溅，景区入口处有两座土山呈牛角形，山上一层层的果树青青。江身转了个大弯，山壁直立，壁上有层层绿树。天门洞门口，钟乳石细小，有的悬挂着，有的向上生长着，有的上下相接，都是一片赤色。沿着木栈道而行，峡谷深而窄，绿水没有声息，峡谷顶上有一线光亮。有两层岩石伸出如青蛙，泉水流下如细线，落到水池如下雨。有溪水在山腰树木中流，跌落到两块大石坡上，一股股细流白闪闪的，水声很响。山壁上有钟乳石一片，山壁的石头是一层层的，石壁上都长着小树，树根都在石头中。走过峡谷，视野开阔，阳光普照，头上是蓝天白云，峡谷中石头遍布，江水在大石中环流。流水边路平平

南江大峡谷

的，路边高树成荫，一片片大石头仿佛要从山上滚落，山上的石头上长着各样树木，最美丽的是山下大石上的两棵发财树。江中石头一大堆，有的像小山一样，石顶上有小亭。走过那片石头堆，有大石仿佛是从山上滚落江边的，那水又转了个大弯，不知流向何处去了。

峡谷上去是十里画廊。河床浅浅的，一片片礁滩上长满青草，山坡上种着樱桃和枇杷，四月的时候叶子青青，河边有洋槐树，偶尔可见到农舍。大木桥处一片热闹，有游客乘着筏子游玩，河滩上有很多大棚，吃烧烤的人一群群。到那人多的地方去，有一家门前有一棵枧子树，冰箱里面脆皮雪糕5元一支，那家的小女孩很喜欢听手机放出的音乐。河中有石墩桥可以过去，有溪水汇入南江，溪水边有红色的旅游路。沿着小溪流而行，遇到贵阳人说长官司是一个美丽的乡村，他走了一半就转回来了。溪水清澈，露出沙滩一片片，沙滩上长着水芹菜，水芹菜开着白花。小河弯弯，上游的河水更绿，再往前走溪水就变成靛蓝色了。河边的田里种着豌豆和油菜，山坡上都是果树，河道呈太极形，在长官司大门转了个弯。村子四面环山，楼房在山边，田野中有草莓园也有水田，油菜花和豌豆花耀眼，河两岸柳枝飘扬。走过田野，河边风雨亭上聚集着不少人，那是姓杨的家族清明节聚会。山坡上的人家，有贵阳下来的妇女拿着锄头到田里去，后来看到她提着一包蕨菜。那家的主人招呼我坐下，还端来茶给我喝，他们都是汉族人，七世祖是从江西过来的，他的二哥是组长。一片楼房中有以前的木板房，有老人说以前的房子外观不好看。下午5点在广场聚餐，一共有15桌，组长说一共花了4600元，上次活动的经费还剩2000元，我认为这样的活动有利于将日益离散的乡村共同体凝聚起来。他们都是喝的饮料，说现在一般不喝酒了，要开车也不能喝酒。这里的水煮豆腐是特产，小泥鳅味道很好，但因为喷洒农药不如以前多了。有位老人以前师范毕业后在种子站工作，他1978年引进杂交种子，使得这里能生产6万斤大米，而当时村里只要交26000斤大米给国家。路过的人来到这里都吃得很开心。河那边长官司，大道两边白色的楼房十分美丽，村里三家农家乐都在营业，院子中有不少人在吃饭，都是从贵阳和开阳来休闲的人们。沿着大道走向山坡，山坡上都种着樱桃树，沿着林中路弯曲而上，跨过栏杆，傍晚从公路上走到毛家院。

公路边有座五层的大楼，第一层是小卖部，隔壁有餐馆，生意都很好。小卖部的老人 80 岁了，身体很好，以前是地主，很能吃苦，现在每餐吃饭能喝二两酒。他家有五个孩子，二儿子是贵州大学农学专业毕业的，一直在贵阳做农业项目，现在回到村里任副书记，乡村振兴人才都有一定的经济实力。第二天和新任副书记林键一起在村里转，他的工作思路正在酝酿中，想做点不可复制的项目。那一片自然的梯田很美丽，梯田的水源不是很丰富，种东西要经济价值和观赏价值俱备。村口有土地庙，里面石头如牛头，农耕文明使人们对牛很有感情。村里面地势宽阔平坦，一共有 1800 多户人家，有将近 3800 人，这里苗族人多，山歌资源丰富。村路正在建设中，村内有小梯田无数，后山上有一片原始森林，有条件开发森林公园。有遵义老板在承包土地种药材。村子内保留着以前的木板房，房子上的毛笔字是古人书法，这里是传统村落。沿着荒芜之路到南江大峡谷，俯视峡谷，深深的，大片石头闪亮，站在峡谷边让人感到很惊险。峡谷边一座座山直立，有一座山像将军，前面一座山如宫殿的墙壁，旁边几座山如宫殿的柱子。

双流镇三合村的农业项目很有名。一路上小山林立，树木茂盛，没有河流，但雨水较为充足。村委会的门口写着“正己正行为村民办贴心事，于公于私替百姓说公道话”。严书记要陈主任带着我们参观，有一片地种着烟草，一片大棚种着瓜果蔬菜，大棚内水泥道上风车呼呼地转。农业项目由成都盛华公司承包，他们对市场熟悉，能够实现小农户与大市场对接。有一个养殖基地，里面喂有 300 多头黄牛，由北京华联公司收购，每头牛净利润将近 1 万元，必须一年喂大，养殖人员每月可以收入 4000 元。他们说老百姓很会计算成本和收益，就算土地放在那里，80% 的农民也不会去种田。现在的村民谈判能力增强，主要因为可以外出打工，不需要依靠农村的资源了。三合村的一个组有一片鱼塘，钓鱼每两小时 100 元，鱼塘边正在种花，路上已经做了一些风车。陈主任说农业项目一般都亏损，最多也就一点微利，若各地产业雷同就都卖不出去了。要把饭碗端在自己手里，农业需要靠国家多扶持。对农村的认识，应该做到“毋意、毋必、毋固、毋我”，要把先入为主的观点放在一边这样才能做到客观。

安　顺

漫步安顺旧州古镇，青石板街道两边是两层的木板房，街道边有溪水流淌。南街内有刘家老宅，原为安顺州衙署。明成化年间，州府徙普定卫城即安顺城，州署改土州同署。万历三十年（1602），撤州设府，废土州同，衙署闲置。清雍正五年（1727），移安顺府经历司分驻旧州，后经历司移驻府城，司署旋废，卖与民间。碧波文学社大门写有“安州故事藏院内，古镇传奇看园中”，里面有亭台、桌椅、田园、桃树，小学里传来琅琅书声。西街的尽头有谷氏旧宅，是民国时期中央委员谷正伦、谷正纲、谷正鼎祖居，为建于清朝中期的传统四合院，外墙都由石头垒成，里面木板房中有燕子飞出，出朝门有 2 米宽石巷通往主街。周家巷建于清朝，巷道长 30 多米，通往街面，里面过二门有天井和正房五间，周氏祖上带盐帮到成都经商后改为做糖，现住着周氏后人。刘家大院，石板屋面，隔扇门窗，门厅面阔五间，里面是天井和正房五间。郑氏老宅，传统二进四合院，正房三间，中间为过道，前面设铺面可经商。周之冕故居，大门写有“古色古香满院春风留旧迹，名儒名士一时文豪壮古今”，为传统三合院，外设回廊，院落入口处为石砌八字朝门，原建有门楼，正房五间，左右厢房各两间。鄂人鲁大东老宅，建于民国晚期，中西合璧建筑。饶家老房，“明清四合院，天地一家春”，进去是过道，前后两院相接，两天井由方块石铺就，木板建筑。有位老人很热情地邀我到家里坐，他父亲以前从云南逃兵役过来。他说：“以前的旧州四面都是城墙，那么厚的城门，关起来连鸡狗都进不去，搞‘四清’的时候都破坏了。以前的护城河是弯弯曲曲的，那么粗的杨柳树都是斜长着，可以从树上走过河去。河边亭上柱子那么粗，以前这里的树都要几个人合抱。”

旧州街道

旧州的儒家文化孕育出不少名人。周之冕，生于道光甲申年(1824)，同治丁卯科举人、辛未科进士，以知县即用直隶，以功保加同知衔，改授镇远府学教授，后在凤仪书院和贵山书院讲学，状元赵以炯等出其门下。金汝锦，旧州南街人，生于光绪二十六年（1900），1929 年任平坝县县长时创县立中学，在黔西连任两届县长时兴办黔西小学和中学，与乡人简用谦共同筹资创旧州小学，卸任后作对联“住城言城，住乡言乡，处事且随流俗转；种瓜得瓜，种豆得豆，为人需结善缘多”。谷少华，旧州北街人，清同治四年（1865）生，5 岁能吟诗作对，11 岁入庠，民国时期曾任云南蒙自县知事、四川盐道、唐继尧私人秘书、护国战争第三军参谋长，受云贵监察使任可澄赏识并纳为婿，

20 世纪 30 年代旧州重修天保桥扶风亭时写有“无事且凭栏四壁云山皆如画，工余此小憩万家灯火总关情”。孙纯中，生于 1922 年，旧州西街人，自幼读私塾，1938 年到碧波乡国民小学读高小，1940 年考入安顺中学，1943 年考入省立卫城师范学校，黔南事变后提前返乡，执教于碧波乡国民小学，是诗坛宿将和学子良师，有诗“春堤二月柳如烟，玩景人归一字连。回首园林无限美，艳花芳草斗鲜妍”“心浪翻腾逐岁华，闲将诗酒赏春花。眼看桃李芬芳色，未敢归来作暮鸦”。清同治记名提督何自清，本姓林，旧州把士寨人，咸丰时云南提督何有保过黔收其为义子。咸丰七年（1857）回民马如龙犯昆明，云贵总督恒春自尽，林自清随何有保偕云南巡抚岑毓英平乱，马如龙降，功保记名提督。同治初，林自清入黔，兵扎丁旗堡，苗变时佐安顺知府毕祉堂平乱，苗酋陈小五从此听命。朝廷派骆秉章部达字营来郡协兵，以林专横处决。郑铁桥，旧州北街人，13 岁经商，16 岁从戎，投军周西成部，在模范营受训，10 年后任连长，周战死后王家烈接管贵州军政，郑铁桥曾冒死救出王家烈，32 岁便升任旅长，1932 年在蒋桂战争中战死于贵州榕江。旧州的商业界名人简敬斋，很注重和政府的关系，是儒商文化的代表。他于清咸同年间赴广西经商，常年往返于庆远、怀远间，开和隆商号于庆远，用巨资从事庆远慈善事业，并捐建桥梁、道路等，庆远知府孙钦晃奖“乐善不倦”匾额。广西巡抚奏保蓝翎四品通判，为请三代诰封，又赠“贤芳卓著”匾额。右江道以筹办粮台授花翎三品衔以知府选用，并荐任南丹庆云锡矿公司总办，宣统时该公司所产锡获巴拿马万国博览会一等金质奖章，并获农商部一等奖章。1916 年两广巡阅使龙济光赠“善人是富”匾额。1895 年旧州大旱，简敬斋筹寄银数百两。五子中长子简序良继任锡矿公司总办。

南门河上有古石桥，桥边杨柳依依，黄鹂声婉转，菜园一片绿，稻子一片黄，桥边还有古井和古裁缝铜像。溪水从远处山坡的寨子流来，旧州的那些诗作饱含乡愁。旧州政府工作人员黄炫忠有诗句“水暖春深出嫩河，镜田片片角尘多”。旧州人金祖仪有诗作：“昨夜东风叩我门，晓来但听鸟声频。无边春色轻轻染，柳绿桃红醉小村。”旧州中学学生张维娜有诗“三月阳春嫩草熏，田间陌上气氤氲。呼朋引伴寻芳去，愧见农人陇亩勤”。旧州中学学生俞润松有诗“亭下清波自古流，何曾一瞬暂停留。交情得似河中水，一往情深不掉头”。旧州中学学生韩瑶有诗“桑槐落叶萧萧下，雨后悲蝉唱断肠。无尽秋思今又是，独怜苦旅在他乡”。南门处有旧州中学教师叶云方诗，可以看出十分有才华：“何必赴天涯，山陬景色佳。村童浑碧水，美女乱荷花。柳下黄莺路，波间白鹭家。故园堪创业，诗酒趁年华。”旧州小吃源自明洪武调北征南，有鸡辣子、霉豆腐、香肠、盐菜肉。南门餐馆的布依族老板是我朋友，我坐在餐馆外等车时他说：“你到关帝庙下车，5 元钱，不要被人坑了。”旧州古镇外，群山苍翠，仙人河如绿带，稻田一块块，荷塘一片片。

天龙屯堡是儒家文化共同体。小山一座座直立，山间良田一片金黄，田野间有河水流淌。天龙镇上是沥青路，两层的楼房中有陈氏宗祠，有联“大明征南金陵根深叶茂，武王封陈颍川风采辉煌”。高高的天台山如长龙。天龙屯堡村寨现有 1325 户 5236 人，大门上有木头的阁楼，有联“源出江淮六百年耕戍田垄，枝发云贵三千里守望家山”。古屯堡圆拱形大门由石头垒成，顶上有垛眼，上面长着草，有联“滇喉屯甲源出洪武十四年，黔中寓兵流长华夏千秋史”。不宽的青石板路，两边是两层的木板房，房子的台基由石头垒成，妇女穿的是明朝凤阳衣服。屯堡内有河流贯穿，家家门前有古石桥。沈万三故居，有安静的院子，外墙石制，里面为木板房，有联“江南曾为旧籍地，黔中乃是新故乡”“致富胸怀信义，敬业志事农商”。沈万三，生于浙江湖州，后迁居江苏周庄，相传因“通番”（海外贸易）而致富，助修明城墙南京城墙三分之一，因请求出资犒军被朱元璋发配云南。据说他在云贵生活 20 年，在天龙故居生活 16 年，做马帮贸易，与张三丰交好，享年 88 岁。老演武堂，郑炳兰建于 1921 年，有古井一口，有水晶宫祀龙王。九道坎处，有陈典居住地，深巷内有很长的石阶。天龙学堂是三合院，由清末武举陈日瞻建于 1907 年，石门进去是石板广场，两层的木板房长长的，有观音像，有古树 5 棵。我国历史上的军屯制是很有意义的，刘邦认为萧何在后方供应粮食和兵源功居第一，三国时期曹操在官渡之战中打败袁绍就与稳定的粮食来源有关，朱元璋采纳朱升提出的“深挖洞，广积粮，缓称王”。大门内有《四公亭碑记》：张誉群，祖籍河北清河，徙至南京应天府，明洪武十四年（1381）随傅友德征讨云南元朝梁王，奉旨屯田，与郑、陈、沈三公义结金兰；陈典，源出河南颍川郡，自应天府都司巷举家随军入黔，在饭笼铺驿站供过往官员食宿和传递任务，在小井园九道坎开荒；沈茂，江南首富沈万三次子，战后留屯饭笼铺；郑刚，源出河南荥阳，祖籍福建长乐，宦徙南京应天府，从征云南授百户长，娶沈、李、陈三夫人生七子，现子孙三千余户一万余人分布在全省。

天龙屯堡古镇

浓郁的儒家文化让安顺富有灵性。安顺是古夜郎国都邑之地，是汉代南中四郡之一，“黔之腹，滇之喉，蜀粤之唇齿”，“商业之盛甲于全省”。洪武十四年，安陆侯吴复奉旨于阿达卜（今安顺老城区）筑石城，石城周长4650米，高8.2米，四门建有箭楼、月城、水关、水楼。古城墙沿用至20世纪50年代初，现在贯城河下游南水关东侧有30余米，古城墙和梧桐树一样高大。古贯城河上头儒林路是安顺仅存的老街，老安顺人称“大箭道”，为清初提督绿营兵演武射箭之地。老街上有民国时期安顺名人谷氏旧居，有新桥包子、林记甜品、油炸粑稀饭，周记油炸肉饼3元一个，里面包有很多肉，让人难以忘记。安顺文庙始建于明洪武二十七年，明王朝“以怀柔而教化边夷之民”，“移风善俗礼为本，敷训导民教为先”。孔子说：“子为政，焉用杀？子欲善，而民善矣。君子之德风，小人之德草。草上之风，必偃。”“君子学道则爱人，小人学道则易使也。”老子说：“其安易持，其未兆易谋，其脆易泮，其微易散。为之于未有，治之于未乱。”司马迁对酷吏也是不赞成的，滥杀无辜不符合儒家的恕道。三国时陆逊上疏孙权说：“夫峻法严刑，非帝王之隆业；有罚无恕，非怀远之弘规也。”明清两代安顺出举人806名，进士102名，其中武进士13名，官知府、知州、知县的达数百人。安顺文庙在黉学坝路的高坡上，目前格局形成于清道光年间，石墙围着大门，下面有九级台阶，照壁上写有“宫墙数仞”，麒麟碑上写有“文武官员军民人等至此下轿马”，古老的青石板中间有石榴树、线楸、柏木、桎木。文庙上面的虹山水库，小山环抱，有田野、垂柳、拱桥，水上有白鸟栖息。安顺武庙始建于明洪武年间，1919年将关羽、岳飞合祀，又名关岳庙，飞檐的门牌上写着“文武圣神”，照壁上写着“精忠贯日”“大义参天”，泮池内有一棵古松斜倚，关岳庙高大的门上写着“光昭日月”“万世人极”。

王若飞是安顺灵性的集中体现。王若飞故居位于老城区北门，飞檐的大门上盖着青砖瓦，“王若飞故居”为聂荣臻元帅题于1991年1月27日。过道是一间木板门的小房子，门内长长的甬道由青石板铺成，两面的墙壁粉白，墙上面有小瓦片。正门上有王若飞格言“一切要为人民打算”，饱含着儒家文化的滋养。进门是小过道，中间是很大的青石板天井，天井中有两棵一百多年的紫薇树。白色的影壁将天井分成两处：一边是南厢房、正房，都是红木板的，有一间白壁的青砖瓦厢房；

王若飞像

另一边是较小的天井，周边的木板房有磨房、对厅房、杂物间，房前都有窗子，屋檐前都是很粗的木柱。王若飞祖籍是浙江余姚，入黔始祖王德于洪武六年随傅友德南征，赐于广阳（今广顺），清乾隆年间始购房迁居安顺北街。王若飞生于 1896 年 10 月 11 日，1904 年随黄齐生到贵阳达德学堂读书，1912—1914 年在贵阳群明社书店工作，1915 年到铜仁矿务局工作，1917 年回母校任教，1918 年官费留日，五四运动后组织贵州实业教育参观团到各省考察。门外广场上的王若飞铜像，让人有心灵清澈之感，旁边有一棵肃穆的青松。陈列馆门边有董必武题的“磊落胸怀昭日月，冷清头脑战风雷”。

镇　宁

镇宁古城的城墙巍峨高大，城门上写有“安庄卫”三个字，上面有城楼三个。古城内道路两边楼房整齐，小吃店雅致，有成都的钵钵鸡，有桂林米粉。古城尽处有河，河上有桥，河边有亭阁。河那边镇宁老城区只有横竖两条主街，是任正非同志故乡。任正非同志于重庆建筑工程学院毕业后坚持学习，将樊映川《高等数学》上的习题做过两遍，还自学《电工学》等书籍。他是凭兴趣为求知识而学习，这样做才能够真正全面发展。我国历史上著名军事家韩信数学很好，有一次清点部队人数用的是《孙子算经》中的思想，原题大意为“有数被 3 除余 2，被 5 除余 3，被 7 除余 2”。但是韩信在楚汉之争的关键时期认为刘邦对自己很友好，是属于智有所不明。范蠡功成身退，则是十分有智慧的。街上有老安顺破酥包，3 元一个的油炸蛋糕里面有很多肉。老街上有几家书店，有两个幼儿园，生活气息浓郁。我住在一个小学语文老师开的家庭客栈，隔壁住的正是贵州省著名企业家伍万祥，夜晚去找伍同志时他已经休息，白天他出去开会了。我对伍同志的企业家精神很敬仰，他从事的是生产性劳动。他当时辞职开办企业，身上只有 5000 元钱，挨家挨户推销自己的波波糖，既能吃苦又能冒险，也有独立自由的品格，现在也经营酒店和房地产。万祥波波糖的门店上写着“贵州省级著名商标”“贵州省诚信个体户”字样，门店上面的住宿房有五层，门内小场院很整洁简朴，伍同志弟媳的房子在几层台阶上，街道对面有两层的万祥波波糖厂房。门店有两个帮忙的妇女，每袋波波糖卖 15 元或 18 元，价格让人感觉很实惠。老街上还看到刘氏波波糖厂，这里企业家的产生是明朝以来文化积淀的结果，黄果树瀑布也说明安顺是有灵性的。企业为实现自身利益最大化，就要有卓有成效的内部管理制度，防止浪费，鼓舞员工士气，做出明智的市场决策，以最低成本购买数量适当的投入品，选择最优的产量水平。我国传统文化是以人文为主的，其中有丰富的管理思想，在市场经济中能让它的精华更好地发挥作用。

高荡是镇宁的一个美丽乡村。离县城不远的公路边有村子的大门，沿着大门内的公路而行，小山一座座独立，山下田野一片绿，田野边有一个个寨子，现在的房子都是砖瓦的楼房。一条河流碧绿清澈，山沟里有风雨廊和亭阁，有各样的果树林。高荡大门外的路口有亭，那守门的也说门票50元太贵。我打算扭头离开这里，他要我随着人群一起进去。沿着石阶而上，观光车拉来几车游客，亭内的大鼓敲得很响。村中心有广场，广场边有村史馆，广场上有布依族妇女在舞台上表演，然后和游客共舞，有些游客跳得也很好看。村子的路边有一片田，种有豌豆和油菜，村子四周的山连绵不绝。路边有摆摊的，锅里的油团粑黄黄的，5元一份，买的游客不少。游客中有湖南的，有山东的，有江苏的，现在都是自费旅游。村中心的广场上有口井是明代的。村旦一片石头房子门前坐着些阿婆，游客问时回答都是98岁和100岁的。石头房有200多座，最早的建于明代中期，最迟的也有几十年历史，右边一片住的都是姓伍的，左边一片住的都是姓刘的，各有一个圆拱门进去。石头房高低一片，外墙都由石头砌成，里面都是木板的，每家各有一片天地，山上营盘的30多间房子仅可以看到轮廓。这里的先辈是明朝从附近迁移而来的，出秀才9名、举人1名，民国时期出军校生9名、师范生1名。这里周六和周日游客很多，一个司机说他们那里也应该是千年古村，但他们村没有在外面做官的，可见人才对地方发展的重要作用。

到龙宫景区，一路上风景怡人，有溪水、田野、楼房。十孔桥处溪水一股股流下，明河水宽宽的又绿绿的。沿着山边栈道走，有乱石如凳，山上有翠竹，河边有大石，泡桐树高，柳树古老，木芙蓉颜色艳丽。木桥下有一股股白水，在乱石中曲折流下，河面有黑蝴蝶翩翩地飞舞。河流起源处，山壁直立，龙门洞口很高大，两股水从天池欢快流下，洞内有绿潭。洞内瀑布高38米，宽25米，形如蛟龙，石门前的大桥也如巨龙飞舞。龙洞上面有天池，乘船进洞内，有一条条钟乳石如龙。龙门旁石壁上的“寿”字为朱熹手书，九龙溯源的雕刻说明布依族也是龙的传人，石壁上有胡绳题诗“千年古洞幻灵光，彩蕈成林玉乳香。借得蓬莱泉一勺，化为奇景世无双”。龙是中华民族刚健精神的象征，从中可以体味出传统文化的动态特征，《周易》说：“知进退存亡而不失其正者，其唯圣人乎？”龙潭布依族古寨6个自然村寨有426户2125人，95%为布依族。商业街有一家福建人卖牛肉，新区大道两边是两层的木板房，有客栈、餐馆、卫生所和幼儿园。寨里人以前都居住在山坡上。黄豆鸟鸣声婉转，春菜树高大，几百年的银杏树下有土地庙。我随着两个背着玉米的老人上山，走进他们的家里更真切地了解他们的生活。他们以前住的木板老房子破旧歪斜，贫困农村的旧房改造已经进行3年，他们用贷款修楼房一般需要40万元，特别贫困户给6000元补助。老人家里玉米堆满屋，他们是在偏僻的地方种的，政府现在只许种花草。“现在田都抛荒了，农民也要用钱买粮食吃，现在这里没有耕种土地，也就没有牛了，村里不许喂猪，我喂了几只鸡和鹅。”在景区工作的年轻人说：“我们这里每亩田一年补偿一两百元，老人要到80岁才有低保。我在景区上班每月2000元，年轻人多数出去打工了。”一家餐馆的老板是在贵州花溪读的大学，毕业后在龙宫水电站上班，说祖先是明朝从江西过来的。一个做百货生意的人说：“我们的每亩地政府征用一次性给5万元，安顺的房价是每平方米5000元。”萨缪尔森在《经济学》中说：“资本和土地也可以高度的专业化。拿土地来说，在人口稠密的城市和温润的海洋之间，会出现令人惬意的滨海沙滩。这些沙地有的被专门用作葡萄园，像美国加利福尼亚州和法国所做的那样；而那些靠近深水的岸边土地，则往往被用于修建深水港口，以扮演世界贸易中心的角色。”① 那餐馆老板给我找好了客栈，每晚100元，里面

① 〔美〕保罗·萨缪尔森、威廉·诺德豪斯：《经济学》（第十九版，上册），萧琛等译，商务印书馆，2012，第44页。

环境不错，外面有蝈蝈的叫声，有喝酒划拳的声音，那都是我愿意听到的声音。

黄果树镇漂亮繁荣，三层的楼房由政府修建，原景区居民已搬迁，旅游资源拉动了城镇化。旅馆的老板说，20 多年前的土路上车匪路霸很多，他们把石头往路上一摆，“哎呀，你把我的鸡压坏了，你要赔 1000 块钱”。制度经济学认为：“当人们无财产可丧失时，他们会更易于投入对抗和非建设性的冲突。而对有产者来讲，容忍一个混乱的社会，风险要大得多。如果社会中多数人拥有财产，而所有者们也已养成了靠长期投资和学习增进其财产的习惯，那么社会的多数人就会有兴趣保持国内外的和平。”① 离黄果树镇 2 公里处有石头寨，是四周扁担山

石头寨

① 〔德〕柯武刚、史漫飞：《制度经济学：社会秩序与公共政策》，韩朝华译，商务印书馆，2000，第 256 页。

布依族村寨中的一个，居民有688户2900人。乘2路公交车，路上稻田金黄，河水碧绿，五孔桥处有片片叠水，一股股从石头间穿过，又在平的河床上跌落，绕过村庄奔向田野，河流边古木成荫。广场上有铜制的布依族塑像。长号迎客是布依族人最隆重的欢迎仪式，铜鼓表明布依族是百越民族中的骆越支系，布依族蜡染为国家级非物质文化遗产。在布依族的传说中，盘古教会他们种植水稻和纺织，每年六月初六他们都隆重纪念盘古逝世。河边古柳依依，河中的倒影嫩黄一片，远处的山郁郁苍苍，河边有一片湿地。石头寨圆形的大门内，有举行集体活动的广场，街道两边是新建的两层楼房，底下由石头做台基，上面都是木板的。门前有妇女坐在地上，邀我一起吃爆米花，也有阿婆要我买她的手工艺品。石头寨博物馆的外面有两个大铜鼓。布依族人自古分布在珠江流域，与壮族有共同的始祖——报龙陀。土地庙有几百年历史了，在一棵大榕树边，后面石山上有小石洞。古石头寨的石阶弯弯曲曲，山上有石头垒成的围墙，拱形石板门上有大石条，石头房都依地势而建，有的屋前屋后由石头垒成，有的屋顶在平地上，一层和两层的房子都有，听说都有一千多年历史了，屋前屋后种着玉米和南瓜。有座石头房子很高大，里面屋顶露天但不漏雨，一个90多岁的布依族老太太一直坐在房子外面，听说是个性格倔强的人。我很喜欢这样的人，我小时候隔壁家的老爹就十分刚强倔强。几个小孩儿在山上玩，“那边还有一个圆门进去，也是石头房”。我随着几个小孩儿上山，有一个阿婆在摘菜，废弃的石头房上面盖着小瓦，墙由石头垒成，木头的门有的是歪斜的。黄昏中要回黄果树镇，有个在广场坐的妇女带着我走到田间小路，后来我一个人走荒草覆盖的路，又爬上公路，走得心惊胆战。乘公交车到镇上，然后客栈老板开车来接我，他是租房子开客栈的，租金每年3万多元。我把广场上坐着的几个妇女的话说给他听：“现在基本农田已经失去6年了，用来铺上水泥种花。年轻人出去打工，老百姓没有田种，现在靠挖野菜维持生活。房子的台基自己做，自己做的第一层不漏雨。”他说：“政府征老百姓的地，都会征求民意，或多或少肯定是给了钱的。现在耕田不赚钱又累，所以都不想耕田了，耕田还不如种点蔬菜卖，旅游旺季时她们做做烧烤也有一定收入。年轻人都愿意出去打工，只有十分偏僻的地方人们还愿意在原来的地方。”在安顺的一家村委会墙壁上，写有“来一场振兴农村经济的深刻的产业革命”。发展经济学中的配第－克拉克定理认为：制造业的收入比农业多得多，而商业的收益又比制造业多得多，随着经济发展及人均收入水平提高，劳动力首先由第一产业向第二产业转移，当人均收入水平进一步提高时，劳动力便向第三产业转移。[①]

黄果树瀑布

黄果树景区的门票旺季为 180 元，十省区市的人可以享受半价优惠，包括广东、广西、福建、湖南、上海、浙江、江苏、湖北、重庆、四川。我的身份证号码是湖北的，那卖票的是通情达理的人，说有一项

① 张培刚、张建华主编《发展经济学》，北京大学出版社，2009，第 329 页。

达到标准就行了，半价让我感觉获得了很大的消费者剩余。进入景区，椿树、泡桐、樟树、翠竹高大，盆景内有北盘江奇异的石头，金弹子如小菩提，银杏根粗壮，紫薇树没有皮，檵木枝横斜，叶子花耀眼。沿着层层石梯而下，树木青翠，山石上布满青苔，泉水从小洞喷出，从石头间流出，鸟儿在林中歌唱，一路上水声隆隆。一片细长的水杉处，对面白水三面环山，流来如雪，垂下如棉布。在水帘洞边的亭子边，大瀑布发出巨响，鸟声婉转，山上滴翠，白云如絮。有导游说："瀑布发源于我们苗族布依族乡的白水河。"沿着栈道层层而下，瀑布两边的山直立如壁，瀑布宽宽的，从山顶处如巨龙般怒吼直下。导游说："瀑布高77.8米，宽101米，海拔903.9米。"瀑布雪白，落到深深的犀牛潭，白水一股股反跳，飞溅的水花如烟雾一片，让人感觉无比壮观。山上的青苔绿茵茵的，飞瀑下潭水碧绿，无数小溪悬挂在大石中，河中四叠水弯转而下，流向低低的河床。《安顺府志》记载犀牛潭："国初时，潭上有五色云起，芝草生，神犀出游。"这里有徐霞客石像，崇祯十一年（1638）四月二十三日徐霞客抵达黄果树。"透陇隙南顾，则路左一溪悬捣，万练飞空，溪上石如莲叶下覆，中剜三门，水由叶上漫顶而下，如鲛绡万幅，横罩门外，直下者不可以丈数计，捣珠崩玉，飞沫反涌，如烟雾腾空，势甚雄厉。"① 这里有幅古联让人喜欢："白水如棉不用弓弹花自散，青潭似淀何须缸染色蔚兰。"

---

① （清）常恩总纂，（清）邹汉勋、吴寅邦总修《安顺府志》，贵州人民出版社，2007。

关　岭

关岭县城的人都说以前关羽的儿子在这里打仗，说明这里的人心理上对国家认同。我以前读《三国志》的时候，对一些体恤百姓的太守印象很深，他们不仅让老百姓安居乐业，而且让地方听到弦歌雅颂之声，很好地贯彻了儒家的德政思想。梁漱溟先生说过，中华民族实质上是统一的，因为中国的文化是统一的。

从关岭县断桥镇到木城河村，一辆面包车司机说要 20 元，我说不行，那司机说 10 元。在桥头下车，河水一片碧绿，两岸斜坡上有油菜花金黄，桃花一片红，甘蔗一片片，翠竹一丛丛。村委会处有很粗大的榕树。前几天山歌比赛很热闹，正月初六村寨已经很宁静了，年轻人正月十五过完就到全国各地去打工。河边斜坡上有布依族人家，农家乐里有野生河鱼以及土鸡和土鸭。有一户在安装水管，把屋顶上的雨水引下来用于洗手、洗脚，那家的女孩是从山东打工回来的。有外地打工回来的人一起散步，说打工也要有技术，有个木匠一天可挣 350 元，还要老板客气才行，否则就不给老板做了；没有技术的一天只挣几十元，还要看老板的脸色。桥那边一家门前有劈木头的，那人是在浙江做建筑的，打工在县城买了房子，房子每平方米 3000 元，连装修一共用了 50 万元。他说："这里的田要做旅游，都以每亩 24000 元收购了，打工每月收入 7000 元，要花费 4500 元，老板每月按时给工钱。我们佩服老板收入高，但同时认为能够生活就够了，我们不需要那么多钱。前段时间有个浙江张老板，差我叔叔他们几个人 6 万元，我们找张老板时他开始还很横：'我就不给，你们把我怎么样！'结果我们把他打了一顿，张老板立即上医院化验，劳动局仲裁的结果是：‘他不给钱不对，你们打人也不对，你们赔他 3 万元的医疗费，他立即给你们 3 万元回去过年。’”

木城河

沿着大道到很远的渡口过河才能在断桥镇上住。大道边的山上都是树木，几个村庄在山沟中，住着汉族、布依族和苗族人，村庄的田野中有油菜和甘蔗。有一户人家正在把一头猪从猪圈拉出来，有一个人对我说：“老人过世，需要把事情办好。”有户人家，很多客人搭着棚子吃饭，有一个穿着夹克戴着眼镜的人说自己是本地人，乡村能多凝聚一些这样儒雅的人就好了。渡口处有村庄，山坡上几棵大榕树大得让人惊讶，河边绿竹成荫，若夏天来避暑，真是人间仙境。摆渡的时候是要出 10 元钱的，那摆渡人说：“过来要交钱，过去就不交钱，不要你的钱了。”一同过河的小伙子参加了同学会后要回家，他们平时是在县城找事情做。一块田边有一个布依族阿婆在锄地，田里有几个红薯，我要她卖一个给我，她说："你要就拿去，不要钱的，我们不怎么喜欢吃。"田埂比田高很多，她在田埂边放着几个石块。她的狗跑了过来，她说："它不咬人，它只是闻你一下。"她用塑料纸把红薯包好，把田里的红薯都给我了，然后就锄地去了。碧绿的打帮河潺潺流淌，河床中石头大小如马铃薯，河水有时从石头缝中涌出，有褐色的大石头矗立如小山。河两边的山高大连绵，山顶都是石头，山上满眼是黄草。河边有很宽的沙滩，有树木一片片，树林中有一些棚子，夏天在这里吃烧烤是很有诗意的。经过黄岩水电站，那奔流的河水让我流连不已。一辆面包车开过来，车上一位农妇说："到断桥镇方向反了，前面都是乡下，没有吃和住的地方。"我返回断桥镇时天已经黑了，黄果树大瀑布流到这里来了，这是自然美丽的河流，自然而又有灵性。早上在断桥镇的一家餐馆吃米粉，有小伙子高中毕业在浙江的电子厂打工，每月收入为五六千元而消费要一两千元，吃和住都在厂里面。桥头有卖炸土豆饼的，说还有花江大峡谷好玩，有个人说可以用车送我去，40 公里收 150 元。

花江镇上平地中有田，田里开满了油菜花。旅馆老板说春节期间来了很多人，正月初二有 15 个昆明人还带了许多小孩儿。那旅馆老板开始说收 80 元，过了一会儿说要 100 元，而我认为明码标价是最好的。在去花江大峡谷的车上，满眼的山峰如波涛，山上都是乱石，石头中只有些稀疏的黄草。峡谷上面公路两边房子多一些，房前房后树木稀少。满眼是石头，石头很碎，山上看不到泥土，人们把山石围成一块块田，田里种植火龙果，一共有 13000 多亩，山上还种有黄精、白及、半夏等，有中科院的工作人员在这里指导，宣传牌上写有"敢叫荒山变绿洲"。司机说这里 20 年以前是没有粮食吃的，现在国家投资几十亿元进行旅游开发，这里的地土豆长得出来但很少，火龙果和花椒有公司收购。几户人家前有两个阿婆在烤火，门前摊子上摆着甘蔗和芭蕉，她们说这里种玉米和甘蔗，旁边那几棵树上的果子是不能吃的。峡谷底海拔为 600 多米，比镇上低 1000 米，这里天气热，日照时间长，适合种火龙果。大桥的一边是花江镇，另一边是贞丰县北盘江镇，有贞丰县非洲猪瘟疫检测站，外地猪不许进，本地猪也不许出，花江镇的猪肉涨到 20 元一斤了。江水碧绿，两边山石直立，石头是一块块的，河中有两只船开动着。有两家酒店，住一夜为100元，吃的有野生鱼，村里也能看到几只鹅，一家酒店内有许多小孩儿在拿着手机玩游戏。

步行到上甲古寨，大道高低弯曲，沟壑中都是黄草，田里有一些绿色，几十里路上看不到水源。上甲村有一条路进去，村里的房子在路的一边，路的另一边是山谷，山谷中草木密布。步行的路上有人用摩托车送了我，他是从晴隆来做上门女婿的，结婚六年生了两个女孩，他说自己出去半年就收入五六万元，白天卖菜夜晚收拾垃圾，说自己那么善良为什么得不到好报，他老婆和别人去过，给别人带小女孩去了。但我更想听能体现新时代贵州人精神的事。村子内公路两边，有分叉的大榕树，有高大端直的槐树，广场中有独树成林，那是一棵2500年的榕树。村子有50多户布依族人家，有两家小卖部，村里有两户人家在杀猪嫁女儿。一家三层楼的酒店主人到安顺过年去了，一家开旅馆的布依族阿婆也不愿意让我住。有一家楼房很漂亮，屋前坐着两个中年人，他们答应收我100元，吃饭和他们一起吃。那男的20世纪90年代出去打工，带着两个娃娃，小的还不会走路，现在有22年了。他说那边很容易找事做，开始在福清铺路，后来又给人家照看果园，老板的儿子半个小时就学会了焊接，他也跟着把焊接学会了，现在在浙江义乌工作。他说："那里的人心里想的是创业，家家都办企业做出口生意，办企业只要一二十万元就行了。我们老板是做雕塑的，就几台机器运转，产品出口到韩国，每年有几亿元的收入。"他还讲到一个老板，刚开始创业没有主意，父亲给他出了个主意，结果创业成功了，就用他父亲的门面做，现在身价有几千万元了。那人在义乌打工每月收入15000元，老婆给他打下手。大女儿在本地教书，每月两三千元，他们认为在贵州生活稳定。这人技术水平很高，铁门上的雕花也是他自己做的，问他想过自己做老板创业没有，他说自己的社交能力不行。他还说起以前这里榕树太多，晚上阴森森的，还说他父亲在他弟弟家住，因为不能适应他家的卫生习惯。晚上吃饭时吃的是猪肉，这里有3家喂猪的，都用饲料喂，有40头左右，喂多了卖不出去，这里喂饲料的猪肉每斤8元，不喂饲料的猪肉每斤 10 元。第二天从上甲村步行到小盘江村，荒山上只有石头，江边和山坡上有黄牛。一路上同打工回来的小伙子交谈，他们做箱包的每月有 3000 多元，做鞋子的每月有 4000 多元，村里赶人情一般为 20 元。手工技能太专门，不能让人们自由地转向其他职业，对增进人的自由越来越不重要了。以前移民的原因在于土地的边际收益递减，现在主要是发达地区工业化带来城乡结构改变及农业效率提高。随着人口流出，出去打工的人各方面素质得到了很大提高。制度经济学认为："我们可以是一个家庭、各种俱乐部、宗教团体的成员，也可以是按不同方法划分的地域实体的成员……这种多样化的多重联系最有助于实现我们的潜能。……人类通过社会交往训练各种分化出来的认知能力；人在与他人的协调中获得了演化上的优势并生存得更好。因此，演化有利于具备良好交往能力和协调能力的人。"①

① 〔德〕柯武刚、史漫飞：《制度经济学：社会秩序与公共政策》，韩朝华译，商务印书馆，2000，第 71—72 页。

平　坝

塘约村的兴旺在于组织的振兴。塘约村在安顺市平坝区不远的山坳中，一块山壁下聚集着祭祀山神的人们，每月的初九、十九、二十九人们都来祭祀，人们对山的感情是精神共同体的来源。客运招呼站停着一些大卡车。山边可以随意挖出煤来，但随着人们环保意识的增强，以前的煤厂都关闭了。这里的河是红枫湖的源头，红枫湖是贵阳市的主要饮用水源，以前这河里的水都是黄的，现在小河水清澈见底。山上有果林，山下油菜花一片金黄，河边有田，田里蔬菜一大片。河边的柳树发出嫩芽。山坡上有人家，有一家屋前的人说自己姓张，他们修家谱时前几代已经断掉了。那人说以前喂猪、喂牛时村里卫生是不好的，入股后每家在田边上留有几分或几厘田，种种蔬菜就够了，菜都要买就不好了。在村里不时遇到去河边钓鱼的人，有两个安顺来的人用菜刀换旧手机和旧电视。村委会处有广场，有两处运动场所，三层的房子下层是门面，房子的外墙是橘黄色的，公路由水泥铺成，村容十分整洁。有一座写着“农家乐”的房子，第一层是宽大的厨房，来吃饭的都是做工的和用卡车来拖货的司机，有腊肉。屋边是一块菜地，蔬菜很新鲜，菜地旁边水塘中种有莲藕。这里的人不喜欢吃莲藕，种一些是让旅游的人觉得好看。主人的儿子在安顺学医后在平坝市区工作。他说这里有 1000 多户 4000 多人。村史馆是石头垒成的房子，以前的房子都是石头的，浙江老板来开发，做石头房子出租，但不卖房子。山坡上有几座土地庙，村内树木很多，到处是鸟的叫声，环顾四周，树上有 6 个鸟窝。村委会二楼是领导办公处，左文学书记正在组织召开党员民主生活会。金土地合作社主任很热情地招呼我坐下，有驻村的治安组长走进来。说起现在村里没有人吵架了，那主任说以前的地是这里一块那里一块，现在土地入股后统一使用，矛盾就没有了。土地入股后村民每年可以拿分红30000 元，另外做工每天可以有百把元的工钱，主要种蔬菜、水果，还有药材卖往广东、香港等地。产品在广东等地通过销售点出售，在各城市都有自己的销售人员，不少打工的人都回来工作了。治安组长说有些人在外头做得好就不回来了。合作社主任的弟弟在浙江，每年有 15 万元的收入，在厂里是车间主任，老婆也有 7 万元的年薪，又在那里买了房子，现在就定居城市了。那主任说这里有小学，附近几个村的小学生都到这里上学，这里的学生考上好大学的不少。这里每人可以有 25 平方米的地基，房子产权证已经批下来了，证件即将发到村民手上去。那主任自己每月工资有个 3000 多元。左文学书记和他从小就是同学。左文学书记养猪、养牛、打工什么都做过，而那些小事是很锻炼能力的。

塘约村

他老婆开了一家百货店，现在自己的木材加工厂已经没有做了，若是给其他人去做的话，进口木材就没有渠道。左文学书记的父亲以前做过20多年支书，后来又有一任支书做过10多年，左文学书记是在村民中得到信任而被推举到这个位置上的。塘约形成了一种公共精神，现在村里的组织很有凝聚力，有一些协调工作由前任支书负责，以前的村干部和党员都积极为村集体出力，村里的乡亲们尝到甜头而人心更齐了，民主生活会开得很热烈。

小河湾是黔中最美丽的乡村之一。宽阔的贵安大道两边是平平的田野，远处矗立着一座座小山。小河湾村边有条河，河这边属于平坝，河那边属于贵安新区，这里离平坝高铁站很近。近处的平坝农场，以前没有人去，有个浙江老板种了些樱花，去的人就越来越多了，樱花开放的时候每天有10万多名游客。这里是浙江老板来开发的，老百姓不情愿土地被征收，这里的土地每亩每年的流转费为1800元。大道边有草莓园，有几块水塘，田里油菜花耀眼，已经结籽。这里游客多，摆摊的人也多，人多了就热闹，让人心情好。前两天阴雨连绵，现在太阳出来了，我想起《周易》中说“广大配天地，变通配四时，阴阳之义配日月，易简之善配至德”。田野中有亭，有水泥路，有本地女子推着小车，布依族女娃刚睡醒，眼睛十分明亮。从村口的大道进去，小树上有不少麻雀窝，油菜花长得高大，有很多小蜜蜂在飞舞，满眼是黄的油菜花、红的桃花和白的李花。有在田里忙着的，说是在种马铃薯，是给自己种的。大道前面有一片白色的楼房，上面都写着“农家乐”的字样，这片居民区住的是苗族人。有两个摆摊的妇女，有一个卖着烤黄粑，她说可以到她家里住，一个晚上收80元。这里是菜市场，有两个卖土鸡的，有一个卖鸭的，有几个卖野生蒜薹和蕨菜的。到村委会办公楼去，田野金黄，田那边发出很响的水声，村里的房子上写着“一村一品，一乡一业，产业促进”字样。村服务大厅内的小伙子是江苏人，在江苏的大学毕业后到这里做文书。他刚做完农村电商培训，说这里的稻米、中草药和虾子可以在网上卖，还说老百姓的房子自己不住也不会卖而会用来出租。他的父母在这里做房子装修生意，在镇上买了房子，房价每平方米也要七八千元。他说这里的乡村环境很好，但父母做装修生意在结账方面不如在江苏顺畅，江苏人欠账的话心里很当回事，这里的习惯是有个20000元先要留着自己过年。到那条河边，一个三轮车上的人说："河的下游叫观音河，河的上游叫羊肠河。"河上有桥，河水清澈，从上游弯弯曲曲而来，从石墩间奔腾而下。河边柳枝飘扬，有几个钓鱼的人，看起来气定神闲的样子。贵安新区的油菜花田中矗立着几座小山，小山上树木茂盛。回到菜市场处，那个卖鸡的要我买他一只鸡，另外一个卖鸡的人正在剁鸡，贵阳来的4个妇女每人买了一只。我买了一只较小的，每斤要16元，那只鸡总共65元。贵阳妇女说土鸡杀出来是黄的，那个卖鸭的人说她的鸭比鸡好吃，但我实在没有必要再买了。那家的男主人用摩托车带我到家里，那一片是居民区和生产区，他买了一块豆腐，一块要2.5元。他家新修了房子，铝合金门里面有场子，种有花和蔬菜，两层的房子进去有火炉，既可以烤火又可以做菜吃。女主人回来

小河湾

后把鸡做好，吃饭时他们说那卖鸡的是她的表亲。那家人说来了就把我当作客人，拿的是茅台镇的酒，当场开封的。那人有三个兄弟，都在隔壁住，楼房都很好，以前做房子容易弄到地基。那家只有两亩多地，这里2000多户人家，每人平均有一亩地。他不愿意地被征收，征收的话一亩地补偿45000元，种两亩多地可以收将近3000斤谷子，有这点地可以细水长流地过日子。他吃完饭就出门了，家族要举行清明节祭祖，要他去商量事情。

飞虎山上种了几万亩猕猴桃。旧州的溪水流向山里。在村寨内的河边遇到一个布依族人，他说："我们是土生土长的夜郎国人，明朝的时候吴三桂的儿子在天台山造反，朱元璋的部队来打他。"他们以前看的地戏是有关三国人物和杨家将的，可以看出儒家文化对国家共同体的凝聚力。儒家的仁爱、守信精神在偏远地区还是传承得较好的。他后来骑着车去给人家换锁，还说回来后要我到他家玩，我很想听他讲朱元璋打吴三桂的具体细节，但下午必须乘高铁赶回昆明，不得不匆匆离开了。制度经济学认为："在东亚传统中，尤其是在儒家学说中，对道德教育给予了高度重视。这使年轻人将人际行为规则内在化。由此，社会成员被根深蒂固的道德制度所浸透，看上去他们是在自愿地接受制度的约束，或者至少无须大量依赖法律、规则和程序。内在规则鼓励反射式服从并能得到很高程度的遵守。它的一个好处是使社会成员节约协调成本。……如果信任依赖于明晰的、相互的契约，而这种契约又必须依赖协商和监督，那么与之相比，建立可信赖的内化规则也是节省成本的。"①

① 〔德〕柯武刚、史漫飞：《制度经济学：社会秩序与公共政策》，韩朝华译，商务印书馆，2000，第123—124页。

雷　山

雷山是第三次苗族大迁移的主要集结地。从凯里高铁站到西江千户苗寨，大山绵延不断，巍巍直上蓝天，峡谷中流淌着白水河，哗哗的声音一片，峡谷是那样深，两边的山是那样近。1855 年始，黔东南苗民进行起义，12 年间从贵州直指湖南晃州、芷江、靖州。1867 年，曾国藩平定太平军后挥兵对付苗族起义军，苗军以雷公山为大本营处于守势。起义将领杨大六是郎德人，张秀眉是台拱镇板凳寨下寨人，李拱皆是台拱镇坝场人，官宝牛是三穗县寨头人，包大肚是施秉县平寨人。1872 年，杨大六和张秀眉在雷公山乌东坡被俘，在长沙遭酷刑而死。《孙子兵法·势篇》曰："故善战人之势，如转圆石于千仞之山者，势也。"晚清时期朝廷要应对国内外的严峻形势，以曾国藩为代表的经世致用学派得以发挥作用，他们在"师夷长技以制夷"方面体现出开放性，在处理同外国人的冲突方面很理性。同治中兴的现象说明儒家文化是有生命力的，以往几千年不变的文化从此不断变化，但保持社会结构的稳定性是发展的前提。

西江大门口有一个浙江老板说："我告诉你，我的客栈装修很好，里面空调、卫生间、热水器都有，只收你 80 元。"但我还是想先转一转，那浙江老板很激动地问："你为什么不愿意住我的?"一个本地人领我到他家，上山经过许多巷子，又转过几道弯，但我还是走了。西江苗寨，商铺都是两三层的新木板房，有苗族酒、雷山茶、苗银，有腊肉、腊肠、糍粑，夜晚灯火辉煌，溪水哗哗，游客如织，仿佛是天上的街市。第一风雨桥处，小吃味美，白水河里花灯无数，山上万家灯火呈

西江田园

牛角形。早上来到田园，一大片稻田金黄，河流奔涌而来，河床高低几叠，水中遍布石子，在风雨桥下弯转流向深深的白水河。人们将稻子往大木盆里装，田野间竖着一束束草垛，田里游着谷花鱼。稻田中有小石子路，路边有卖糍粑的，有卖鲜榨饮料的，有卖苗银的，田里有做餐饮的。有红薯地，有荷塘，山坡上有人家，山上有梯田，红、绿、黄一片，河上有便桥，有人赶着马从山上下来，有人在小路上推着独轮车行走。山上南门处有古井，接的是清泉水，街道下面是白水河，河那边山上有一大片房子。沿着石阶下到白水河，可见山坡上的楼房高低一片，过道顶上都是上层楼的地板。白水河边梓木和梧桐高大，水声那样响，白水那样耀眼，河上有六座风雨桥，岸边都是树木花草，到处都是游客。河边小吃街有“董哥烧烤”，烤的黑毛猪和嫩豆腐味道极好。董哥说：“这里过虎藏节很热闹，13 年过一次，过苗年也很热闹，都要穿苗族衣服。”旁边店里的人说：“我们的祖先是蚩尤，和黄帝打仗打输了，

西江白水河

慢慢就逃到这里来了。”第六风雨桥上面有古街，有个卖三七和天麻的当地人说：“西江地盘大，旅游开发做成功了，第一线房租每年100万元，房子是外地人来修的。我的这个门面租金是每年40万元，如你要租房做生意，现在正在风口上。”沿着石阶上山，褐色的房子是以前的民居，寨子最上面有棵守寨树，有一家苗医是被国内医学界认可的，有老太太在自己家卖酒和药。有个刚从贵州民族学院毕业的小伙子在卖苗人长街宴票，他说：“雷公山海拔1700多米，白水河发源于山上的两条溪流。小时候我爸爸经常带我到雷公山上打猎。我打算在这里积累一点经验再出去，这里每个月发3000元。”汽车站的司机说：“这里人一般都上大学，上清华的也有，出去后都不想再回来。”贵州人的需求正在改变，人的欲望由基本的向高级的发展，和经济发展是相互促进的。

郎德苗寨的门票是60元，售票员只收20元，西江100元的门票在这里3天内有效。经过巴拉河上的大桥，下寨有宽大的马路，马路边晒着谷子，有几个小伙子在街上走，小餐馆里有牛肉米线。苗族人的房子在山坡上。山上树木茂盛沿着巴拉河栈道去上寨，河流弯转，水流很响，河中露出大片沙滩。一片稻田高高低低，写着“农家乐”字样的屋前坐着妇女和老太太，100 元住这样的地方很好。房子是三层楼，旁边有梯子，楼上房间前有走廊。那妇女铺床时说几个外国人刚住过几天。这家有个小伙子中专毕业，准备到浙江工作。在隔壁家吃晚饭，菜味道很淡，汤里面不放盐，谷花鱼 50 元一份。读二年级的女孩聪明活泼，书包已经很重。男主人种地回来很晚，一回来就埋头吃饭。那女主人说：“我们这里 1986 年就开发了，地方小，政府要保留先辈做的房子，这里人一直不多但一直有人，我们这里的女孩都很聪明。”几个吃饭的昆明人说：“云南这样原生态的地方几乎没有了。”以前在大理遇到过一个湖北老乡，他说那里的三国文化是不应该过于提倡的，但三国人物的智慧在市场经济的生产性劳动中还是可以发挥作用的。封闭停滞的地方的人们主要关心资源的分配，接受某种文化的人多就产生规模效应而形成路径依赖，而开放和发展的地方的人们关心创新性活动。每个人都应该按照个性而发展，要增强离开单位后的能力，一个地方应该让不同类型的人才发挥作用。夜晚繁星点点，一片宁静，早晨鸡鸣不止。稻田一层层，一片木质的吊脚楼中有青石板石阶。巴拉河中有鸭子戏水，有农人挑着东西从河面石子上走过，村里的山歌一阵阵响起。郎德寨的村民说，“鱼住滩，人住湾”，他们元末明初从山顶搬下来，在山麓安家建寨。山坡上有木制的寨门，寨门口有石凳和木凳，门前高大的皂荚树上有群鸟栖息。从寨门到杨大六故居，石子路弯弯曲曲，有古井将山上泉水引来。杨大六故居是两层的木板房，石子台基有一人多高。杨大六 20 多岁时一人独过，常有外面朋友来造访，接客室有竹杯和陶水罐，用具为竹制品，有米桶、木斗、刀具，有铁三脚架和火坑，衣服颜色为黑色。下面小广场由石子铺成，有一面铜制大鼓很威风，四周屋顶上都盖着小瓦。中心广场有柱子，柱子上面有牛角，男的都身穿黑衫、头裹黑巾，女的帽子上有银制牛角，吹着号一起在广场上走，博物馆台阶上坐满游客。导游说：“走在这里的青石板路上还是很有感觉的。”沿青石板路上山顶祭祀台，有鸡啄食，土狗很多，田里长着尖辣椒和小西红柿，屋顶上晒着谷子，山边有梯田金黄，山上还有人家。这里的民间运动有斗牛、斗鸡、爬坡、“上刀山下火海”等。扫寨是苗族祭祀火神的习俗，寨老买黄牛或肥猪一头，雄鸭、雄鸡各一只，摆上17个酒碗，龙日在专用水井取新水，巫师捆好旧火把，用棕叶草编火星鬼，每户分一份扫寨肉。清咸丰年间这里共有70多户200多人，起义后幸存15人。老子说：“师之所处荆棘生焉，大军之后必有凶年。”后来从凯里舟溪迁来几户吴姓苗人，新中国成立初期恢复至50多户260多人，现有147户500多人。这里的游客来自30多个国家，共有100多万人次。1988年，澳门摄影学会题字“热情好客”。曾担任贵州省委书记的钱运录等领导同志曾来此视察。

排乐村在郎德寨上游，离凯里市区只需要半小时车程，11月18日开始这里过年两周。天下着蒙蒙细雨，桥头有些稀泥，山村一片云雾，

郎德上寨民居

时时响起鞭炮声。街上有几家小卖部、米粉馆，有一个卖肉的人说这里每周一赶集一次。走过桥，一个姓杨的浙江人说“这边走，这边好玩”，他在贵州做装修生意十几年了。他哥哥做玩具批发生意，每年收入几百万元，并娶了苗族媳妇。那三层的高楼用了 40 多万元，是他哥哥修给丈母娘住的，这里修房子不像在浙江那样受限制。当时上面的一户人家不许修房，他哥哥说“我就修了，看你怎么办”。不久他哥哥拖了两头猪来，都有 200 斤左右，几个人用绳子系着猪的脚，把猪抬上石阶，猪叫个不停。苗族人很喜欢吃猪肉，他哥哥今年已经买了 5 头猪，明天他哥哥的不少朋友要来玩，还有很多亲戚要来，苗族人过自己的节日时不上班。他哥哥的儿子大学毕业，在浙江工作一年后回来了。“浙江那边以工作为主，我师傅每天八点上班晚上还加班。这里以吃喝玩乐为主，上班还可以提着鸟笼去。”上山的路弯曲陡峭，据说三年以前更加陡峭。山上住着七八十户人家。和杨老板以及苗族阿婆一起吃的是腊肉火锅，这家是四兄弟中的老二，只生了三个女儿，一直有点受气。那苗族阿婆说：“隔壁家大哥，他家做房子时我给了 200 元钱，还一直给他们烧火，而我们做房子时他来都不来。”晚上这家的二女儿和女婿回来了，买了些橘子、米糕，还带来两个孩子，男孩 8 岁，女孩 3 岁多。那女孩刚哭了一会儿，然后就唱歌跳舞，“这是我的头，这是我的脸，这是我的腰，这是我的腿，还有我的十个小指头”，又在沙发上跳着喊“摇摇船，摇摇船”。晚上杨老板喊我出去转一下，黑黑的山寨中有几个人在路上吃野兔喝酒，有个人要看我的身份证，还要照个照片，杨老板说：“身份证你们不能随便照的，只有派出所有这个权力。”杨老板说这里的人以前喝酒后喜欢打架，他们喜欢看牛打架、鸡打架、狗打架、人打架。后山是原始森林，砍柴的少了后野猪就多了，庄稼被野猪破坏不少。晚上和杨老板一起睡地铺，爬着梯子上阁楼，主人后来又抱了个被子垫在下面。早上有猪的叫声，打糍粑的声音很响。那小女孩说：“我喜欢过生日，还有一个月。”这里没有过年给小孩儿压岁钱的风俗。吃饭时火锅里面肥肉较多，又有两盘炒猪肝和肥肠，这里的米酒很好。同桌的是清水江边的水苗，他们以前都在文山当兵。他们用车送我到高铁站去，巴拉河边苗族村寨停满车子，都是来苗族人家过年的。

发展中地区以往是以习俗为主导，现在城乡结构一体化发展迅速，行为要以市场规则为主导了。杨老板谈到在浙江做工程，若老板未按照合同按时给钱，员工给劳动局反映后很快就可以得到解决。这边就不一定了。他们有一项 30 多万元的业务，做好后要不到钱，做工的都在杨老板家吃和住，最后还是一个福建老板给了工钱，福建老板是那工程老板的合伙人。制度经济学认为："当秩序占据主导地位时，人们就可以预见未来，从而能更好地与他人合作，也能对自己冒险从事创新性试验感到自信。这样人们在寻找能与之合作的专家方面将更易于发现其所需要的信息，更易于猜测什么可能是这种合作的代价和回报，结果是发现和应用更有用的知识。"① 贵州地方政府很重视信用对经济发展的意义，较复杂社会的专业化与劳动分工程度的增强需要正式制度建设，铜仁高铁站的宣传牌上写有县法院的标语"着力打赢执行难硬仗"。

① 〔德〕柯武刚、史漫飞：《制度经济学：社会秩序与公共政策》，韩朝华译，商务印书馆，2000，第 33 页。

麻　江

唐宋时期凯里、麻江交界处为仫佬族领地，宋元时期苗族大规模迁入，传授给本地人农耕技术。元朝中期在麻江县宣威镇设长官司，明初设置大量军屯并保留西南元代土司，洪武十七年（1384）在宣威镇设平定长官司，由吴氏世袭土司。正德九年（1514）朝廷修乾清宫和坤宁宫，在贵州征集杉木，清水江边“坎坎之声铿訇空谷，商贾络绎于道”。朱元璋在开国初便对中书省臣说：“千古之上，茅茨而圣，雕峻而亡。吾节俭是宝，民力其毋殚乎。”① 雍正七年（1729）云贵总督鄂尔泰、贵州按察使张广泗首次疏通清水江，乾隆二年（1737）、光绪八年（1882）两次大疏通。斗篷山顶的天池水，经清水江，过洪江，经黔东南六县而入湖南沅江，顺江可达两湖江浙，逆水可至都匀。“漠漠帆来重，冥冥鸟去迟”，“山寺钟鸣昼已昏，渔梁渡头争渡喧”，“巴东三峡巫峡长，猿鸣三声泪沾裳”，以前的水运充满诗意和乡愁，现在人们在快节奏生活中失去了很多乐趣。

宣威镇山沟里有菊花一大片，山坡上树木苍苍，到处是蓝莓园，有很多蜂箱。卡乌村正在过菊花节，这里的花海以前是村里负责的，现在政府收管了，每亩田每年给老百姓六七百元租金，在景区干活一天给六七十元。这里属于下司古镇，清水江碧绿如带，古龙王庙和码头都消失了。卡乌古村每家都养猪，厨房有火坑和土灶，做饭多时就用木材，做饭少时就用电磁炉。公路边招了一辆车带我到花海，那是

① 谷应泰：《明史纪事本末》，中华书局，2015，第190页。

几个抱着娃娃的年轻姑娘，要到凯里去玩，她们的生活是崇尚自然的。一个凯里过来的人，有些胖，一副山大王模样，我最喜欢这样自然的人。“你是干部吧？”“不是，我是打工的。”“我看你可以当镇长。”“呵呵呵呵，你还可以到下司去玩，到我们的从江和剑河去玩。”乘出租车到状元故居，司机也是一个有真性情的人。“我是贵阳来做女婿的，提的要求就是一辆车。你怎么不农历六月二十四日来啊？这里牛打架、鸡打架、狗打架，好好玩，呵呵呵呵，好热闹，要打三天，看的人很多，有10000人看，过瘾得很。”

夏状元故居大门上写有“毓秀钟灵高枧长留才子第，崇文尚学麻江犹沐状元风”“入境沐儒风清水江涛流韵远，登门即秀景状元第府占春先”。门内有小山，清泉汩汩喷涌，穿过九步三孔桥，流向小河中。小桥建于清代，长5.3米，宽2.1米。状元湖内芦苇青青，古柳依依，睡莲遍布，湖中有亭阁和风雨桥。西园写有“闲看秋水心无事，每见同人眼暂明”“果林秋熟猿将子，药圃春肥鹿长茸”。经过一片木板房，又经过伐木场，狮山上有层层石阶，山下有二郎神庙。狮山上有夜读亭、百寿岩石刻、梅花林、文殊园，夏同龢自称“狮山山人”，莫友芝称赞其“连山迤欲断，斗起何苍雄。盘回度绝尘，飘渺乘高风”。狮佑坊下去，广场上有状元石像，状元第大门上写有“努力崇明德，随时爱景光”。光绪二十四年（1898），夏同龢殿试第一，1904年留学日本，1913年出任北京众议院议员，是宪法起草委员会六名理事之一，他晚年归隐北京劈柴胡同。麻江近代风云变幻，吴传声于护国战争牺牲后被黎元洪追授上将衔，张先培于1912年刺杀袁世凯。夏同龢将眼光放在法治方面值得称道，儒家强调内在约束，法家强调外在约束，儒、法可以互补。但钱穆先生认为，先秦孟荀庄老站在全人类的立场，而韩非只从统治阶级的片面利益出发。王元化教授在《思辨随笔》中对韩非的思想持批判态度。[①] 我也认为法家“术”的方面不应该用得过多，外儒内法是以往社会的一个特征，不适用于现代社会。韩非子讲究思想的实

① 王元化：《思辨随笔》，上海文艺出版社，1994。

际效果，是起过作用的，冯友兰称其为积极救时之士。现代社会更需要政策的公开，需要社会生活的有序。诸葛亮治蜀，刑政虽峻而无怨者，是因为用心平而劝诫明。法家赏罚公正的做法对差序结构社会的意义深远。法家还有做事雷厉风行的优点。张居正于嘉靖四十三年上疏曰："欲为一事，须审之于初。及计虑已审，即断而行之，如唐宪宗之讨淮、蔡，虽百方沮之而不为摇。欲用一人，须慎之于始。既得其人，则信而任之，如魏文侯之用乐羊，虽谤书盈箧而终不为之动。"① 广场照壁上有"君不法则令不行，臣不法则职不尽，民不法则事不成，君与臣民不以法交相维系其国，则国亡而殃及其身"。明洪武二十二年（1389），夏永昌从南京戍边而来，授世袭都匀卫指挥使，后定居麻江县高枧村。十世祖夏朝正，雍正十年（1732）举人，任浙江余姚知县。十二世祖夏鸿时，嘉庆年间举人，出任陕西石泉和洛川知县。十五世祖，拔贡，官至云南蒙化府知州。父夏源，监生，历任沾益州知州、南宁县知县、四川补用知府。

下司古镇的门票是 110 元，售票员说："你等到五点半就可以免费进去了。"清水江上有大桥，江面宽阔，江水白白的，远处青山连绵，河边垂柳依依，木制的吊脚楼有一大片。古镇大门重檐飞翘，四根巨柱上面刻有龙、虎、花、鸟。青石板街道上刻有二龙戏珠，有老人献寿图案。店铺有青砖瓦的，也有木板的；有纯银世家，有舒氏香猪腊肉，有传统手工面馆。芦笙广场上有木马和马槽，寨门上四重檐如牛角，上雕蜂窝斗拱，有燕子栖息。高大的侗族鼓楼，是侗族人娱乐、议事场所，用杉木衔接而成，屋檐仿佛是凤凰头，屋顶如孔雀开屏，下面十根柱子粗粗的。古戏台青砖瓦墙上有哼哈二神像，字画中有"高山流水"，屋檐上雕白鹤，有二小狮蹲在柱上。夜晚的小吃街灯光金黄，有粟家月亮粑、王婆婆月亮粑、爆浆臭豆腐、桃妹蓝莓冰粉，都被中央电视二台报道过。我对古城守门员说："现在走到哪里都要钱，搞得路都不能走了。"他说："明天白天再进来要买门票，早晨 7 点以前进来不要票，

---

① 谷应泰：《明史纪事本末》，中华书局，2015，第 935 页。

清水江

是清江旅游公司收钱，我们只负责安保工作。”到客栈的路上有老人穿着苗族服装，打着锣喊“防火防盗”。客栈的小伙子在成都读过大学，后来这里搞旅游开发就回来了。他说：“街面那些古建筑以前就有，这里才是真正的老街。”这里是古苗疆栈道，总面积139平方公里，现在有汉、苗、仫佬族近5万人。清雍正年间于下司、铜鼓设“下司铜鼓联司”，嘉庆十三年（1808）朝廷开辟下司场，明清七天赶大场，五天赶小场，马日和猪日为场期。至1951年被称为“小上海”，“人烟辐辏地，歌吹不夜城”，每天有两千多帆船近万名水客齐聚。

小码头为接官码头，上有接官亭，河边的石头很大，大石为龙潭口，建于明末清初。大码头修于乾隆四十四年（1779），有土地庙，下去有牌坊，有两根大柱子，下面有狮子，平面呈弧形，最宽处19.2米，有99级石阶。那古街是明清街，又叫码头街，紧靠清水江。青石板巷子两边是一层、两层的木板房，河边的泡桐树高大。码头街上有女子书

下司古镇老街

院，青砖瓦墙、木板门，田瑜于1936年任下司县立女子小学校长。有房子两侧是墙，前面是木板，很长的屋檐下挂着马灯，二层上面有阳台，几个在屋檐下喝茶的人说这房子有150多年历史了。有一家房子窗前有柜台，大门前有腰门，主要为防止鸡、鸭、狗进去，老人说这个房子有180多年历史，以前卖香烟。1808巷子里面，有土地庙写着“佑上下平安，保来往清洁”，那88岁老太太说土地庙以前就有。下司工坊的入口，有两棵高大的银杏树，中间有土地庙，以前有几百棵银杏树，1958年都砍了，一个老大爷和他爷爷为了保护这两棵树被打得遍体鳞伤，这片地以前都是那老大爷家的，他们以前是做豆腐的。禹王宫原为清朝康熙年间两湖会馆，大门的雕塑是龙生九子中的螭吻，门内有镇水石上冒着水，三面是一层的木制建筑，有古戏台。小河环绕处有风雨桥，河边有小白古塔，广东会馆是高大的徽派建筑。光绪三十二年（1906）建下司务本小学堂于万寿宫。阳明书院建于明朝后期，培养举人 120 人、进士 19 人。孙应鳌（1527—1584），王阳明学派徐樾弟子，嘉靖三十二年（1553）进士，官至国子监祭酒、刑部右侍郎、南京工部尚书，晚年回清平建学孔书院。阳明书院木板大门上有“服其教，畏其神，故非常之功必待非常之人，遍为尔德；官先事，士先志，有君子之词而无君子之行，莫入吾门”。书院内有两个天井，过道上有“大道致良知，愿知者行之，行者知之，知中有行，行中有知，此所谓知行合一；明心求绝学，则学犹问也，问犹学也，学不离问，问不离学，方能成学问无双”。王阳明铜像边写有“一室简编堆左右，二铭义理证东西”。

都柳江

榕江县城都柳江边有老州古城，门牌上写有“古州”“小南京”字样。古城只有一条长长的青石板路，有“袁氏民居”“周氏民居”字样，有残壁上写着“吉祥”“同治元年”字样。古城以前有八大会馆，建于清代晚期的广庆会馆很陈旧，两湖会馆和广东会馆已经整修好，进去是戏台，中间是大天井，三面是两层的阁楼。雍正六年（1728）六月，云贵兼广西总督鄂尔泰推行改土归流，采取先剿后抚的方法平定丹寨、雷山、剑河，雍正七年派贵州巡抚张广泗亲自率兵取道清水江、黎平进入古州，修驿道并疏通都柳江，以镇压侗民和苗民反抗。我更赞成三国时期处理反叛的策略——只镇压领头的少数将领，宽恕大多数人会使他们十分感激，这样更能起到安抚和怀远的作用。雍正八年，设古州厅隶黎平府，设理苗同知一名，派重兵把守。雍正八年，朝廷清理都柳江河道，首建将军岩码头，用水路保证军需，湘、粤、川、闽商人纷纷入古州，古州厅衙和商人从车江河至三江河口陆续建十个码头。乾隆二年（1737）于诸葛营筑土城后改石城，乾隆五年朝廷准许古州为都柳江流域总埠，古州成为黔桂水运枢纽，“夏秋之交，船运至夥，夜深人静，灯火隐现，彻夜不息”。商人张清渠办盐运，五条古驿道达贵阳、湖南、广西，解决了新疆六厅和黎平府的食盐供应问题，古州成为黔东南最大商城。雍正八年开始先后设义学十多处，儒家文化进一步深入少数民族地区。吴洪仁为乾隆年间举人，是古州厅第一位侗族举人。道光十一年（1831）在文峰书院遗址设榕城书院，道光二十四年郑珍任古州厅儒学训导兼掌榕城书院。郑珍（1806—1864），遵义儒医家庭出身，道光十七年举人，其有教无类的思想使得附近学生肄业达 100 多人，到黎平府考试一次中秀才者 14 人。杨廷芳为古州镇车寨侗族人，道光二十三年中举后在车寨鼓楼开馆育人，咸丰六年（1856）农民军攻陷古州后遁迹铜仁继续育人。咸丰五年至同治七年（1868），苗族、布依族起义联军四克古州厅，三围黎平府，同治十年古州同知方从黎平迁回。光绪三年（1877）兵备道易佩绅设龙冈书院，陆鸿渐任书院训导。古州出举人 12 人，进士 1 人，贡生 44 人。宣统二年（1910），古州创新学，古州一小、车民小学为榕江百年老校，但旧学依然是有价值的。1911 年，贵州光复并成立大汉贵州军政府，吴嘉瑞成立大汉贵州军政府古州分府。1940 年省立贵阳乡村师范学校迁至榕江，更名为国立贵州师范学校，由教育部边疆教育司直接领导，校长黄质夫为边疆培养近千名教育和建设人才。

都柳江的水一片碧绿，江边山上树木郁郁苍苍，有两条河从上头的乡镇流下来，和来自都匀的河一起汇入大河口。江边侗族鼓楼上写有“三水流霞三水流香流进珠江千里梦，五榕布锦五榕布瑞布成侗地万年春”。有《车江侗族祭祖歌》：“想当初真遥远，我们侗族祖先哪里来？老人传老人摆，我们祖先从梧州音州迁上来。人说古州好，人说三宝富。我们的祖先，赶路去寻求。择定吉日齐动身，老幼纷纷登上船。后生弓腰背纤索，不怕逆水行船难。古州地方宽，三宝坝子平。我们祖先很高兴，决定在这里建寨落村。古州地方好，三宝坝子富。种棉棉成球，种谷谷丰收。猪羊满圈人兴旺，村村寨寨乐悠悠。”苗王庙位于西山卧龙岗上，坐西南朝东北，以怀念故土中原。传说上古高阳、高辛时代洪水四溢，苗王带领童男童女各 100 名，驾云而来，分居各山，不变服饰，不下山坡，光大宗室。文笔塔掩映在山上树木中，始建于 1933 年，由商户筹资修建。大堤两边田园一片，满眼蔬菜青青，江边有摘菜的人。1939 年，正是我国乡村建设开展时期，地方绅士龙寿仙等向汪县长建议，将河水改道并筑防洪堤，在堤内沙滩广种蔬菜数千亩。政府引进优质品种，号召城内居民广泛种植，榕江成为全省最大优质蔬菜供应基地，蔬菜远销湖南、柳州等地。1945 年，榕江遭遇百年未遇特大洪灾，都柳江大堤被冲垮，古州城被淹没，蔡正中县长调各乡储存军粮1614 担和官盐 100 担救灾，并打开牢狱释放囚犯，却因此被革去县长职位。做事不归功于己是我国传统的处世智慧，但旧中国时期的政府对老百姓采取的是掠取的态度，仁政思想在旧社会很难真正实行。诺思说："制度未必或者说通常不会是为了实现社会效率而被创造出来的，相反，它们（起码是那些正式规则）之被创立，是为了服务于那些有制定新规则的谈判能力的人的利益的。"① 车江侗寨离县城 6 里路，寨子在浅浅的江水边，古榕树遍布，田地很多，那片地很平整。寨子内有始建于明末清初的莎玛庙，大榕树下有土地庙供着石子，有几个妇女在榕树下捶打侗族扎染。"一片木叶伴声尖，环山绕水荡回旋"，榕江的山歌是那样丰富。这里有 30 里平川，2 万亩良田，如今坝子中在搞建

岜沙苗寨的木荷树

① 〔美〕道格拉斯·C. 诺思：《制度、制度变迁与经济绩效》，杭行译，格致出版社、上海人民出版社，2016，第 18 页。

筑，一片城镇化的繁忙景象。亚当·斯密说："当人们勤劳的结果确有亲自享受的把握时，他们就自然会努力来改善他们自身的境遇，不仅要取得生活必需品，而且要取得生活上便利品和娱乐品。"①

从江县在都柳江下游，那里的河流宽宽的，水白白的。岜沙苗寨距县城 7.5 公里，海拔 550 米，"岜沙"在苗语中指草木繁多的地方。山寨入口处，一片马尾松参天，枫香树端直，锥栗树弯弯曲曲。岜沙男子吹芦笙、芒筒，女孩用牛角进米酒，欢迎游客到来。下石梯，两边菜园中有水芋头、白菜、小辣椒、葫芦。岜沙文化陈列馆是贵州省电视剧《云上绣娘》女主角之家，大厅有火塘、牛角、野鸡毛，二楼有回廊。楼外寨子内有梯田一层层。东方坡上，有青草地一片，有几棵大马尾松和枫香树，他们祭拜东方并崇拜太阳神。在古老的芦笙广场，每年农历十一月十九日都要举办芦笙节。村寨高大的架子上挂满稻谷，那片房子入口有一棵树龄 380 年的树。村内有个大学毕业生说："这里有四大姓，贾姓最早来，滚姓最多，还有王、吴两姓。滚姓帮助贾姓抗击土匪而被接受定居，我们的先辈以前吃了许多苦。"村寨有 1700 多年历史，有 500 多户 2800 多人，大家轮流过节，十分热闹，共同保护村寨平安的历史使得他们十分团结。村寨山头有三处守垴坪，以前每夜都有青壮年持枪护寨，有女孩结伴陪同。他们的先人从东方迁来，会制作火枪，人人佩带火枪。我问一个人现在平时还扛枪吗，那人说："现在太平了，平时不扛枪了。"我也认为现在生活水平提高了，别人不会抢他们家里的东西了，保护财产的方式也不同了。香樟纪念亭周围一片树巍峨高大、树身斑驳，内面大树墩上写着"树神"，纪念亭是著名木匠伍化鱼 90 岁时留下的古建筑作品。毛主席逝世时，村民将一棵直径 1.2 米的香樟树敬献修毛主席纪念堂，他们将最珍贵的礼物送给毛主席，正是因为他们的生命财产能够受到保护，国家法律以及实施机制也会带来规模经济。制度经济学认为："尊重和保护产权之所以有益，是因为它将企

---

① ［英］亚当·斯密：《国民财富的性质和原因的研究》（上卷），郭大力、王亚南译，商务印书馆，2017，第 385 页。

业家精神、人的精力、创造性和竞争性导入建设性的、和平的方向。战争或盗窃只能将企业家精神引入零和博弈或负和博弈，而保护私人产权则促进着大量正和博弈。这些正和博弈将汇入总的经济增长，并使社会成员更易于实现自己的愿望。”“在由有产公民构成的社会里，人们会努力对统治者施加民主和法律方面的限制以巩固其经济自由。”①

① 〔德〕柯武刚、史漫飞：《制度经济学：社会秩序与公共政策》，韩朝华译，商务印书馆，2000，第252页。

黎　平

黎平翘街是中国历史文化名街。雨天的夜晚来到翘街，街道两头高中间低，白的和黄的灯光照在青石板上，古城一片幽静。翘街的大门是石牌坊，顶上有四个小石狮，两旁刻有两副对联，“双凤朝阳诚州成德千秋开泰，五贤耀祖沧浪腾蛟万年文彩”“北塔凝光文风缭绕黎明第，南泉浮翠天香频送古城中”。红军广场，两边有一层、两层、三层的商铺，顶上都盖着小瓦。1934 年 12 月 17 日，红军总政治部在广场开群众大会，参加的有三四百人。广场在明朝中期为荷塘，是原黎平府学宫前一处泮池，四周有青石板步道，有白石砌成的栏杆。荷塘于 1930 年被填平，1945 年被改建为农贸交易市场。黎平县城关第一小学，大门写有“厚德敦行润古道，博学笃志启灵犀”，里面是文庙旧址，还剩一个大成殿。

走在翘街的青石板上，两旁有木制的房子，有青砖瓦的砖墙，有小渠流水哗哗。时时能看到幽深的巷子，刘家巷毛泽东住过，马家巷是黎平基督教聚会点。中央红军干部修养连住址，为明清时期黎平徽派建筑，原为廖氏宅院，由两层的木房子和封火墙围合，第一进为店铺，门内过道前是小天井，天井后面有宽过道和大天井，宽过道两边是四间卧室，后面花园内有风雨廊，有石阶上山。两湖会馆，门牌的青砖上长满苔藓和小桑树，门内青石板甬道两边是围墙，前面会馆大门顶上有酒葫芦。中央政治局黎平会议会址，青砖瓦房，外面的店铺有两门、四窗台，窗台上遗留有“京果杂货”“苏洋广货”“锅鼎瓷器”“各种名酒”字样。这里原为胡氏“荣顺店”，始建于嘉庆元年（1796），第一进门楣上由清黎平知府袁开第题“种德收福”“传家自有藏书乐，卜宅何嫌

黎平翘街

近市居”，两进房后面花园有通涵，离地 1.5 米高有门，打开可通往隔壁人家以防盗躲匪。福音堂，原为胡氏协顺店，1929 年典当给传教的德国人郁德凯，他带着夫人郁安乃到黎平传教行医，直到 1947 年在黎平生活 19 年后回到德国。大井街内是古民居，巷口小吃有炸糍粑、豆腐和烤肉，这里的烤红薯 6 元一斤，客家阿婆的红薯糯米粑粑 1 元一个。巷内有一口古井，圆形井壁离地面半米高，用桶提水很方便，旁边供奉的是观世音。洗衣服的人说：“我还没出生就有井了。”翰文轩是两层的木板房，门内大厅上有“画轩环青一溪横绿，千岩竞秀万壑争流”，天井前周氏宗祠上写有“系谱岐西，支分江右”字样。宋家巷内都是青砖瓦房，巷子中有宽宽的流水。翘街主街的房前有柜台，有四方井一口，洗菜的人说是地下水。姚家巷内有土壁屋，写有“山亭第”的门内中间是天井，三边是两层的木板房。沿着层层台阶而上，青山上云雾缭绕，东城门只剩下一段残墙，有破旧的楼阁，城门上有青青的藤条垂下。

隆里古城在锦屏县大山深处，始建于明洪武十九年（1386），东西长222米，南北宽217米，三街、六巷、九院子保存着原貌。青阳门外，广场由鹅卵石铺成，城门口有鸡啄食。青阳门城墙上面，是三层的阁楼，明代建成楼，清代改建鼓楼祀神，光绪三年（1877）重修。城墙上满是枫树叶，城门旁有棵大梧桐树，两道城门只剩下内城门，内城门上写有“紫气东来”“蔚起人文骈肩虎榜无双里，宏开地脉挈领龙标第一门”。街道由小石子铺成，两边是青砖瓦房子，第一家的门上写有“诰封土主堂堂正气镇荆楚，敕赠尊神凛凛威风护龙标”。城墙边横街，两三层的青砖木板房中写有“太原家风”字样，街道尽头有荷塘和田野。主街的门楣上有“三槐第”“指挥第”“苏湖世第”字样。有一家门内坐着几个阿婆，说祖上是从安徽过来的，自己是汉族而小孩儿都改成了侗族，院中有过道、天井、内室，天井中有妇女在做针线活。

隆里青阳门

主街上隆里守御千户所，始设于明洪武二十五年，为戍守官兵办公处，康熙八年（1669）重修时增设城隍庙和观音堂，大门上写有“调北征南洪武剑锋所指征程九千立屏街，屯田戍境明清蔚起人文科甲六百成令闻”。进门是天井，大门上写有“屏藩要塞”，屋檐中有鼓和锣，正堂上写有“皇图永固”，后面天井中有一口井，旁边有议事厅和军械库。城隍庙上，有“威灵显赫护国安邦扶社稷，圣道高明降施甘露救生民”。明洪武三十年三月，婆洞（今启蒙）林宽率众起义，千户吴德、镇抚井孚率众抵抗殉国，朱元璋追认两人为正千户，子袭职，百姓塑像祭祀。后来湖广都尉齐让率兵5万，楚王朱祯统兵30万由杨文为征虏将军，都督府佥事顾成由都匀进兵，这次战争中林宽战死，起义军死亡21500人。成化十一年（1475），乌罗苗人石金州自称明王，清水江少数民族纷纷起义，副使刘敷、湖广都督李震及都指挥庄荣率10万大军进讨，攻破苗民620寨并杀8500人。万历九年（1581），五开卫及隆里所兵叛乱，朝廷命黎靖参将邓子龙镇压。顺治七年（1650）和咸丰六年（1856），隆里所曾被起义军攻破。千户所旁有古戏台，主街的戏台边有古井，戏台处横街牌坊上写有“甘子养亲儿是媳，义方训嗣母兼师”。

书香第两窗上有“月来花弄影，风动鹤传声”“架贮三都赋，室藏二函书”，旁边巷子写有“陋巷幽且静，花疏艳乃香”。关西第窗子上有“欲高门第须为善，要好儿孙必读书”，杨氏先祖杨钟秀有军功，世袭千户职。科甲第的祖上中过进士，窗子上写有“庭栽兰桂树，室有汉唐书”“开窗闻鸟语，闭户听书声”。正阳门处，巷子十分幽静，原有两道城门，楼上原有关羽像，有联“城中凤起蛟腾已标令望，楼外鸢飞鱼跃更具奇观”。指挥第写有“两晋家声传后裔，三槐世泽继书香”，三间、两进、两天井，内有陈氏宗祠建于乾隆年间。陈氏祖籍福建，陈素养曾任成都按察副使，陈敏中武举，有二郎庙为陈素养所修建。开科第写有“读书种田两大职，工人农民一体同”，旁边有关圣宫建于清代。迎恩门上有“文教昌明”“城观内外千条紫气冲牛斗，楼集古今一枝文笔点西厢”，明代建成楼，清代改建鼓楼祀神，为接圣旨并叩谢皇恩处。雁门第的墙上书画中写有“金屋花馥郁，琼楼月团圆”，院内有两天井。

龙标书院体现出儒家文化的灿烂，在千户所旁，前有石子铺的场地，后院杨柳依依。龙标书院，创自唐朝诗人王昌龄，清雍正三年（1725）张应诏辞去鸿胪寺少卿回乡重修。书院明清出举人18人、进士3人、贡生60人，官至县令以上者10多人。书院的大门有联“龙跃鲲翔沧溟浪跛，标新领异文采风流”。里面有古柳和桂花树，有泮池，有孔子画像。后院有王昌龄像，他贬谪隆里任龙标尉7年。大唐天宝年间修有王昌龄衣冠冢，有联“戛玉敲金在昔文章辉凤阁，瞻山仰斗于今德望著龙标”。有状元桥修于明万历二十二年（1594），状元祠修于万历二十七年，状元亭修于明天顺元年（1457）。清康熙年间举人胡定之有诗曰：“赋献来迁谪，诗名纪盛唐。故巢辞锦里，别业寄遐荒。古木云崖寿，山猿月夜狂。传言居止处，翰墨带泉香。”清黎平知府蔡时豫写有《谒王少伯祠文》：“何如先生，骚坛文府。俯视一时，独有千古。古今同调，岂乏同方。前李太白，后陆沧浪。夜郎之陬，谪居之里。灵均之灵，伊尔湘水。秋水澄净，秋山清空。我来斯所，缅想流风。”《中庸》说：“君子素其位而行，不愿乎其外。素富贵，行乎富贵；素贫贱，行乎贫贱；素夷狄，行乎夷狄；素患难，行乎患难。君子无入而不自得焉。”

肇兴侗寨始建于南宋绍兴三十年（1160），有860年历史，位于黎平和广西、湖南交界处，周边六县都是侗族聚集地区。门票100元，我凭湖北身份证号可以半价。这里的九月也要流汗。寨内有田野、水车、木板房，田里草垛堆得很高，河边亭子上盖着茅草，有流水声和鸡叫声。大树洞做的门里面，大道齐整，田里长着南瓜、红薯、茄子、水芋头，河水一层层奔流，河上有风雨桥和大水车，河边有红的和黄的花。侗族文化展示中心，广场晒着稻谷。蓝印花布很漂亮，侗族人用蜂蜡或豆粉与石灰制成灰浆，在布上做成各种图案，晾干后置入靛桶着色，可以保存和交换东西，是侗族人财富的象征。孟猫花桥下面，河流边有许多客栈，鸭子是黑色的旱鸭。主街中心种着香樟树，每棵树下都有木凳可以坐，店铺中有湘珍源绿豆糕源于乾隆年间，卖高山茶和香猪的小老板在湖南学的医学，回来后卖特产也行医。主街上有鼓楼，为白、马家

肇兴侗寨

族始建于18世纪，有许多人穿着白色的衣服、戴着帽子坐在一起唱歌，侗族大歌于2009年入选世界非物质文化遗产代表作名录。鼓楼用于议事和集体活动，重檐攒尖顶，八角，高11层，24.37米，里面有火坑用于冬天取暖。鼓楼旁有长长的凉亭，水池是用来防火的，那一片两层的木板房听说有上千年了。巷子那边花桥上有长木板，在那里休息的人说："上面可以画画，以前青年男女在这里玩。我们这里的人都姓陆。"这里一千多户人家住得很密，水上共有五个花桥。五个鼓楼分别以"仁""义""礼""智""信"为名，儒家文化和少数民族文化有内在的相通性。智团鼓楼下面的十六根柱子很粗，对联中有"进士英豪"字样。大石桥头卖肉的女孩说："这里就一条主街，女孩结婚到男方家都是静悄悄地去。"仁团鼓楼七层高18.47米，为迁移过来的袁、满、龙、嬴家族所建，是肇兴最后一座鼓楼，始建于19世纪，鼓楼边有戏台，高高的顶上满是麻雀，流水声和鸟声响成一片。上寨的寨门是木板门，写有“侗乡第一寨”，山下梯田很有棱角，田里黄黄的，与山上绿树相映衬。从这里乘车到堂安梯田需要 20 多分钟。雨中的河边别有诗意，处处水声很响，通道上层的木板可遮风雨，水边长木凳可以休憩。一个湖南常德人卖蜡染，说这里现在的租金每年 6 万多元，街上要 10 万元以上。一个黎平卖酒的人招呼我坐下聊天：“我们黎平还是一个府，黎平会议是遵义会议的预备会议，这里在高速公路和高铁修建以前真是大山深处，几任移民局局长都出了问题。现在国家拨的扶贫移民资金多，但老百姓几十万元拿到手后不到一年就用完了。”在我住的农家客栈，有两个广东人已经住了两夜。老板说：“我们这旦早餐有油茶，用茶水泡糯米吃，牛胃炒好后放上香料很好吃。”客栈里有二年级小女孩在做数学作业，小朋友一边看电视一边做作业，家里人不能指导，错误不少。他们邀我一起吃饭，闲聊说：“这里以前出人才，现在不出了，大学生多但名牌大学就没有。隔壁村中秋节斗牛很热闹。”村委会门口写有“脱贫致富，教育铺路”字样。我想起旅游开发应与加强教育相伴而行，经济发展不应该过多地依赖物质资源。现代社会人们更多的工作是处理信息，市场经济条件下工资的高低是由劳动者的生产效率决定的。萨缪尔森认为：“所投入的劳动力的质量，如劳工的技能、知识和纪律性，是经济增长的最重要的因素。……资本品只有那些有技术的、经过培训的劳工才能有效地使用和维护。提高劳工的知识水平、健康程度和纪律意识，以及短时期内提高劳工的电脑操作技能，都将极大地提高劳动生产率。”①

① 〔美〕保罗·萨缪尔森、威廉·诺德豪斯：《经济学》（第十九版，下册），萧琛等译，商务印书馆，2012，第 860 页。

丹　寨

从丹寨县城乘出租车到万达小镇只需要 6 元钱。夜晚的街道灯火辉煌，河里也是一片灯光，两边的木板楼很雅致。十一假期人流如织，广场上歌舞交融，客栈都住满了游客，客栈房价为每天 500 元。这里美食丰富且价格合理，苗族阿婆的店里有烤排骨、烤豆腐、烤糯米粑。尤公博物馆内介绍，苗族人以前都在长江、黄河一带，苗族的祖先蚩尤与黄帝、炎帝联军一共打了 150 年，蚩尤 81 兄弟打仗都很厉害，后来陆续迁移到荆楚及贵州。路边一个小伙子说："因为以前丹寨很穷，所以只能靠招商引资，万达集团为万达小镇投资 7 亿元，开发区有了许多工厂。"贵州山美、水美、土地便宜，又有国家政策的倾斜，吸引资金很有后发优势。贵州地方政府在招商引资方面成效显著，发展地方需要有为政府，让基础设施建设有大发展，更应该在制度创新上有所作为。亚当·斯密说："都市所特有的产业，与其他一切产业，同样有一定的限度，而资本增加，由于扩大竞争，势必使资本利润减低。都市方面利润的减低，势必使资本流向农村，农村劳动有了新需求，劳动的工资必然增高。"① 制度经济学认为："保护产权和个人自主并接受规则约束的政府，在吸引可移动资源上成效显著。民事自由和经济自由还激发着国内的经济创业精神；在具备这些自由的政区中，有才能的人不是被引向宫廷中的政治争胜，而是越来越转向贸易、金融和生产方面的经济性创业

① 〔英〕亚当·斯密：《国民财富的性质和原因的研究》（上卷），郭大力、王亚南译，商务印书馆，2017，第 128 页。

活动。……经济企业家们用脚投票：他们退出，采取我们可称之为‘区位替代’的行动。”①

高要离县城只有十多分钟车程。晚上到高要苗族村的桥边下车，沿着一些石子下坡，底下公路边有铁丝网，跳过铁丝网，跨过水沟，爬过公路中间的几道栏杆，两边是高高的山壁，沿着公路走了很久，有一处山壁有石阶，爬上去是荆棘一片，掀开荆棘而上，爬上坡又是铁丝网，在荒无人烟处走，终于走到上层公路桥边，走进高要村，住进客栈。那些石子是一场大雨后的泥石流，这里平时很少有地质灾害发生。两个月后我从榕江到凯里还认识这条路，从公路上看长长的梯田一层层如画。萨缪尔森认为：“这些工程通常都具有外部经济或溢出效应，私人公司无法投资经营，所以政府才必须介入，以保证这些社会分摊投资或曰基础设施投资能够有效率地进行。”② 客栈住一夜为 88 元，有北京自驾游的一家人，有凯里的妇女带着小孩儿，还有几个贵阳的，他们都吃稻花鱼、土鸡什么的。客栈主人家的两个学生都在玩手机、看电视。姐姐汪开莲说：“有时候我们同他们讲话他们也不理，主要因为他们太忙了。这里的人很小就结婚生孩子，我的一个小学同学孩子都有两个了。搞旅游开发时，这里的老人怕不种田以后没有饭吃，年轻人情愿外出打工也不愿种田。”早晨和汪开莲及其妈妈、表妹一起吃了南瓜稀饭，那表妹在凯里读大学，现在到处实习，汪开莲正在考驾照，也想到外地打工。村庄中间的水泥路很平整，坡下一口井边有洗衣服的人们。那口中央的主井有水直冒，井的四周都有水流出来，中间的水是用来饮用的，水流到第二道水池用来洗菜，外面四周的水用来洗澡，水井边有山上小溪，哗哗地在梯田中的沟渠里流。有一个在沟中洗桶的人，1979 年开始在云南弥勒当兵 4 年，现在每月有 600 元津贴，还在村口开了一家小卖部。他说：“这井水从岩洞流出，冬暖夏凉，1980 年改建，是扶贫工程，人们夏

---

① 〔德〕柯武刚、史漫飞：《制度经济学：社会秩序与公共政策》，韩朝华译，商务印书馆，2000，第 446—467 页。

② 〔美〕保罗·萨缪尔森、威廉·诺德豪斯：《经济学》（第十九版，下册），萧琛等译，商务印书馆，2012，第 861 页。

天都在这里洗澡，你看那小孩儿洗了很长时间。”顺着溪流往山坡下走，梯田中溪水的声音很响亮，一块块的梯田谷子已经收割，有妇女挑着桶在田里施肥，有几个小朋友来梯田里玩。这里的山不高，梯田长长的一大片，四月人们施下人工肥，梯田中变成黄色、红色，从山脚望去很美丽。一个县委来扶贫的干部说：“现在都在外出务工和搞旅游开发，在外务工每天的工资是 150 元，大米 3 元一斤，一天的工资可以买 50 斤大米，而种田算下来本身是亏本的，征用一亩田在丹寨县平均补偿 2 万元。”

坐面包车到石桥古村只需个把小时。丹寨的小山像丘陵一样，梯田上一片绿色，处处是“公司 + 基地”的牌子。南皋河的水浅浅的，河床布满石子，河水弯弯曲曲汇入清水江。石桥古村墙壁上写有标语“尊重历史，传承文化，精心保护传统村落”。十月的梯田金黄，山坡凸起处是大簸箕寨，我很喜欢那古朴的巷道。和小朋友一起蹚河而过，河中间水流有点急，清清的溪水中露出一片片砂石。山边大石壁处是古法造纸旧址，建于 1939 年，石壁又高又长向前倾斜，山坡上流出一股泉水，溪流成为造纸的用水来源。村寨掌握造纸术有 1400 多年历史，这里的

石桥村的石桥

纸主要用于贴墙，很适合当地居民的需要。这里的地质属寒武系凯里组，距今5.4亿—4.9亿年，出现了以三叶虫为代表的带壳生物，生物多样性爆发式发展，在晚期岩石地层单位浮出水面。天生桥，传说是住在河上游的两条龙将石壁穿破而成，天生桥上的平台上有一座古老的土地庙，河边的餐馆老板说那块大石壁是龙擦了一下而成的。“天兵天将毛领袖，打得江山给人民。”“久坐不知春常在，推窗时有蝶飞来。”纸街门坊内是青石板街道，有两层的木板建筑，门口有卖斗鸡的。古街上有作坊在加工产品，有卖纸的店铺，有写着“造纸世家”字样的房子，有以前黔军某部团长的房子，山下有棵大树是守寨树。有一家门口坐着干部模样的人说：“这房子有100多年了，你看这门槛都缺了一块，是裤脚慢慢把它磨掉的。”那人8岁就离开这里，退伍后在凯里的南方电网工作。寨子中有几块梯田，里面的积水很深，有一家屋里用电烧着火锅，老太太和她大儿子在屋外，门上的对联是“粗茶淡饭招亲友，艰苦朴素代代发”。那阿婆邀我进屋吃饭，很快就和我聊起天来，还把山歌的录音拿出来给我听，有她唱的《采茶歌》。他们的土地征用，田一亩补偿800元，地一亩补偿500元。这里困难户每月有70元的低保，80岁以上的人有100元的高龄补贴，看病是先自己出钱再报销。她说现在的政策好了，她丈夫以前得病时到处借钱，卖东西卖牛，还是因为看不起病而离世了。她还说这里的人是200多年前从江西过来的，来的时候两手都被人用绳子反绑着，所以现在这里的人还有背着手走路的习惯。她是从紧邻的麻江县过来的，说以前麻江的地主家洗衣服都是丫鬟洗，这里的地主多但很穷。她对《增广贤文》记得很好，小时候读过四书，可以看出儒家文化在苗族地区的影响。风雨桥边晒着谷子，水里鸭子游过来游过去。路上遇见读高三的柳州学生邹粤如，她很喜欢贵州，喜欢外语，想以后当老师，想考的学校有四川外国语学院、广西师范大学、云南师范大学等。这个苗族女孩落落大方，说话干脆果断，很有能力，对未来充满希望。她妈妈说：“回去之后要用功。”我说：“你就算想学外语，也应该精读几本古文名著，如《老子》《论语》《孙子兵法》《史记》《唐诗三百首》。”她对我说的话表示赞成。她后来考到江西师范大学外语系，很开心能学自己感兴趣的专业。以后再读个研究生，做到按兴趣而全面自由发展，而不是为了找到理想的工作，这才是我国教育应该提倡的。在云贵高原的农村，很少看到学生在家里学习。培养学生的一般能力很重要，让学生充满理想和希望很有意义。经济学家马歇尔说过："由自制力而来的较高的自由，对于最高级的工作甚至是一个更为重要的条件。这种自由有赖于生活理想的高尚，而生活理想的高尚一方面是由于政治和经济的原因，另一方面是由于个人和宗教的影响，其中幼年时代母亲的影响是最大的。"①

雅灰乡的麻鸟村在真正的大山深处。那是闻名中外的锦鸡舞的故乡。从县城坐大巴车两个多小时才能到雅灰乡所在地，一路上群山绵延，公路边是深谷，波涛似的大山上树木绿无边。雅灰乡只有一条街道。烧烤店每天只有一两桌客人，房子两间每月租金600元，老板是丹寨县城不远的扬武镇人。到麻鸟村的公路修得很好，两边竹子和山上的松树一片绿，梯田一片黄。路上来了几个骑着摩托车的小伙子，我请求他们带我到村里去，他们在贵阳读大学。村口有几个人吹着长长的芦笙。那学生家里只有他奶奶一个人，房子收拾得很干净，那学生让我若晚上住宿没着落就到他家住。房前有两棵高大粗壮的树，一棵只有树干，另一棵树叶苍翠，那85岁的奶奶小时候树就那么大。那老人应该也是爱热闹的，一听到外面的马蹄声响就望向窗外，她从来没有离开过这里，只会说苗族语言。收割的人们都把稻谷装在大盆子里，层层梯田直到山谷，每块梯田都像月牙一样，一股股的螺旋金黄。村里处处可见到古松，这里地势陡峭，处处都有搞危房改造的，马拉着瓦片上山，许多房子的小瓦因为时间太长而变形，两层的木板房总体还是完好的。危房改造由政府出钱，买沙、砖、瓦、水泥，雇用马队和做工的。遇到一个河南信阳的包工头，他让我和他们一起吃和住，他们几个人正在给一家改造房子，工地的水管接的是山上流下的泉水。这房子的男主人到隔壁村参加斗牛比赛去了，要明天才回来，女主人是湖南人，生下一儿一女后跑了，现在只有小女

---

① 〔英〕马歇尔：《经济学原理》（上卷），朱志泰译，商务印书馆，2011，第240页。

孩在家里。做工的在二楼住，房间里打着地铺，到二楼要爬着梯子上去，我在地铺睡了一觉，那包工头喊我一起吃饭，也喊那小女孩一起吃，是用大锅炒的萝卜肉。他们有的说那男主人太没头脑了，去参加斗牛又不给钱。那包工头说："这里是原生态的，人家不是为了钱，是要参与。"大山中的夜晚没有灯光，只能听到房间里的鼾声。第二天他们很早就开始干活了，我也早早起床走在路上，已经有苗族人挑着青草和红薯藤回村了。我依依不舍地离开大山，在路上拦了一辆摩托三轮车，站在后面的车厢搭到乡里的街道。那小伙子是昭通人，和妻子一起去街上给做工的买菜。搞危房改造每户 17000 元，扣除介绍费和税为 14000 元，买材料是自己花几千元，再和工友分，他最后每户房可以赚两三千元。我在公路上走了很远，亲近大山，亲近山上树的海洋，后来招了顺风车离开，到县城只收了我 20 元钱。丹寨的乡村让人舒畅，没有多少人为的东西，保留着自然与淳朴。在人口流出较多的乡村，避免城镇化的乡村振兴思路，保存乡村特有的魅力，才能更好地发挥比较优势和后发优势。

麻鸟村梯田

镇　远

在镇远古城的大桥上，看㵲阳河的水绿油油如带，河两岸古柳婆娑，石屏山上树木一片绿，白鸟在水上飞翔，满眼的楼房散发出古韵。河上头有小洲，柳枝如烟，木塔掩映在绿树中，洲边有白色的小拱桥。小洲在府城西门新中街处，有溪水汇入㵲阳河。沿着石拱桥到镇江阁，四层阁楼在水中央，杨昌隆曾撰对联“临阁寻诗满湖涌动黔风楚韵，凭栏赏月一地摇来桂影竹姿”“槛外笛鸣却是风清梳翠柳，江心天坠只缘水净洗晴云”。镇远明清景观是文学繁盛的来源，有石屏巨镇、龙山屯云、西峡瀑布、燕矶渔唱、松溪夜月、惠泉仙品、笔岫晴岚、平冒先声、五老宾南、东山衔月、古柏精忠、二仙拱北。以前官员的人文素养让人钦佩，对地方的教化有很大作用，科举制度选拔官员让儒家文化得以弘扬。明代镇远知府、福建莆田人周瑛有七律《带山环水》：“源发东山贯北河，回云如带湛清波。浪花喷雪寒光满，芹藻浮烟秀气多。清比沧浪应彻底，流绕泮沼自盈科。观澜喜赋朝宗势，不独时听孺子歌。”五律《次祁太守顺游西峡韵二首》其一：“溪回见绿树，路转接丹崖。春尽客初到，雨晴山益佳。看花怜少伴，听鸟忆同侪。更待松梦月，照归溪上斋。”明代镇远知府、南海人张守让有诗：“羽客何年度要荒，云山不断树苍苍。隔溪时听游仙曲，应是刘郎及阮郎。”“平冒山头汉将营，铙歌不见夜来声。夜郎此日韬笳鼓，留得秋山伴月明。”

卫城的城墙在河岸，修于明洪武二十二年（1389），城墙长5公里，高8.3米，城墙上面有垛眼1800多个。府城的山顶有明清时期的四官殿，四官是战国名将白起、廉颇、王翦、李牧。其中，白起和李牧是战将，廉颇是大将，王翦通过自污而保身是智慧的体现。清朝学者姚苧田认为："为将者之品，有大将，有战将，廉颇识略高深，能持重而不利于剽疾，有大将之才，而或不足于战将之用。"①战国时期，楚将庄蹻循沅江入㵲水伐夜郎。宋宝祐六年（1258），设州治赐名"镇远"。冲河码头边有镇远侯顾成祠堂，顾成是贵州建省第一人。永乐十一年（1413），顾成奉朝廷命带兵五万来镇远，平息思南宣慰使田宗鼎和思州宣抚使田琛战乱，将贵州地区十八州合并为贵州省。古城区 3.1 平方公里，府城的石牌坊上写有"石屏巨镇""秦汉古雄藩万里梯航分道去，唐虞新景运百花仙子舞阶来"；"滇楚锁钥""入门来四面青峰迎客驾，登道去一泓碧水洗风尘"。店铺挂有不少"豆腐脑"的旗子，有百年老字号袁味豆腐脑店，有炸糍粑和本地牛肉粉馆。元代镇远的古驿道保存完整，大街上有镇远邮驿旧址，写有"大清邮政"字样的邮筒上有龙缠绕，当时在军事上采用的是王命传虎节。禹门码头石门坊上刻着龙虎，写有"年少初登第，皇都得意回"，码头上有九级台阶。镇远码头曾有二十多个，水运使得当时的商业一片繁荣，人们运送柴、米、油、盐、洋纱、洋布，1875 年桐油开始输入欧洲，1900 年远销美国，1932 年湖南人舒万龄的舒祥泰酱油铺上冠贵阳而下誉洪江。镇远是南方丝绸之路的水陆重镇，从湘楚、中原西通滇黔而至印度、缅甸。乾隆《镇远府志》有《竹枝词》曰："鸣锣急响在船头，划桨争行较劣优。独有游人听不得，翻身直上玉皇楼。"清人王清远当年在镇远很惬意："树绕村庄，水溢陂圹。倚轻风，雅兴徜徉。一抹惠泉，占尽春光。有杏花红，李花白，野花香。　那方围墙，隐隐庙堂。挂青招，流水桥旁。八洞来趣，煮茶山冈。品土丁绿，云关紫，崮山黄。"

镇远古城的民居保持完好。府城有仁寿巷、光复巷等老巷子，是"天人合一"的体现。四方井巷的牌坊散发着古韵，小石板路两边是青砖砌成的围墙。古朴的房子中有古镇远镖局，是民间保护组织，缺乏规模效应。四方缘门楼的巷子内，有木制的民居，房前有院子，外面有围

① （清）姚苧田选评《史记菁华录》，广陵书社，2017，第 86 页。

栏，巷子让人心里宁静。合盛酒坊在山坡上，院子内有名士亭，有秘制卤牛肉。百年豆腐坊在高台上，每年农历九月十五日豆腐业举行隆重公祭，纪念豆腐发明者淮南王刘安诞辰。始建于宋元时期的四方井，四周由大石板围砌而成，正方形井壁已经被绳子勒凹，井中悠游的鱼是用于防毒的，井边敬奉的是儒家官员。清乾隆《镇远府志》记载："四方井，在府治西，源出石屏山深处岩层。"山上杨氏大院（又称"杨茂兴大院"）建于清代，茂兴商号主人为人慷慨大方，为宋代英惠侯杨再思后裔，大院有三层台基、三个大门，内有谷仓、正厅、书院和花园，是转弯抹角建筑，占地960平方米，门额写有"瑞洁衔环""清白家声""书园"。傅家大院建于清嘉庆年间，大门的门楣有"封唐召泽"，内有"良弼名家"匾额，前院有转阁复廊，二层可登高望远。他们的先辈从江西而来，靠码头搬运起家，开办堆栈而发家，后来开裕盛隆行、义盛隆行、裕盛荣行、泰昌鑫行四大行。沿着古巷上山顶，猪槽井石门内有井如猪槽，山壁上有水晶宫，旁边山上云泉水在石头上流下如琴弦。从冲子口巷下去，有周瑞松宅建于清末，门上有"陋室清居"匾额，木板门内有过道和木板房间。刘氏民宅的青砖外墙十分高大，门上有"彭城世泽"匾额，大门写有"雅座谈诗谁邀窗外月，金樽对友我是酒中仙"，青石板天井内有八卦图，三房都是木板制成的两层楼。何家民居始建于宋元时期，是镇远土司何氏后裔私宅，外面围墙很高，大门有"庐江慈荫"，门内有天井，有两层的木板楼，楼中间有过道。写有"叔度豪风"的门楼内，都是200多年的民居，外墙由青砖砌成，内面有过道、天井、木板房。古巷中一片幽静，两湖会馆现为谭钧培纪念馆。

镇远古城的文化绚丽多彩。主街上有清代文庙残壁，上有"礼门""义路"字样。河道转弯处有厘金局遗址，明清时期是税务和海关合署办公。火神炎帝宫，始建于元代，清初迁于此，内祀神农和祝融，元贞元年（1295）朝廷下令全国郡县通祀三皇，元明清镇远府道春秋两祭。石屏山直立处，有古老的五孔石拱桥，弓形的桥面由青石板铺成，桥两边护栏由一块块大石砌成，桥头有三层的八角楼，上有清代古联"人上

镇远古石拱桥

翠微梯蓬岛春荫天尺五，客来书画舫桃花流水月初三”“扫净五溪烟汉使浮槎撑斗出，辟开重驿路缅人骑象过桥来”。五孔桥处河道弯转，山上有青龙洞，上有“中元禅院”石碑，有望星楼、藏经楼、紫阳书院、令公庙、东山寺，始建于明洪武二十一年（1388），将儒、释、道三教合于一山。紫阳书院，知府黄希英建于明嘉靖年间，有《题紫阳书院》诗：“仙都昨夜雪凝楼，人羡鳌头识胜游。投赠何愁无缟带，放衙偏喜有黄裯。白牛露地蹲犹冷，玉霓蜷江冷欲浮。土锉无烟休更叹，明年摩眼望来眸。”明清时期镇远出举人146名、进士18名（其中翰林3名）。谭钧培（1828—1894），镇远人，清咸丰九年（1859）举人，同治元年（1862）进士，历官江西监察御史、常州和苏州知府、山东和湖南按察使，官至云南巡抚并两次兼任云贵总督，慈禧称其“办事认真，克勤其职”，赐宅第并由光绪帝书写“中丞第”匾额。

镇远最高石阶码头上，供奉海神的天后宫原为福建会馆，由同治和光绪年间福建籍人捐资修建，是海洋文化深入苗岭深山的反映。海神妈祖名林默，福建莆田望族九牧林氏之后，父林愿官任都巡检。林默是聪明、漂亮而又善良的女孩，精通医理、天文。宋太宗雍熙四年（987）九月初九，28 岁的林默去世。宋高宗绍兴二十六年（1156），第一次褒封林默为灵惠夫人。宋宣和年间，给事中路允迪出使高丽，相传得到渤海湾海神相助。明洪熙元年（1425），钦差内官柴山出使琉球，将妈祖神像供于船上。宋朝以来航海人陆续开始供奉她，目前全世界有一万多座妈祖宫，分布于 33 个国家和地区。我国特色的海洋文明历来和政府的提倡很有联系。亚当·斯密说："中国东部各省也有若干大江大河，分成许许多多支流和水道，相互交通着，扩大了内地航行的范围。这种航行范围的广阔，不但非尼罗河或恒河所可比拟，即此二大河合在一起也望尘莫及。但令人奇怪的是，古代埃及人、印度人和中国人，都不奖励外国贸易，他们的财富似乎全然得自内陆的航行。"[①] 我国传统社会是以农业文明为主体的，梁漱溟教授认为是向内用力的，提倡的是"伦理本位，职业分途"。[②] 到晚清时期，欧洲人的航海技术、好战精神、探险和海外移民活动蔚然成风。中西文化的交汇促进了传统文化的变迁，文化的生命力在于它的开放性。魏源、郑观应、严复等改革派思想家值得纪念，自强运动的领导者让我十分敬佩。

---

① 〔英〕亚当·斯密：《国民财富的性质和原因的研究》（上卷），郭大力、王亚南译，商务印书馆，2017，第 22 页。

② 梁漱溟：《中国文化要义》，上海人民出版社，2018，第 225 页。

清水江

5000 年前两支苗族先民从中原迁来，凯里有大山中的山苗，也有居住在清水江边的水苗，他们以往的生活充满诗情画意。制度经济学认为："一种基于社会结合和社会共享的'部族精神'演化了千百万年，它已深深地扎根于人类的灵魂之中。"① 清水江边的民族有自己的民族文化，是我国传统文化的重要组成部分，也使世界文化更加绚丽多彩。文化的现代化应该在传统中汲取营养。镇远县两路口大榜村的张先权先生，整理了两本黔东南民间山歌书，有助于我们了解少数民族文化，张先生对地方文化的贡献是值得称道的。"唱首山歌逗一逗，看妹抬头不抬头。牛不抬头吃嫩草，妹不抬头怕害羞。""唱支山歌逗一逗，看郎抬头没抬头。若是有心抬头看，若是无心把头勾。""妹是山中一枝梅，不怕哥嫂砍刺围。弟是生来铁脚板，要摘梅花不怕追。""小妹生有一双脚，爹妈也难管得着。哥嫂明管暗不管，还把巧计对妹说。"

镇远县金豹镇在公路边，有两条宁静的街道，夜晚没有多少灯光，街道边有溪水从山中流来，又向山中流去，溪水边有一所小学。在镇上住一夜需要 80 元，两三年以前只需要 20 元，高速公路的修建改变了民族地区人们的生活。苗族阿婆的餐馆内有很多人在吃饭，蛋炒饭的味道很好。"这是我们吃剩下的菜，若不嫌弃就吃。"我很喜欢这里的随意，

---

① 〔德〕柯武刚、史漫飞：《制度经济学：社会秩序与公共政策》，韩朝华译，商务印书馆，2000，第 72 页。

吃了点莴笋炒肉，说她做得很好吃，她很高兴地说“以后再来”。市场化使不同的人聚集交流，因而更有利于文化的交融与发展，和而不同是儒家文化的重要思想。早晨街上没有多少人，路边布依族阿婆的炸米粑1元钱两个。几个妇女坐在一起，挑着白菜在卖，她们说：“她的米粑很好吃，还卖到浙江，浙江人特别喜欢吃。”一家手机店的女孩说：“这里6天赶一次集，赶集的时候人很多，每天可以卖出两三部手机。这里房子的租金是每年12000元。我是苗族人，也不会唱苗歌了，上一辈人会唱。”等去报京侗寨的班车，农机店门外有几个人在一起烤火，所谈的话都很贴近生活。这里的人是自然朴实的，各处的乡村文化生活都应该更加丰富。

报京侗寨的街道在公路边，木板制成的房子有些古老，好多侗族阿婆在领卫生纸，等车的亭子处有卖牛肉的，说到侗族大寨要沿着青石板路下坡。寨子内有一条溪流，一家门口有两个侗族阿婆，还有一个来铺沥青的镇远人。那两个阿婆很热情地同我说话，这里的人很容易成为朋友。一个朋友和我一起在寨子里转了转，寨子内有一大片新修的两三层的木板房，一些古老的房子都是矮小的吊脚楼，寨中心有广场和侗族鼓楼。有一些小卖部、餐馆和客栈，不少妇女在一起聊天，有些背着娃娃，这里的人生活很闲适。400多户的侗寨，听说5年前被人纵火烧了，纵火者是神经有问题的人，素质低的人会产生负的外部效应，那样的人在市场化过程中会越来越少。这里的房子是灾后由政府修建的，每平方米400元卖给村民，但有一个给摩托车加油的人对价格不满意。两眼井边有人在洗菜和洗衣服，井水是用管子引来的山泉水。风雨廊中有一个侗族老太太在带孙女晒太阳，那两岁的孙女走起路来帽子上的银饰当当响，那个阿婆很爱聊天，说这里每年农历三月三的山歌节很热闹。从风雨廊下看，房子在山坡上高低一片，村里有很高的银杏树，山沟中有长长的一片梯田。和那朋友走到街道，这里还没有正规的餐馆，那个朋友请我吃了一碗米线。一个小伙子打工刚回来，正在吃蛋炒饭，说去广东打工只为不给家里老人添麻烦，而这就是自强、自立的精神，是市场化过程中需要的最基本的精神。

剑河县城段清水江十分宽阔，在蓝天下荡漾着银子般的光芒，山下仰阿莎女神的银像是那样美丽端庄，那是苗族文化魅力的象征，如壮族的刘三姐、彝族的阿诗玛。县城有山溪水白闪闪地流入清水江，桥头有妇女用火盆烤糍粑卖，我想走近清水江和仰阿莎女神。一条古老的青石板街道，两边是传统的小木板房子，几个身穿侗族服装的阿婆在巷子里坐，这样的街道和旁边的高楼很不协调，应该不会存在太长时间了，传统村落和民居的消失让人无可奈何。穿过古巷来到清水江，在桥上可见碧绿的江水弯转而来。清水江边有花园，花园中有田园，有风雨长廊，天是那样蓝。仰阿莎银像背靠青山，是那样楚楚动人，在石阶上仿佛向人们走来，那是几千年民族文化的结晶。在县城红绿灯处等到柳川的车，车上都是周末回家的学生。到柳川镇已经是夜晚。清水江边有几排楼房，有一家侗族人在做烧烤，那朋友邀我一起吃酸汤牛肉，牛肉汤很

清水江

好喝，嫩豆腐很有味道。老板以前在外地打工时是做焊接工，每月有六七千元的收入。现在回到镇上开餐馆，房子的租金每年 7000 元。“十多年前在贵州，一个人是不敢在外面走路的，我小时候读书也是翻山越岭的。这里在搞建设，外来人多，餐馆生意还不错。家里也有田，是老人在种田。”制度经济学认为：“来自不同文化背景且很少共同点的人们，只要能在市场中相互交易，就能有益地和平地相互交往，随着时间的推移他们有可能相互学习，甚至相互尊重并形成好感。”①

清水江边摊子上早餐有炸糍粑。吃完早餐，乘一辆面包车到南寨，柳基古城离南寨乡不远。一路上青山连绵，山路蜿蜒，江水清澈，风景如画，上游河床越来越窄。3 个小时的路途，那人只收了我 10 元钱。南寨正在赶集，镇上的人不多，在公路上招过路车到柳基古城，那是两个四川来做日化生意的人。柳基古城北门口有小卖部，有两个人坐在那里，北门城墙古老，上去是很长的青石板台阶。山上都是两层木板吊脚楼，许多房子都锁着门，有些房子已经歪斜。山顶关羽庙门前有两棵古老的桂花树，观音庙的大门紧闭，土地庙里供奉的是儒家官员，这里清代的石碑保存完好。南门有城墙断垣，有小学在原书院旧址，里面石阶完好，清朝留下的石碑很多。小学原有 7 位老师，现在没有一个老师，也没有一个学生了。回到小卖部，遇到做了 31 年支书的甘宗群，他领我到家里坐。他在八九十年代得了很多奖状，还到过鼓浪屿和西湖等地方。他给了我一个粑粑，还给我吃了一个煮红薯，这里红薯多，土地长不出土豆，村里还有 50 多亩田。有几棵高大的树木，别人要砍掉时他没有同意，那些古碑别人要砸掉时他也没同意。他带我上山，是沿着他家旁边的一条青石板石阶上去的，以前的县政府屋基还在，当时的县政府只有一间房子，1947 年撤销柳基分县，后来这里逐步成为柳基村。这里还有 30 多户人家，村里还有几棵古树，偶尔遇到人到田里干活，但大多数房子都没有人住了，有的迁移到县城了，有的外出打工了，甘

---

① 〔德〕柯武刚、史漫飞：《制度经济学：社会秩序与公共政策》，韩朝华译，商务印书馆，2000，第 99 页。

柳基古城墙

书记推开了很多家废弃的房屋给我看。柳基城墙是清朝为了管理苗疆而建的，雍正十三年（1735）建土墙，乾隆三年（1738）改建石墙，城墙长1194.3米，有4个城门6个炮台。咸丰八年（1858），苗族起义大军攻占县城，城墙多处被毁。现在终于进入各民族共同发展的时期，民族地区人们走向市场，需要政府的有力支持。制度经济学认为："一旦特定的主体为限制竞争过程而进行干预（如形成卡特尔），或者运用其权势以进行强制（如建立市场进入壁垒），和平和安全就可能因冲突的个人化、情绪化和政治化而遭殃。……培育竞争应被视为抑制权势集中的一种有效手段。它能有效遏制因集中而滥用权势以危害安全、和平和自由的现象。"[1] 在小卖部等班车等不到了，我招了一辆到三穗县的车。

① 〔德〕柯武刚、史漫飞：《制度经济学：社会秩序与公共政策》，韩朝华译，商务印书馆，2000，第99—100页。

车子在夜晚行驶了 180 多公里，许多地方都在修路，走出大山真不容易。三穗县是开国上将杨至成故里，我在县城请司机吃三穗鸭用了 140 元，那火锅让人难以忘怀。第二天县城正在赶集，我买了 200 元的黔东南山歌书。少数民族在自己的土地上创造了优秀的文化，他们离开了清清的江水，民族文化会被更多的人所了解、热爱。

荔　波

荔波县小七孔桥景区是自然景区。景区处有一个新建的古镇，景区门票半价是65元，到景区的车票40元。狭窄的公路两边只能看到山，连绵的山上只能看到树，车子停处三面环山。小山上树木翠绿，山沟中绿水一块块，有泉水从暗河冒出，一圈圈漩涡细细的。一股股溪流从山中流出，大岩石上瀑布如水帘，又像一股股珍珠滑落河中。平平的芦苇丛中水静静的，河中遍布大石，河水一块块，有时碧绿有时靛蓝。溪水一层层流下，在大桥处汇入深江，深江的河床低低的。乘车到响水河峡谷，两边小山秀丽，中间平地宽阔，山腰悬挂瀑布无数，跌落到浅浅绿潭，又在乱石间欢快而过。地上一片片溪水如镜，芦苇丛中有股股细流，水浅浅的，水底布满泥沙，水里有漩涡转动，地下水冒出如细丝。水上森林的树木长满青苔，树间环绕着绿绿的水。石上森林处，两边山逼狭，溪流一层层，河流中有大石一块块，水里的石头上长着树，山边的树也长在石头上。石头上有榕树，有核桃树，都露出很长的根须，树藤长长的。溪水有时从石门奔流而过，涌入深深潭中，潭中水反涌，往上直跳，峡谷中雨花飞溅。河床里有石头如小山，瀑流如白棉布一片，一路上水声如雷，有山上的古树身上冒出大股白水。响水河，由于高原强烈抬升，河流迅速下切而成，溪流全长1.6公里，跌落68层，落差110米。小七孔桥处湖水平静，呈靛蓝色，水里有一片片小洲，洲上被芦苇覆盖，小洲间环绕着一股股水。山上的树嫩绿，水边有一丛丛翠竹，水中有一棵棵古树，水里的树十分遒劲。小七孔桥很朴实，桥长40米，宽2.2米，高5.5米，石板桥平平的，上面铺着长石条。石桥边

荔波水中小漩涡

长满青草，大土堆上斜倚着古树，桥两边的河里也遍布古树，河里的树木矮小，仿佛不愿意离开湖水，枝条离湖水很近。这里以前是黔南与广西的商旅要道，小桥建于道光十五年（1835），桥头原有石碑两座，刻有“群山岩浪千千岁，响水河桥万万年”。绿水从小七孔桥穿过，跌落到宽宽的樟江，樟江急流滚滚，樟江上的大七孔桥建于同治二十七年（1888）。

荔波县的瑶山古寨也是自然景区。瑶族族源可追溯到九黎和三苗，明朝前瑶族已久居荔波，在深山密林中开荒生息。荔波瑶族有白裤瑶、青裤瑶、长衫瑶三支系，共约 5800 人，人们喜欢唱山歌，相信万物有灵。这里是白裤瑶居住地，女子黑帽子上有白带子，女子的裙子和男子的裤子是白色的，白裤瑶崇拜蜘蛛，喜欢蛋卦、石卦、鸡卦。一片整齐的街道，房子上两层为移民房，下层是做生意的门面。以前门面的租金，卖旅游品为每月 350 元，卖其他东西都是 400 元，现在大约为每年

小七孔桥

2 万多元。瑶族土鸡是主要特产，街道上的烧烤是木炭烤的。有瑶山民族小学和幼儿园，幼儿园每学期生活费是 1300 元，小学生每天交早中餐费 6 元，国家对有小学生的贫困户会给予补助。街上的妇女说："对于我们来说还是有点贵，牛奶费每学期小学生交 200 元，学生一拿到手就直接丢掉，老师说不愿意喝的以后就不要拿了。"街道边有一片田，田里大多种着白菜和甘蔗，只有两块稻田，有的在外面租田种，政府征用每亩田补偿 2 万多元。他们在 90 年代还经常吃不饱肚子，打工是 10 年以前才开始的，打工一年可以带回 1 万至 4 万元。寨子里的谷仓是吊脚楼，底层放农具，上面放谷子，顶上茅草覆盖如牛角。村子里有陀螺竞技场，牛头铜鼓很壮观。寨子内有凉亭，上面盖着瓦片，有木柱支撑，下面放着木凳子，中间的木材可以燃起篝火。瑶族寨子内，房子的台基是砖头，一层的木板房都在九级台阶上，房顶上盖着小瓦。有的是两层的木板房，下面有木柱支撑，房间前面有木制的阳台。村寨内三叶梅很耀眼，榕树遍布，芭蕉树很高，鸡鸣声此起彼伏，有母鸡带着小鸡在啄食。菜园里有红薯、甘蔗、南瓜、冬瓜、葫芦、水芋头，旁边桑叶树一片片，那是用来织布的。人们屋前挂着鸟笼，有的在屋前做刺绣，有的在磨镰刀，有的坐在地上吃饭，碗里看不到菜，那端着碗吃饭的怕我饿了，还将我的肚子按了按。后山上有瑶王府，是白裤瑶以往的自然领袖居住地，一楼为议事厅、指挥室和囚房，台阶上有旗杆，两层楼里面有铜鼓、牛头和草凳，两边是储藏室，墙壁是石头的。村里有几处荷花池，是瑶山人的饮水水源地，里面盛开荷花，同治三年（1864）至五年发生过大旱。住的瑶家客栈，三层的房子是政府修的，老百姓用三分之一的价钱买下，客栈老板从人家手中买下花了 7000 元，装修用了 10 万多元。家庭旅馆的主人热情好客，晚上和邻居们一起吃饭很热闹，有土鸡蛋、腊肉以及山上放养的野猪肉。主人说："我们这里要钱没有，来这里的都说我们就喜欢吃。"欲望简单是很好的品质，经济的发展是人们从事更高事业的基础，而人们从事更高级的活动需要"不失其赤子之心"。

"董蒙"在瑶语中是古老的意思。董蒙古寨在山顶上，居民以前靠打猎为生，擅长捉画眉鸟和山鼠，瑶族三宝为鸟枪、鸟笼、酒壶。山下有瑶族移民村，是国务院领导视察后要他们搬迁的。有一群人坐在公路边地上，地上放着鸟笼，这里每家都养画眉鸟。有一个小伙子坐在摩托车上，我要他把我送到山上，给他 20 元钱。他说："政府全部装修好给我们的，每个房子要值十二三万元，我们只出 3 万元就行了。我们以前住在山里面，那里有路但是很窄，只有四、五月份有水吃，我们还种那里的地。"董蒙的寨门内，山沟里有竹子，有一片田，田里有蓄水池，寨里一共有 6 个蓄水池。这里的山很高，山上是绿树，山坡上有一片房子，远远地能听到鸟声和鸡叫声不断。村口有一棵很高大的树，广场有牛头铜鼓塑像。这里有 57 户人家，门上都挂着鸡毛驱邪，房子前后有丝瓜和葫芦，画眉鸟是过年的时候用来斗鸟的。这里的房子每年都要修两三次，刮风下雨后顶上的瓦都会被吹走。现在有自来水，是从小七孔桥那里引来的，但山太高，水经常上不来，他们时常还从水池抬水吃。

他们的田在与广西交界处，以前去种田没有摩托车，要从很远的地方扛粮食回来，后山上的人家出去更不容易。以前都是泥巴路，拖东西都用马，去年开始有水泥路了。有很多户搬到移民新村去了，这里冬天特别冷，有不少到移民新村住的，但老人不愿意离开这里。离土地近的移民新村还比较方便，县城离田太远不适合种地人住。这里有个猴王，现在敲铜鼓，还有些权威，有70多岁了。一个县委党校搞扶贫的人说："这里没水，土地少又很贫瘠，收入主要靠外出打工，打工也只能做苦力，文化素质低，很多人连名字都不会写。"村外山沟，有许多人在地上坐，他们是来过节的，带着锅、米、酒和碗，都是姓谢的家族的人，应该是来祭祀山神的。我很欣赏他们对山的感情，很喜欢他们崇尚自然的态度。

荔波是党的一大代表邓恩铭的故里。县城有邓恩铭故居，他们家以前开豆腐铺，前几年磨坊还在，现在拆掉后修了一个新故居，这里的老师经常带着学生去参观。邓恩铭乡下的故居离县城有20分钟车程，进去参观只需要登记就行了。村子在两山之间，中间是一大片水稻田，田里有一条条沟渠。我到村子找吃和住的地方，村子很平整，铺着水泥路，屋前屋后南瓜和丝瓜很多，村边有水渠流淌着水，水族房子是自己出外挣钱做的。房子前有穿着青布衣服围着头巾的阿婆，用木槌在布上捶，那青布做得很漂亮。荷花池内的客栈环境优雅，做工的人说这里住一夜要800元。邓恩铭故居有两层，底层是石头储藏室，上层是长长的卧室。小学的大门上写着"生长先驱故里百年永继恩铭志"。一个阿婆听说我找地方吃饭，就把我带到田中亭子，有一些人正坐在石头上喝酒吃肉，他们很热心地邀我一起吃。一起吃饭的有几个妇女，有县里来的驻村副组长蒙红斌同志，有两个80多岁的老人，有一个当了17年支书的人，还有一个是风水先生。这里吃的是猪肉、鸡肉，还有糯米饭和稀饭，喝的酒是用山上120多种药材熬制而成的，他们认为自己的酒应该向全世界推广。蒙红斌同志说："邓恩铭祖籍广东梅县，迁移到这里后他已经是第八代，他的祖父是医生，把医术和水族医药知识相贯通，对地方人的健康贡献不小。"大家在一起吃饭，能够增进感情，让村里的人与人关系更加密切，是一种传统型社会资本，和睦相处当然对村寨十分有益，何况内心里饱含着对自然的尊重！我说：“水族是农耕文明，田地这么多，田里又有水。”蒙红斌同志说：“瑶族的狩猎文明也很不错，他们靠山吃山，尽管环境艰难，还是能够顽强地生存下来，这样的精神很伟大。”我也认为少数民族以往生存下来都不容易，各民族都崇尚自然，十分友爱，自强不息，民族之间相互欣赏的态度对社会十分有益。我很佩服蒙同志的修养，谦虚和蔼的领导更受人尊重。《中庸》说：“喜怒哀乐之未发，谓之中；发而皆中节，谓之和。中也者，天下之大本也；和也者，天下之达道也。”

离开荔波，经过一座座水族村寨，公路两边的车子很多，卖东西的很多，人很多很热闹，水族人过年要过两个月，是在各寨轮流过。当我们感慨现在的乡村日益离散化的时候，水族的传统节日使得他们相互之间的认同感增强，水族人的公共精神对于乡村振兴很有价值，我国的乡村振兴需要传统节日的复兴，而复兴传统节日要像水族人那样发自内心才更有意义。

三　都

都柳江从三都县城穿过。江边水族风情街正在赶集，有小画眉鸟，有很大的乌龟，有很大的鸡，有很长的红辣椒，有豪猪刺，有猪叫的声音，有的打着铜鼓，有的吹着很长的芦笙。有高中学生说："铜鼓还不是每一家都能有的，我家是有铜鼓的，但不能带你去看了，因为我要回姨妈家，家里人都出去了。""考个好大学，以后不回来了。""怎么可以这样想呢?"有摆集的高硐妇女卖山歌书，我买了一本《讨花歌》，复印本的字迹十分工整，可以体验到少数民族生活的美好。"太阳没出我就行，讨花讨到太阳阴；妈把金花送给我，家人还在等回音。""一双筷子花又花，失落一支在妈家；心想求要配成对，望妈肯拿不肯拿。""好花红，好花生在香炉中；妈把鲜花送给我，留下好花万年红。""妈家房子是洋房，两头雄狮守门边；我来妈家讨花朵，伸手不到求亲妈。""天刚发白就起身，我来妈家讨花根；来到半路放小跑，跑得脚痛腰杆疼；看到妈家花开放，喜在心头忘了疼。""八月栽花稻谷黄，八月桂花千里香；妈家桂花香千里，惹得蜜蜂要来跟。"

姑鲁产蛋崖景区是自然的民族村寨。当地村民反映，这里征用每亩田补偿9万多元，实际领到手4万多元。发展经济学认为，经济发展应该伴随着人民权利的增进，关键是提高人的基本能力，比如享受教育、医辽保建、社会参与以及政治权利等，而这种能力的提高一般也会扩展人的生产能力和提高收入能力，否则就是只有增长而无发展。① 于建嵘

① 张培刚、张建华主编《发展经济学》，北京大学出版社，2009，第93页。

教授认为现在乡村支持城市的措施主要是土地价格剪刀差。① 我认为不说假话应该是学者的底线，于建嵘教授是值得尊重的。大门处有大铜鼓和木鼓，木鼓上有两只牛角。下寨的汉族和中寨的苗族都夹河而居，中寨有三条小溪。水边有木制的禾仓，有水车称为龙骨车，可用手摇、脚踏、牛转。压水井是将地下水引上来，底部由水泥砌成，尾部是和井心连在一起的压手柄，井心中是一块压水皮。中寨有小卖部，有人开着车在吆喝“卖豆腐、白菜、香料”。一个做工的人说：“水族过端节要过49天，吃饭时先要喝三杯酒。”上寨山谷里的水声很响，山谷更开阔，三面环山，房舍在山脚下，寨门上挂着四个牛头，路上有凉亭。风雨桥上写有“金秋万亩田喜稻，绿野一湾水亲人”，桥下溪流清幽幽，凉亭上面有牛头。山上有水流到田里，田里有鸭子和黄牛，有鸡在田里和河边啄食，那鸡时时从溪流上飞过，那鸭子有时候在田上飞起。上寨有100多户人家，山坡上有一片两层的吊脚楼，家家都可以走通，那供奉神的屋子年轻人不喜欢进去了。到山上去有土地庙，供着一块石头，传说是护寨女神牙积任，她下凡送子，又驱走魔鬼。溪流中有2000多年的古柏树，原是都柳江底万年古树化石，古人称为乌木，主干长16米，根直径为2.7米。山上泉水一层层流下，产蛋崖上的石头巨大，下有石头如蛋，泉水滴滴流下，每30年石崖排放石蛋一次，据说当天必有婴儿降生。在广场边住的一个潘姓人说：“我们10月25号开始过节，现在是在其他寨子过节，每个寨子过7天。端节是祖先的忌日，供奉祖先用镰刀和斧头，以前这天不能吃肉。”一个年轻人喊我到山上韦姓人家里过节，我用40元在小卖部买了一提牛奶。那水族人家里来了不少朋友，有几个在县城开公司，我旁边的小伙子说：“过十天我们过节，跑马比赛很热闹。”这个年轻的韦同志认为曹操文武双全，是政治家、军事家，说诸葛亮只是一个先生。他喜欢看新闻，喜欢公益，喜欢打抱不平，说中央的政策很好。这家是三层的房子，搬走后可给27万元，但

① 于建嵘：《县级政府在乡村振兴中的作用》，《华中师范大学学报》（人文社会科学版）2019年第1期，第6页。

他说："若搬走后再做新房，应该给100多万元，并且给多少钱也不愿意离开祖先生活的地方。"镇长说过"我看这个老弟不错，可以在村委会工作"，但村委会的人怕他不听话。我感觉他更适合自己做老板，也感觉水族人有一种精神——现代化需要弘扬的民族文化精神。至于曹操的多谋善断、任用人才、不念旧恶以及爱民，在他的工商实践中是有用的，学习传统文化的智慧并用于市场经济中是创造性转化。

姑鲁产蛋崖景区

高硐村有水泥路直达，水族、苗族、布依族混居在山上，只有姓韦的是水族人，大部分人说苗语。全村1759户8518人，人均耕地面积0.74亩，重点产业有黄桃、葡萄、工业辣椒、生猪、黄牛、林下养鸡、稻田养鱼。梧桐树上挂着黄豆鸟和画眉，广场四周都是木制的三层楼，广场上有两只雄狮雕像，有牛头铜鼓，村委会在广场边。这里有150栋移民安置房，很多妇女在剪蓝靛，那是用来染布的。山庄女老板是重庆人，重庆人是很爽快的。她们的山庄投资1亿元，这几天万户水寨烹饪比赛的评委都在这里住。“今天搞活动，你又是我今天的第一个客人，给你一个优惠价，198 元。”要过斗牛节了，广场外摆着假老虎和孔雀，有卖小吃的开始摆摊。卖烧烤的苗族女孩说：“我读初中就读不进去了，干活也很累，都是老人种田。这里的许多学生还是认为学习没用，前几天有职校学生在县城喝酒打架没人管。”另一个卖烧烤的女子说：“现在钱好赚了，种田不赚钱。”有吃烧烤的深圳小伙子，刚从重庆的一所大学毕业，在三洞支教体验生活。那大学生说：“那里每户年均收入才 3000 元，而物价很高，水族人的家族观念强，一个北京林业大学毕业的学生，他父母一定要他回来当村干部，一个贵州师大毕业的学生，他父母要他回来在小学教书，出去的还一定要回到村子里来。”两个来看表演的水族小伙子说：“学生出去读书后一般都想回来，现在不打架了，素质都提高了，打架是十几年以前的事，那个时候打架不计后果，现在都在打人民币了。”这两个水族年轻人是可造就的乡村振兴人才，对万户水寨的烹饪大赛也有兴趣，看人们吹着芦笙打跳很投入，第二天看斗牛时早早地坐在草地上了。我说：“你们完全可以自己创业当老板。”他们说：“当官和当老板都很好。”初三学生韦君凤在帮助妈妈卖烤鸡腿，我说：“考个好大学，以后就到外地工作，你看现在还是都要外出打工。”韦君凤表示赞成。水族的文化正在演化中。制度经济学认为：“只要一些打破旧规则的社会成员在物质上是成功的，那么不久，当绝大多数人都渴望物质成功时，既有的内在制度就会全面变化。……推动制度演化的是‘千百万细小的反叛’和众多其他人对这些‘细小反叛’的评价。”①

我最爱去的是自然的少数民族村庄。正好有一个野记村的人卖了一头牛要回去，我们一起搭他朋友的摩托车上山，他说晚上就到他家吃和住，这是一个性情中人。“明天我也要看牛打架，我们村是 10 月 10 号搞斗牛比赛，我的牛是人家买去用来比赛的，一头斗牛能够卖 3 万元，

① 〔德〕柯武刚、史漫飞：《制度经济学：社会秩序与公共政策》，韩朝华译，商务印书馆，2000，第 475 页。

野记村

一般的牛可以卖18000元。买牛的是我爸爸的朋友，那人还将牛绳还给我，我爸爸说卖牛不卖绳。我爸爸得了20多张奖状，前几天牵着牛到剑河比赛得了第一名，去年在高硐比赛得了第二名，一个云南人的牛得了第四名，这里很多牛是从云南买回来的。”山路高高低低，弯弯曲曲，两面是高山，路边是山谷，山上有葡萄架。苗族的吊脚楼在山上高低一片，山上梯田高高低低，山谷中也是一片片梯田，有的田里一片绿，有的田里水如镜。我惊呼起来：“哎呀，好漂亮！”他说：“来我们这里旅游的都是看房子和梯田的。”一块田里有水，田边有一排排的石阶，这里是斗牛场。他跳进田里，和几个人一起干活去了。那个摩托车司机邀我到他家里去坐，从家里拿出两提啤酒给斗牛场干活的喝。他家的第一层喂着牛和猪，堆着许多牛粪，上面有许多蚊子。第二层要爬梯子上去，木板房有点歪，门用绳子系着，屋里有火塘，有谷子和辣椒。村里的房子依山而建，有的过道在平地上，有的平地上的晒台是另一家的屋顶。正盖房子的一家人中的小伙子领着我爬上梯子，看新修的三层木板房，他在附近的丹寨县打工，我走时他妈妈还让我再过来时去他家里玩。有阿婆在晒谷子，那房子装修得很漂亮。她说："这房子不是我的，那人到广东当老师去了。"平坦的水泥路上，一个人买了牛肉回来，说："到我家喝酒去吧，我这人就爱喝酒。"一家屋顶上有人晒谷子，这房子是新修的砖瓦楼，前面是一层层的梯田，梯田里有很深的水，屋里只有一个妇女。她说："我老公开车接小孩儿去了，快要回来了。"村里还能看到很多娃娃。有四川在这里做工程的人下山，我就搭他们的车一起下山。路上很多小学生放学回家，他们要走很远的路，有一处山坡几个月前大雨滑坡严重。

上午九点多，在小卖部吃了几个蛋糕，就看到一个人牵着一头牛过去了。十月的高硐太阳如火，蓝天上白云一片片。小卖部一片热闹，有个人用喇叭喊着"卖西瓜，卖城江西瓜"，我说没谁理他，旁边的两个人都笑得前仰后合。斗牛广场，有两牛打架的铜像，铜像前面是一块田，有铁门在田的入口，田里有一片片水，田边山上绿色怡人。有人将牛牵来广场，那牛不住走动，昂着头，眼睛红红的，身体高大，圆滚滚的如一头大象，体重 2500 斤，是菜牛，不参加比赛。坡上一人牵着牛过来斗牛场，那牛"恩恩，虎虎"地叫，那牵牛人身体瘦小样子却很凶，报名后牛身上写着"高硐斗协"。平塘布依族人牵着牛，那牛个子不大，在斗牛场报名时倔强起来，两个人狠狠拉牛头，他们走的时候还有说有笑的。人们陆续将牛牵过来，牛皮都黑得发亮，有的以大牛角显示威风，有的牛肚子和腿特别壮，有的牛仿佛要把地板踩烂。广场旁边系着一头牛，身体没有那么高大，但看上去很结实。牛主人是丹寨县养牛协会的陈会长，苗族人，早晨八点就来了。他个子不高，头发很短，喜欢敞着上衣，露出很大的肚子。他喂了 3 头牛，都能打架。"我拿了好多第一名了，过两天再到独山比，牛比赛一次后要休息几个月。"广场的音乐声雄健有力，有头牛听见鞭炮响就跑起来，很难拉住，但陈会长说大部分牛都不会跑。一点半的时候，斗牛场四周观众满满的，有 20 头牛参加比赛。抽签分组后，13 号牛一进去就跟着 8 号牛跑，没打

高硐斗牛大赛

起来就没有结果。第二场，1 号牛进去跟着丹寨的牛跑，然后困水了，又没打起来。第三场，15 号牛和 20 号牛抵了一下就分开了，跑了的那牛就输了。第四场，9 号牛刚从剑河获得牛王称号，等候 16 号牛多时，一下子就打起来，身经百战的9 号牛胜利了。第五场，21 号牛等着7 号牛，没等到就跑了。后来，5 号牛和 2 号牛打了一分多钟，2 号牛逃跑。10 号牛看到 17 号牛就跑了，17 号牛很矫健。3 号牛进去看到 11 号牛就跑了。12 号牛抵了几下 19 号牛就跑了，救牛的好不容易才拉住 12 号牛。18 号牛和丹寨陈会长的3 号牛斗，结果是 18 号牛厉害。我对陈会长说要胜不骄败不馁，他边给牛浇水边摇头，很想哭的样子，后来看人家的牛打架时很羡慕，“太阳太大了，牛不肯打，在我那里都打得很好”。第二轮，11 号牛与 13 号牛一组，13 号牛很厉害，跟着 11 号牛跑，几个人拉尾巴才拉住。接着是 17 号牛打败 1 号牛。三点半举行第三场时天气阴下来了，9 号牛与 18 号牛斗，18 号牛很厉害，牛主人是有名的爱牛人。20号牛与12号牛斗，12号牛跟着跑，被8人拉住。17号牛与5号牛打得激烈，被拉开。7号牛与13号牛斗，13号牛猛冲但没打，后被抵翻在地两次，几次进攻后逃跑。第四场，5号牛被7号牛抵翻后逃跑了。18号牛与17号牛相抵两分多钟被拉开，两头都可以进入前四名。17号牛向12号牛猛冲，相抵两分多钟被拉开。18号牛向12号牛猛冲，12号牛力气太大，相抵很长时间，18号牛逃走，得了第四名。17号牛向7号牛猛冲，看到那么大的牛角害怕了，得了第三名。7号牛与12号牛争第一，打跑为止，结果7号牛逃跑，12号牛第一。

崇尚自然的民族文化让世界绚丽多彩。在县城等到万户水寨的公交车，碰到一个县审计局专注于自己业务的干部要回那里，邀请我到他家吃和住，他老婆在那里开商店。万户水寨的基础设施是政府出钱修建的，做好后房子30万元卖给迁移的居民，是上下两层，每层两间。有做生意的老板买房子花了40万元，一个卖百货的三层房每层两间花了50万元，一个卖早点的花了将近40万元，其中贷款10万元。那审计局干部说："小镇离县城不远，有公交车直达，城里人周末来这里玩玩是很好的。少数民族如果还是生活在原来的山上，怎么融入现代文明呢？"从他的话中可以听出，二元结构是发展中地区普遍存在的事实，发展的过程就是社会结构更加灵活的过程，是二元结构逐渐消失的过程。吃饭时他老婆说："还是贵州好，住两层的木板房很舒服。以前我们上学时老师教拼音是用水族、布依族和普通话三种语言教，现在我女儿二年级，老师不许说水族语，否则就撵出去，那老师自己也是少数民族人。"蒙红斌同志认为："民族文化的保护值得下大力度。升学考试不用考民族文化，逼迫少数民族儿女放弃自己的民族语言、文字和民俗传承，一味追求汉文字，这是很不好的现象。"

独　山

独山有一种特产叫臭酸菜，独山人特别喜欢吃，有一家餐馆前总是排很长的队。汽车站门口有阿婆的糍粑2元钱一块，问车站两个拉客的司机哪里好玩，结果他们说的地方我都不想去，我本来就是走到哪里是哪里，所以买了张到玉水镇的车票。“你们推荐那些地方，肯定是在骗我。”“哎呀，这种人不要对他说，你告诉他，他还说你在骗他。”“来来来，听我说，你到玉水镇要后悔的，那里什么玩的都没有，路上都是灰。”“我这个人出门旅游，千里迢迢就喜欢看点灰尘!”我没有机会长期和他们交流，但走过的地方和见过的人都是风景，思虑单纯的人让人的心里无比美好。

到玉水镇要经过天洞景区，两面山岭连绵，中间田野开阔。天洞景区的水泥路上种有梧桐树，有大片的草皮让人很舒服，草地中有河水奔流，宽阔的坝子中有大棚种着铁皮石斛，横亘的山上树木茂盛，树木中有很长的石梯，山上有很多游客。到玉水镇的路上，有一段正在修路，山上石头要滚下来，车子每过10分钟通行一次，路真是高低不平，车过时果然灰尘漫天飞扬。但那灰尘是自然真实的，能够看到自然真实的东西很好。到玉水镇后不知到哪里去，不少人说前面泡温泉不要钱。下拉村处有农民推着车从水泥路下去，说这里有37户布依族人家。到少数民族村寨正是我向往的。村寨门口有溪流，洗衣服的妇女说水是从前面洞口流出的。我上去见大岩石下有水缓缓流出，溪水从路边流进稻田，山下稻田金黄一片。一层的木板房前，有一个剁菜的老人招呼我坐下。他说：“这里没田种了，政府都征用了，要做什么我们也不知道，

天洞景区

每亩地给39000元。出去打工每月三四千元也不够一家人用，我们60多岁的人打工人家是不要的。”回到公路上，一家楼房门前坐着两个给人家砍树枝的，一个剁着猪腿的老板是村组长，他们邀我一起吃火锅。那人说自己是残疾人，两岁的时候得小儿麻痹症，赤脚医生打针用错了药，村里有十几个不是脚跛就是背驼的。经济发展是为人的发展服务的，那组长说现在这方面情况好了。经济学认为：“控制疾病，提高健康和营养水平。其目的不仅在于使人们生活得更幸福，而且要使他们能成为生产能力更高的劳动力。”① 那组长领着我，指着田中鱼塘说：“田每亩征用给39000元，鱼塘没有证就不给，我的鱼塘周围用的水泥补了8000元。土地征用也不知道是做什么，说是拿去搞一个边贸小镇。老

① 〔美〕保罗·萨缪尔森、威廉·诺德豪斯：《经济学》（第十九版，下册），萧琛等译，商务印书馆，2012，第902页。

百姓认为搞小镇不应该用良田，我们的田是自然灌溉的，良田每亩可以收2000多斤稻谷，老百姓认为应该用山边的田。老百姓没田种了就应该有点保障才行，老百姓对修路都很拥护，不然就不方便出行，修路占的地也不多。”现在对基层权力的监督已经取得了很大成效。

独山县城不远有影山镇，影山镇有胭脂河，净心谷景区在胭脂河边，两岸世居布依族和水族。影山镇东面有桑麻村和八瓣坡，两溪汇聚而成岔河，全长17.8公里，流经翁奇村、友芝村，河边遍布高高的柳树。一片仿古建筑为翁奇营盘，是清朝团练杨维藩练兵处。做工的本地人说搬迁是将原来的房子每平方米补贴800元，划好地基让他们自己做，买和卖差不多20万元持平。七、八月份在这里避暑的人不少，旺季住一夜为120元，淡季一般50元。胭脂河转弯处有一大片荷塘，里面走廊曲折，风雨亭长长的。荷塘那边有广场，舞台上布依族小伙子用一片树叶吹奏，如万鸟齐鸣，如泉水哗哗，《映山红》《大地飞歌》婉转动听，游客掌声不断。一群布依族姑娘手持扇子跳舞，充满欢乐和喜悦。舞台上写有“诗书礼义”字样。水司府堂在太阳下熠熠生辉，高楼占地5900平方米，16层高99.9米。导游说：“这个酒店是世界第一大水族建筑，两个汉白玉石狮也是世界最高的，欢迎大家入住。”奎文阁在河那边，桥下叠水发出声响，“友芝书院”几个字十分醒目。书院中天井很大，进门有古戏台，四周是两层的木板房。莫友芝是晚清金石学家、书法家、宋诗派重要成员，并与郑珍合著《遵义府志》。莫友芝父亲莫与俦，嘉庆四年（1799）进士，在家乡教书42年，道光三年（1823）莫友芝和父亲一起到遵义府学当教授。令公祠里面有杨令公以及杨文广塑像，四周木柱粗粗的，中间天井长长的，据说是以前举行乡试的地方。杨文广，皇祐四年（1052）随狄青讨伐广西起义领袖侬智高，英宗时升团练使、侍卫亲军龙卫，后随陕西经略使韩琦打败西夏军。杨端，山西太原人，乾符三年（876）收复南诏攻陷的播州并定居于此，开始统治播州直到贞明元年（915）病逝。杨端之孙杨牧南即位，此后，杨氏一直统治播州，直到明万历二十八年（1600）朝廷平杨应龙叛乱杨氏土司的统治才结束。杨氏土司统治范围为遵义、凯里及都匀部分地区，现杨氏为贵州第一大姓。台阶上去是文庙，内有大成殿、诸子堂，木柱支撑，红色墙壁。到大观园景点有宽阔的马路，高大气派的建筑中有“诰命府”，有一个开车过来的人说又要买50元钱的门票。大门上写着“一生功绩耀千秋，三世诰命传万代”，富丽堂皇的杨府共九进，内有皇帝赐的匾额，有阮元题“尊前俱是蓬莱守，笔下还为鲁直书”。杨维藩因为平叛加封为中宪大夫，官四品，其母、祖母、曾祖母为四品恭人，三代诰命夫人都葬在翁浪播坡。杨维藩，独山兔场人，生于嘉庆十六年（1811），道光二十年（1840）独山知州韩超请杨维藩为团练，咸丰十年（1860）平黔南之乱有功。晚清维持传统乡村秩序靠的是地方团练，朝廷发官帽子，资金由地方自己办理，效果十分显著。翰林府上层是宾馆，大门前写有“容驷高门，光昭前代”，有影山镇万民钦于康熙四十二年（1703）中进士。尹珍府高大气派，东汉章帝建初四年（79），尹珍出生于毋敛（今独山）。尹珍20岁北上求学，21岁到京师洛阳拜许慎为师，28岁回故里讲学，69岁举孝廉，70岁历尚书丞郎，74岁任武陵郡太守，76岁任荆州刺史时辖7郡117县，78岁辞官回乡教书直到84岁病逝，他的经历可以说做到了“人尽其才”。老街里面有铁匠铺、陶艺坊，有朱雀和玄武石像，有长长的凉亭，三层的木板楼房前放有许多轿子，后花园门口的青龙白虎雕像高大无比。

孔子说：“富与贵，是人之所欲也，不以其道得之，不处也；贫与贱，是人之所恶也，不以其道得之，不去也。”孔子的思想相较于韩非子不为君王所用就丢弃的思想更具有包容性，这也是儒家文化影响更大的一个内在原因。我以前在其他旅游景区说过：“社会主义的理念是人与人平等，人为什么要人家抬着才舒服呢？怎么可以说士就是仕呢？”有小伙子说：“你这样想，人家不这样想。”一个教书的人说：“哎呀，那是在反映一种实际情况。”开餐馆的湖南吉首女老板说：“这里人流量少，本地人不吃早餐，吃碗粉只愿出5元，我们要卖15元才能保本。这里的房屋租金一年10万元，请一个做菜的师傅每月要花1万元，政府想每月给800元留住我们，但我们明天就要关门走人了，附近的几家

村寨风光

餐馆已经关门走人了。物业管理费交了一年，几千元要不回来了，这费用、那保证金要交不少。这里的门票是 100 元，交通费 10 元，停车场收费 10 元，做活动都要再收费，春节到正月初四的时候游客就不来了。这里的东西就是搞得大，老板太多，水司楼、大观楼的老板都不同，老板被抓了 5 个，民工的钱发不了。”若很多有价值的权利存在于公共领域，就会使那些为了成功而不惜代价的人受益。这里做生意成本是有点高，而生意人有自动退出和转移地方的自由。现在对工程的监管严格了，这里的一个主要领导因为举债 400 亿元受到中央处理，而事前的权力制约将会使国家损失更小。制度应该激励企业或组织或个人知识的生产，技能与知识的长期增长是经济增长的根本决定因素。

深河桥有抗战遗址，那里是西南出海大通道，有明朝隆庆五年（1571）修建的古桥，有抗战时期修的黔桂公路遗址，纪念馆内有胡锦涛同志题的“尊重历史”。晚上从深河桥赶往县城，来到莫友芝的影山草堂，草堂外面有荷塘，荷塘边山坡上有亭，掩映在树木中。晚上六点，大门关闭着，简朴的大门上写着“三世学承毋敛水，千秋名重影山堂”。一个送快递的人说：“这里门总是关着的，这个荷塘石杆上都是刻的他的诗。”独山文化底蕴深厚，有很多让人喜欢的地方，是一个能让人心静下来的地方。真正的学者并不刻意追求名利。孔子说：“饭疏食饮水，曲肱而枕之，乐亦在其中矣。不义而富且贵，于我如浮云。”老子提倡：“见素抱朴，少私寡欲。”“知其荣，守其辱，为天下谷。”“虽有荣观，燕处超然。”

我有非常大的兴趣抄莫友芝先生的诗。《山蚕词》：“一山阴雨一山晴，山自阴晴侬自行。为祷山灵劳护守，仗他衣被遍苍生。”《太湖即景》：“乱山横野霭，落日淡湖阴。坏道莹沙雪，孤村傍月林。”《笔花峰》：“仙云如盖凌云结，瑞光万丈争峨雪。遥遥天际插芙蓉，挺然秀出夸奇绝。”有《播州竹枝词》几首：“几家临水画桥西，一带垂杨绿已齐。比似江南三月里，交交黄鸟尽情啼。”“不狼山外草如烟，折柳刚逢日暮天。纵使轮舟无处着，山花红遍亦堪怜。”“湘山楼阁近桃源，接武游人笑语喧。小憩最宜清响答，鹤池春水正潺湲。”“山城霭霭半阴晴，尽日春光不可寻。聊把玉壶沽酒去，谪仙楼畔听山禽。”《小竹》：“小竹春前手乞栽，伫添疏荫补墙限。夏来喜长纤纤笋，一日巡檐数几回。”

贵　定

贵定高铁站后面有汽车站，工作人员很和蔼，说晚上可以坐车到盘江，旅游的人都是去那里的金海雪山景区玩。车上的妇女说：“贵定人很真诚友好，你可以从盘江到昌明再到云雾一直玩过去，都是同一条路线，都是布依族聚居区。”盘江镇的青石板街道两边楼房整齐，老街每周一赶场的日子很热闹。早晨沿着盘江水行走，桥的一边正在建别墅区，另一边有一家生产军用服装的国有企业，一个背着包出来的人说住在这里空气很新鲜。红色的自行车赛道由细沙子铺成，宽宽的盘江水一片银白，河床浅浅的，露出大片沙滩。河那边小山绵延，山上一片葱郁，山坳间有村寨、田野和水泥路。河床在麦董寨转了一个大弯，河水碧绿，河流缓慢，河岸有柳树、槐树、梧桐树，河中倒映着绿的树木和白的房子，绿水上柳絮轻轻荡漾。这里有一大片田野，田里有黄的稻谷桩子，有绿油油的蔬菜，冬天里油菜尚未开花，那一条条田埂很有色彩，翻耕的黄泥土洋溢着自然的气息。河上有大桥，大桥那边是麦董布依族人家。这里以前是小麦战略储备基地，小麦供北方的官兵食用，管麦仓的主事称“麦董”，后来沿用成为寨子名称，这里是元明清时期连接湖广的古驿站。桥头斜倚着一棵古柳，有一个修房子的人很热情地和我打招呼，有小伙子在送快递给一位妇女。我说：“这里真是山清水秀。”那小伙子说：“那就住在这里，有许多人来了后就住在这里了。”那妇女说：“我们祖先是从江西来的。小时候没有这个桥，以前都是用很大的木船过河，木船一次可以装一二十人，桥是 70 年代村里修建的。”现在的乡村已经离散化，提供这样的公共品只能依靠国家了。2015 年 5 月发生过大洪水，自然的力量依然不可忽视，需要组织的力量才能应对。

这里有168户730多人，有陈、罗、岑三姓住在小山坡上。麦董寨的河岸一片绿，浅浅的河水掠过一片片黄黄的沙滩，沙土在水中摇动。顺着弯曲的公路上寨子，山坡上一片翠竹很粗大，一棵150年的银杏树高大端直、叶子青青。一棵银杏王，有1000多年历史了，树身粗粗的，分出五根，树上枝条横伸，满眼的叶子黄灿灿的，地上的落叶一片黄。“千年古树万年根，神树保佑麦董人。”清嘉庆四年（1799）兵部尚书兼云贵总督富僧德催办粮饷，曾在此处搭棚休息，村民对古银杏树更加崇敬。寨子古朴幽深，有寨门两个，南寨的山坳间有一片田，田间有一口井。屋前的对联有“不交公粮千亩绿，免去学费万民欢”。路边有清嘉庆四年富僧德总督立的《夫马定章碑》，是对官员的行为进行制度上的约束，当时经常有苗民上督府控诉各地乱摊乱派。乾隆五十七年（1792）七月二十八日规定：“如需夫在百名、马在三十匹以外，始准照户均户催募，每夫一名给银八分，每马一匹给银一钱六分许，书差人等经手包折各该户亦不得稍有违抗。其余火杆桔子及贡杆，一切日行差使，夫在百名、马在五十匹以内者，悉以该县站夫驷马应付，均不得向该苗民等混行摊派雇用，所需料豆、包谷及众装草料并木桔苛杂烦永远革除，均应平价购买。官民亦永远遵守，毋得阳奉阴违，致于查究各宜禀遵。”制度经济学认为：“（有效制度的）第一项准则是制度应具有一般性。换言之，制度不应在无确切理由的情况下对个人和情境实施差别待遇。……第二项准则是，有效规则必须在两种意义上具有确定性：它必须是可认识的（显明的），它必须就未来的环境提供可靠的指南。因此，确定性准则意味着，正常的公民应能清晰地看懂制度的信号，知道违规的后果，并能恰当地使自己的行为与之对号。……第三项准则是制度应当具有开放性，以便允许行为者通过创新行动对新环境作出反应。”① 地方官员的个体理性与国家的集体理性有不一致的方面，需要

① 〔德〕柯武刚、史漫飞：《制度经济学：社会秩序与公共政策》，韩朝华译，商务印书馆，2000，第148页。

制度建设使各守其职，需要宏观调控以利于长远。

音寨有 600 多年历史，是贵州省重点保护的 13 个民族村寨之一，这里的布依山歌十八调在国内外很有名。每年农历六月初六很热闹，有的说是纪念盘古，有的说是纪念江西祖先。寨内观音庙修于明洪武年间，宣传栏将佛教与儒家相贯通是值得称道的："对过去的人和事要宽怀，要善待身边的每一个人。"继续沿着河边往上走，田里有一片片客栈和卖小吃的房子，村庄内有条条溪水从山上流下，田中有水从地下喷出。村寨里写有"少种玉米多种果，日子越过越红火"，政府对农民适当加以引导是有用的，政府调控市场、市场引导企业是有益的。幼儿园墙上写着"智、仁、礼、勤、学、信、诚、恒"，儒家的内在规范是十分有益的，应该在日常生活中做到知行合一。这些规范也需要与正式制度相融合。一片商铺都关着门，一个女子骑着摩托车而来，她说："我这里只有饺子，若要吃别的你就到镇上去吃。"

旧治古城现在属于昌明镇范围，明万历三十六年（1608）于此建县。贵定还有阳明祠，这里儒家文化浓郁，以往人才辈出。村口有一棵 150 年的皂荚树，村内两个土地庙都在大树下，原始宗教文化依然存留。这里是盘江的上游，河上有一座古桥，河中有古代的断桥和步行石墩，桥头一家店主说这桥有 300 年了。桥是骑尉郎赞于乾隆五十六年（1791）修建的。山顶有佛教庙宇，修于嘉庆三年（1798）。庙边有一棵高大的树，树顶上有两个老鸦窝。旧治小学初名魁山书院，明永乐年间指挥使叶凤捐资创办，明万历三十六年改为贵定县学。郎天赐，同治六年（1867）武进士，官至直隶龙泉关都司。安佩莲，清嘉庆十年进士，官至长沙知州。郎先锦，光绪十年（1884）创办旧治高、初等学校。黄治林，清同治年间官至副将。戴戡，郎先锦学生，1915 年赴日本留学，回国后与蔡锷一起讨袁，后任贵州省和四川省省长。郎德沛，1925 年于日本东京明治大学毕业，回国任北京女师大教授，后来在交通部工作，曾任长顺、邓川县长。路上招一辆车送我到公路上，司机说："我也是这里一个教书的，就在那里。那个大观园是人为的。"公路上又招一辆面包车带我到昌明镇，公路修得平整宽阔，司机只收了我

5 元钱。附近几个镇的山上都种着刺梨，有不少刺梨厂房。路上还看到拿着锹劳动的人们。昌明镇是开发区，河的一边有不少工厂，河的另一边是老街区。老街上人很多，生活气息浓郁，一个家庭客栈里有两个老人，还有几个妇女抱着孩子聊天，她们说许多人工作不必外出了。我烤了一会儿火就要上去，住一晚 60 元，十分实惠。老人领我上去，说："有电热毯，被子也很厚，需要什么就说。"这是儒家文化保存较好的地方，让我感到贵州的民间充满人情味。早晨走的时候我特意向他们打了招呼。

昌明镇上有昌明河，又有瓦窑河。摩托车司机带我到龙潭湾布依族寨子去。他是电子学校毕业的，在外打工回来的，家里小孩儿要上学，老婆又要生娃娃。龙潭湾的山上是有机茶种植基地，广场是布依族山歌大赛之地。村里有一个土地庙，里面是块石头，界碑立于 1918 年寒食节。大道两边田里蔬菜很绿，有一堆堆稻草梗，四面小山环抱，小山上

龙潭湾

树木茂盛。瓦窑河饮水保护区，田野间大道旁有一个苖家山庄，锯木头的人说人家关了门。河流边有一片房子，大都关着门，只有一个妇女在。河水声很响，有大河中水在石头间流，有山边沟渠水汇入大河，沟渠水满而清，大河上有堤拦住水。行走在水泥路上，沟渠清澈见底，水里有树枝和草木摇动，水底的蒿草如翡翠，石子晶莹剔透。大河在青山边，树木和芦苇倒映在河中，鸟儿尽情歌唱，沐浴着灿烂的朝阳。一个老人很有情调，要到山上去玩，说在家坐着也没意思，山上有人等他。他们以前也是从江西来的，他说："河很长，从隔壁镇的山上发出来，两条河在这里汇合，沟渠的水是从河里拦截来的。"在村口招了车送我到汽车站，司机是交警队的，说昌明是工业区，只有那个水电八厂效益不错，人多一些，是风力发电的。工业化会带来社会结构的变化，会带来组织发展、制度创新和人的发展。马歇尔说过："土地的价值随着与农产品销售市场的交通的每次改善而上涨，也随着较远地区加入它的产品市场而下降。""虽然工业环境的发展，大体上有提高土地价值的趋势，但是，它也往往降低机器和其他固定资本的价值。……可以无限增加的东西是不能长期保持稀有价值的；如果它们是一些相当耐久的资本品（如轮船、高炉和纺织机），它们就很可能由于技术的迅速进步而大大贬值。不过，有些东西（如铁路和码头）的价值，在长期内主要取决于它们的位置。"①

从昌明镇到云雾镇，公路路况很好，两边小山绵延。开始两山间的坝子较窄，山坡上种着刺梨，写有"万亩刺梨，十里画廊"字样。越接近云雾坝子越宽，有蔬菜种植基地，有葡萄采摘园，山上有一层层茶树。一个老师说过："云雾是贡茶基地，到处都说自己的是贡茶，但云雾发现了一块碑，那块碑就能证明那里的是贡茶。"从云雾镇上乘摩托车到云雾湖，那是离镇子不远的山上水库，发源于云雾山南麓的五条溪流，水库面积80余平方公里，建于1956年，属于乌江水系。水库中有一座座小山，上面都是杉树，这边有茶场，对面是茶山。那摩托车司机

① 〔英〕马歇尔：《经济学原理》（下卷），陈良璧译，商务印书馆，2011，第386—387页。

云雾村

说："那个茶山背后是云雾山，云雾山很大的，上面都是苗族人种的茶。那里是旅游开发区，修了许多凉亭，很多人到那里去玩，那里也是长寿村。昌明有高铁和火车站之前是不如云雾的。"我知道有两个长寿村后，要司机拉我到山下坝子中交通方便的那个。走进长寿村，有一片荷塘，荷塘中有水，水中有芦苇，荷叶一半是青的，荷塘中有风雨桥和小亭。长寿村四面小山环抱，山上树木葱郁，坝子中有小山上长着树，未开垦处都长着草。这里田野一大片，田里都有水，农房掩映在绿树中。房子前都有很大的水泥场子晒着水苔，公路上晒了许多这种东西，这里有这样的工厂，宣传牌上写着"厂农一体"。坝子内村庄有五六个，有苗族老人在割草喂牛吃，他说："我家门前有桥，以前就有，新中国成立后撤掉了，现在又修了。"我顺着他指的方向走，村子里有个年纪很大的苗族老妇，很精神地和我说话，但言语不通。田里有个放牛的人说："这里的几个寨子主要有汉族、苗族和布依族，各寨子一个民族、两个民族、三个民族的都有。”村寨房子很好，公路一条条很整齐，偶然有年轻人骑着摩托车回家。那边有一条河，河边有一块碑，说的是贾家入黔始祖洪武三年（1370）从洛阳而来官至兵部侍郎的事。河边有几个钓鱼的，河水在阳光下白闪闪，河上有桥多座，河里蒿草很多，河边有长的风雨亭，亭边有一个妇女在跳舞，还有一个两岁的娃娃在手舞足蹈。人们长寿应该是因为环境宜人，空间开阔，阳光灿烂，小山、田园、树木、河水以及阳光让人舒畅。

福泉

福泉一带，周末立国且兰，西汉为郡，明称平越。明初福泉开科取士，有尚书黄绂。福泉成为道教圣地，始于洪武二十五年（1392），张三丰从湖北武当山而来。福泉古城在山坡上，古城墙残壁一片，高台上满眼是青青的野草。福泉古城东南5公里处，有葛镜桥建于明万历年间，平越卫指挥葛镜筹资修建了30年。此桥被收入茅以升主编的《中国桥梁技术史》一书。麻哈江两岸山石直立如壁，江水碧绿，桥两边山上的石阶层层陡峭，以前桥头有三观庙，现在两头有两百多年的皂荚树。桥长52米，宽5.5米，高30米，桥身为三孔，桥面很平，上面石头块块如豆腐。桥那边古碑众多，有林则徐、莫友芝等人的题诗，洋溢着儒家文化仁爱的情怀。明郭子章有诗《葛镜桥》："麻哈江头锁碧波，知君两度布金多。三春重压雷霆吼，万里如从枕席过。涧底凭空连北斗，梦中了愿谢维摩。圣明许我东归养，酌酒平新问钓蓑。"

福泉体现出传统文化的融合。潮音阁在福泉山下流水中，两股水绕阁而过，三层的飞檐很精致，夜晚有黄黄的灯光。明隆庆六年（1572）平越卫指挥邱崇尧垒石于河中始建，初名观音阁，崇祯十六年（1643）平越知府陈绍英重建，改名潮音阁，后毁于咸丰年间战乱，光绪二十五年（1899）平越直隶州知州瞿鸿锡重建。江南首富沈万三明初流放云贵，居住平越期间与张三丰友善，沈万三儒道兼修，《潮阳寺题壁》诗是道家思想的体现："秦淮落落老渔翁，以艇为家任转蓬。一自真师传道后，跨鸾飞入海天中。"张三丰道家的处世智慧也很值得学习。《周易》说："亢之为言也，知进而不知退，知存而不知亡，知得而不知丧，其唯圣人乎?”老子说：“名与身孰亲? 身与货孰多? 得与亡孰病? 是故甚爱必大费，多藏必厚亡。”如今的福泉山下，有一片白色的精致阁楼，都是江南水乡风格，是文化交融的体现，应该将传统文化与现代市场经济相融合。中华商圣园大门写有“研财道找财源丝路联中外，握商机繁商业琼楼建西南”。万山府邸有广东刘安民撰联“贵商鼻祖华夏财神一朵奇葩移福地，京沪名园苏杭杰构四围豪宅似仙居”。福泉山上有威武楼，建于明洪武年间，城墙长 22.3 米，宽 14.2 米，高 12 米。福泉山上还有文庙，门牌上有“古往今来先圣后贤同脉络，天高地厚四时百物共流行”“曾经老泪吊颜回无非弟子，现在新潮推鲁迅也是传人”。文庙始建于明正统元年（1436），里面有一棵粗大的国槐。棂星门上有“上应星辰看俊采飞驰同参北斗，中通堂奥待文章练达再奋南图”。市场经济需要弘扬儒家文化，不能试图用外在制度来取代一个社会的所有内在制度，市民社会内在运转的规则能够减少监督和执行成本，增强人的自发动力，减轻行政协调部门负担。

福泉潮音阁

福泉山上道家文化十分浓郁。大门有清末贵筑刘蕴良题“福之奇者厥惟仙乎，泉而清兮是真圣矣”。蜀定王朱友垓《题玄天观忆丰仙》：“福地喜重来，登临亦快哉。蓬壶连海岛，云洞隔尘埃。羽客乘鸾去，仙人驾凤回。谈玄闲坐久，欲去且徘徊。”蜀献王朱椿《赠张三丰先生》：“忆昔蓬莱阆苑春，欢声未尽海扬尘。恢宏事业无多子，零落亲朋有几人。失马塞翁知是福，牧牛仙子慕全真。吾师深得留侯术，善养丹田保谷神。”三丰祠在古木丛中，古碑林立，福泉水清冽。照壁上的张三丰《打坐歌》体现了传统文化的智慧：“闭目观心守本命，清净无为是根源。”“天地交泰万物生，日饮甘露似蜜甜。”“三教原来是一家，饥则吃饭困则眠。”“恍恍惚惚存有无，无穷造化在其间。”仙鹤塑像处有儒家圣人王守仁诗《迎仙笙鹤》：“山谷风回尽好音，何须玉管引玄禽。仙骖日日闲来往，我去迎之不可寻。”三教殿大门上有“太上南无大圣三教用心禅化，忠恕慈悲感应万株一本并花”。文昌祠有清顺治贵州学使题“黔中名城人物风流欣大备，藜峨才俊文章雅化此为多”。三教殿内有两棵皂荚树，已有150年历史，还有一棵120年的国槐，上面的福泉山礼门与道家文化相关。有乾隆时期知府爱新觉罗·崇福题“武当华岳空传语，唯有黔山见此身”，有张三丰诗《平越福泉山礼斗吟》：“此山云水尽澄清，夜夜焚香表恪诚。首戴莲花朝北斗，星君为我著长生。”山顶高真观有明崇祯年间贵州按察使刘士祯所题匾额，宋元时有三清殿，礼斗亭毁于清咸同年间，重修后有刘蕴良题“都将今夕清风夜，说是当年拜斗时”。康熙举人查慎行有诗《福泉山张三丰礼斗亭尚存》：“清池照影树扶疏，昼静廊空想步虚。阅世人来棋散后，出山云淡雨晴初。穷尘滚滚孤亭在，浩劫茫茫百战余。华表鹤归应有泪，旧时城郭半丘墟。”乾隆殿试及第的赵翼有诗《张三丰礼斗亭》：“高真古冠郁葱茏，犹说仙翁斗检封。遗迹已无华表鹤，借名曾访鼎湖龙。山深时或飘丹粟，人老惟思伴赤松。我已退闲期学道，前途尚许一相逢。”吕祖殿有张三丰题“微妙处对境忘言巧然天地留图画，鉴空时知来藏往妙矣烟云点道机”。三丰祠里匾额很多，有天启年间云贵总督杨樊忠所题，有天启年间兵部尚书张鹏鸣所题，有万历年间云贵巡抚陈用宾所题。这些儒家官员也是崇尚道家的，儒道两家都提倡崇本抑末。汉初的河上公认为，养身和治国同理，都应保持清静无为。老子说："我无为而民自化，我好静而民自正，我无事而民自富，我无欲而民自朴。"孔子说："无为而治者，其舜也与？夫何为哉，恭己正南面而已矣。""天何言哉？四时行焉，百物生焉。天何言哉？"《孙子》说："故举秋毫不为多力，见日月不为明目，闻雷霆不为聪耳。古之所谓善战者，胜于易胜者也。"

乡村的魅力在于自然而然。去蛤蚌河风景区，乘仙桥乡的车到一个路口下车，然后要步行 5 公里。公路两边是青山，只有几户人家，有田里种着烟草、蔬菜、玉米。后来山上只见树木，十多里遇不到人，山中有矿泉水厂一个。路两边有山泉水哗哗响，远处有瀑布从山腰流出。路两边泉水清澈，有时在砂石中流，有时在沟渠中从高处流下。遇到一辆电动三轮车拉我到景区门口，景区那里只有一个人，住一夜 100 元，进去要门票 40 元，我决定走回去。景区门口泉水汇成小河，水底是浅浅的沙子河床，泉水如金光荡漾。路上走了很久，一路听到泉水如歌，鸟声婉转。烤烟草棚处有人，是本地人来玩的，说就用他的车送我到镇上，还有一人摘了一把野生蒜薹。那人是在福泉搞建筑的，先辈明朝时就从江西迁移过来了。他说："你这样有文化的人应该多出来走走。这是百崖朝，以前土匪很多，许多英雄到了这里就没出去了。20 年以前，如果你口音不是这里的，又是一个人，那就走不出去了。"这是仙桥乡的公路，几十里路很少有人，两边山高大而直立，山谷逼窄。在这个寂静的山谷，我想到乡村的美丽在于自然而然，这个朋友的可爱在于自然朴实。这朋友还说起以前鬼子到过独山，独山还有鬼子的飞机场。昨天吃螺蛳粉，那老板说以前家里穷，亲戚看不起他们，连爷爷奶奶也看不起他们。那人在浙江打工十多年，每年收入十五六万元，现在回福泉买房子用了 70 万元，那个店子每年租金 4 万多元。这个朋友更让我开心，他没有为钱所累，更能体现道家的自然。老子说："挫其锐，解其纷，和其光，同其尘。"那朋友送我到镇上，我先到家常菜馆吃饭，老板在做菜，老板娘在熬猪油，有两个小女孩在看动画片，后来有乡里的工作人员来吃火锅。福泉的老贵阳原汤牛肉粉不错，镇上的红菜薹炒肉加豆腐也很好。在一家蛋糕店，有一家三口很热情地和我说话，这自然让人的心情很好，我还特意买了一斤蛋糕。在一家宾馆住下，服务员是苗族人，在用毛线打一双拖鞋，以前在广东打工，现在因为要带小孩儿就给宾馆老板打工。那老板是四川人，在这里 20 年了，以前做家具生意，现在就开这个宾馆，每月可以收入 1 万多元，房子是自己做的，户口都迁移过来了。

我国传统文化特别强调道家的处世智慧。三国时期蜀国灭亡时，魏国钟会大权在握，这时他想的是谋反而其他将领想的是早点回家。分析对方的利害而保持内心的虚静，才更能做到客观认识事物。儒家圣贤阳明先生也充满道家的情怀："落日江波动客衣，水南绿竹见岩扉。渔人收网舟初集，野老忘机坐未归。渐觉林间栖翼乱，愁看天北暮云飞。年年岁晚常为客，闲煞西湖旧钓矶。"在乡村振兴的过程中，"道法自然"的思想有益于保持乡村的魅力，愿乡村能够保住她的神韵，愿乡村永远是乡村！

龙　里

龙里草原大门外，有一大片斜坡，有青草地和一片水，老百姓搭着棚子卖小吃，简易的候车亭内有人在长凳上睡觉，那人生活还真悠闲。大门由三根木头搭成，门票58元，观光车来回10元。在观光车上看，大路两边草地高低不平，有一片水池很显眼。一片蒙古包围着草地，有一群羊在啃草，旁边有烤全羊和烤全鸡、全兔。在三层的瞭望塔上看，草原上山坡和山沟高高低低，有几片绿草地，远处山峰环绕，阳光十分灿烂，蓝天上白云如絮。在景区工作人员那里倒了一杯开水，导游说贵州的条件能够整成这样就不错了。那边有选马处，但我还是愿意步行到二草原和大草原。公路曲折且高低起伏，山上和谷底都是矮小的灌木，有小草绿，有桃花红，有李花白，鸟的叫声不断。二草原上草丛中有鸟突然飞起，小水塘有水草覆盖，有青蛙的叫声。风力发电机转动着，四川人一天有100多元工钱，说大草原那边有人家，我看到猴子沟也有房子和树木，一个刚过来的司机说那里人不多。回到蒙古包处，大方烤小豆腐每块4角钱，老板平时住在贵阳。在选马处的餐馆等观光车，有修文县的妇女说，这里门面租金每年将近2万元，来玩的人一直不多，她说她们那里很有文化底蕴。在大门外继续吃烤小豆腐，吃东西的人很多，其中有湖南一家人。草原离龙里县城20公里，到湾滩河又是20公里，这里能体验真正的草原生活。

斜坡下面是幸福村，顺着公路进去，大门内有两个修摩托车的，有两匹马在草地上啃草，有女子把拴马绳的桩子移动了位置。这里田地比较平整，有的田里开着油菜花，有的田里是矮小的草，有的田中都是

龙里草原

水，有的田里是湿泥巴。居民点处有亭，两棵高大的树叫九层皮，有两个人提着两只鸟笼，里面的画眉鸟不住地叫。他们回到旁边的房子，那是白的楼房，外面有围墙围着，进门是场子，棚子中喂有十多只半大的鸡，几个布依族阿婆在坐着聊天，乡村生活十分恬静。村里有两棵高大的柳树，有一片竹子，路铺得很好，屋前屋后有菜地。这里没有明显的水源，但土地能够将雨水留住。继续沿着公路而下，公路边有楼房，有细小的山泉在草地上流，有一片片小水洼。路边锄地的小伙子说都是吃的山泉水，下雨时水就多一些。公路边有田，远远的有村子，村里都是一片片楼房。山坡上有水杉树，山沟中有梯田，越往山下田越肥沃，都是一片绿色。草原乡在大道边，一条街道上有幼儿园和小学，有小学生放学回家，横着还有一条街道。继续沿着公路走，可见到饮用水源保护区，沟里的水时断时续，田里有油菜花，油菜花边有鱼塘。在班车上看到有两座小山长长的，上面的梯田很陡，像梯子一样一层一层的，春天的田野绿绿的。贺雪峰教授认为美丽乡村应该为广大乡民提供公共服务，这样做对乡村是有意义的。

湾滩河社区有一片楼房。沿着公路到河边，中学的楼房还是很漂亮的。河两边有大片田野，河水奔流很急，河那边有一片农房，有两个放马的人坐在田埂上。他们说人们都搬到这边住了，住在这边方便，那片房子是政府建的，房子没有人住，不知道是做什么的。河上有桥，河中有小洲，河里有水牛，有人在河边玩，有中学生放学来游泳。过了桥，经过田边的水泥路，田野中有绿色和金黄色的作物，天空有成群的燕子飞过，田里有人在打农药。那片农舍有的是三间平房而旁边是厨房，有的是两层的楼房有外墙围着场院，外墙顶上都用青砖瓦覆盖。村里有两个老人坐着，还看到一个小孩儿，几乎看不见年轻人。经过桥，社区公路很长，楼房很多。街道中有一家农家乐，可以吃和住，每夜只要 30 元，家里有个女子抱着娃娃，那女子在幼儿园上班。第一层是餐馆，有一个司机在吃大头菜炒猪肉，后来又进来几个人吃牛肉火锅，他们都说在社区的楼房住很方便。他们的田都被蔬菜商承包了，种的菜主要销往香港和澳门，这里的豌豆尖很有名。每亩地的流转费是一年 700 元，他们都说很划得来，自己种蔬菜一斤只卖 2 元。他们自己留有菜园，楼房后面有一片菜地，住在这里晚上能听到青蛙的叫声，白天能听到鸟的叫声。许多学者认为乡村应留住以前的农家院子，不能以城镇的思维搞乡村振兴，还认为我国的村落消失得太快了，但农村老百姓偏好的改变是村落消失的内在原因之一。

沿着公路往羊场方向走，土地平整后一片开阔，满眼的大棚里面种有豌豆尖和其他蔬菜。广场边有两座高楼，应该是公司的大楼，乡村的振兴需要引进资本。走过一座桥，湾滩河在大片田野中，河岸边有一丛丛的竹子，河边村子都建有小广场，有风雨廊，有篮球场，有小亭。公路边有布依族阿婆在田里栽蔬菜苗子，河边的风雨长廊边有人在洗衣服，远处山下有村庄，村里有很多楼房，中间的田野油菜花耀眼。基地的宣传牌上都写有“公司加农户”“大户加基地”字样，各基地都写着

湾滩河

增加了每户收入，从 5000 元到 20000 元不等。基地中有一个个水泥桩子，有八月瓜下套种辣椒和蔬菜，这样可以将土地集约使用。有写着“基本农田保护区”字样的，许多学者担心土地都用于房地产开发，不利于农户将饭碗端在自己手里。菜籽田中有人在锄土，指点我从前面路上进孔雀寨。我从水泥路走到河边，河边沙洲很多，青草绿绿的，沙洲上有人在钓鱼。经过一片片田野，小河上有三眼井，有读初二的女孩在洗衣服，那女孩对我很恭敬，指点我上孔雀寨的路。

进入孔雀寨有大道，大门两边的田野平整开阔。湾滩河在此处河面很宽，河水在阳光下闪着银光，两岸的柳树倒映在水中，水里一片嫩绿。河上有桥，桥下有孔道，两股水绕岛而过，岛上有人在做烧烤。有一家餐馆，有野生鱼火锅，还有腊肉火锅 20 元一份，里面放有茼蒿，有 20 多块肉。餐馆主人以前在外地打工，现在搞乡村旅游开发就回来了。餐馆前有小水沟，那边有一条小水泥路，路两边的田已经推成一个个水塘，是用来养龙虾的。搞承包的小伙子来自湖北监利，他们一共承包了70亩地，每亩地流转费每年700元，三个人现在暂时只来了他一个，他是福泉的一个朋友介绍来的，弱关系也是很好的社会资本。那边还有一片地有院墙围着，有养鱼池和一块鱼塘，每亩流转费每年750元，过三年涨500元。这里的鱼主要销往越南和其他东南亚国家，销路很好，但就是鱼不好喂。有一排房子是给工作人员住的，有两个给老板打工的，老板每月给2500元。有三个来自附近昌明镇的人在钓鱼，每4小时要100元，钓的鱼可以带两条回去，放养的话，老板给一般的鱼每斤4元，他们中有一个钓了六七十斤。村里的大道上还有一个本地农民，喂了50多只鸭子，外地来旅游的人都喜欢买他们的鸡、鸭、猪肉和蔬菜。

河边竹子中有风雨廊，河边小洲是自然的，洲上有青草和各样野花，洲上的水洼那样可亲。这里水深，水比上游清，美丽乡村建设需要河水清一些，以前草原上开小煤窑，硫黄都流到河里，煤窑现在都关闭了。连绵的山上树木郁郁葱葱。一片居民楼在山下，一共有170多户人家。布依族寨子旁边有苗寨，大家向来十分团结。田里有人正忙着，有水田明晃晃，有油菜花金黄黄，有蔬菜青青。这里以前老鸦很多，孔雀来后就飞到后山去了，后山上现在经常有野猪下来。桥那边的大道两边有果园，一边桃花灿烂，一边橘子树绿油油。两个本地人中有一个是承包这果园的，每亩地流转费也是每年700元，那人以前也在外面打工，说果树栽三年开始结果了，前几天来桃树林中照相的人很多。那承包果树的要一个本地有文化的人来陪我逛。王禹同志是北京工商大学毕业的，梁小民教授是他们系主任，他以前在贵州省石油公司工作。这里在外地工作的人很多，他们以各种形式支援家乡建设。乡村的振兴需要人才的振兴。他住的房子是以前的老房子，外面是石头里面是木板，他的床上放着一堆书，房间里有他捡的许多石子。县委宣传部要他写村史，乡村的振兴需要精神文化的振兴。后山树木茂盛，有泉水流成河，河水绿油油的，河中有竹林，三眼井边有人在洗衣服。山上有一个洞，洞里有泉水流下，溪水甘甜可口，水季泉水会滚滚而出。山壁直立，石头一片片如书卷，许多树木长在石头上，那顽强的生命力体现了贵州人的精神。山上还有一个洞，大门由石头垒成，上面有垛眼，洞顶上有台子可以砸下石头，这是以前人们用来躲土匪的地方，修建于咸丰、同治年间。洞口如大厅，洞有 8 公里长，可以通向羊场镇。餐馆主人把我送到一家客栈旁，客栈屋檐下养着一只八哥，那家出了三个大学生，那家的阿婆说她们并没有多做什么。

孔雀寨

孔雀寨于 2013 年开始开发，是农业部重点打造的一百个美丽乡村之一，游客有内地各地的，有来自香港、澳门的，也有来自英国、法国的。这里前几天来了许多人，四月的时候游客会更多，周一到周五每天会来 5000 人，周六和周日每天会来 2 万人。客栈杨老板是乡贤，乡村的发展需要这样的人带动，他以前当过 18 年乡镇卫生院院长。他说现在开农家乐是为了对村子做贡献，他老婆是孔雀寨本村的人，他的这个农家乐花了几百万元。说到旅游开发对老百姓有不少好处，杨老板说上次他引来了1000多人，吃饭忙不过来就要其他人家做饭，老百姓得到甜头后就会跟着搞农家乐了。后来村支书来了，杨老板说村支书是他舅舅，他们聊天也是研究工作，都在努力为乡村争取资金。他们对以前的镇委书记评价很高，说这里的美丽乡村是那领导搞起来的，那领导调走的时候大家都依依不舍。我很佩服杨老板，生意做得那么红火，他积累的关系网络是真强，社会资本是十分重要的资源。从孔雀寨的发展来看，乡村旅游的市场总量有限，因而不能到处开花，重点打造一批美丽乡村是有必要的。美丽乡村既是为乡村居民服务的，也是为满足城市中产阶层的乡愁服务的，乡村旅游发展取决于人们的货币选票，市场各方需要相互帮助。

惠　水

到惠水县九龙村的路上，两边小山上树木嫩绿，公路边樱花红艳艳，田野中桃花一片红，油菜花一片黄。接近村口有一块块水塘，水上石头遍布，有风雨廊和亭阁。这里的田政府征收是每平方米 47.5 元。苗族三月三的节日即将到来，村口设置了 200 多个摊位，一个组委会成员正在收摊位费，每个摊位要 120 元。他说三月三的节日摊位摆不满，六月六更加热闹，从中可以看出人们喜欢民族节日。村口有九龙寺，新中国成立前被土匪烧毁了，前几年才重建好。九龙寺两边和背后各有三座山，山上的树木和竹子茂盛。沿着石阶而上，有银杏树是康熙二十一年（1682）开山鼻祖古源所植，旁边一棵高大的古水杉树已经干枯。有三进庙宇，人群中有贵阳来的，有一群旅游的中学生，还有一群烧香拜佛的人。村口公路上有人在摆摊，这里的苗族人都很热情，和外地人很容易就打成一片了。有一个卖炸土豆的女孩是从云南嫁过来的，要生第三胎了就没有出去打工，说肯定是出去打工好。村子在低洼处，雨后的大路上有些泥水，那组委会成员说雨季时都要蹚水过去，积水有七八厘米深。村子内有一棵 150 年的香樟树。有幼儿园和小学，这里是惠水县留守儿童示范区。村子内还有卫生院。一家门前有老人在削竹条，他儿媳妇在家照顾小孩儿，儿子到浙江打工去了，要能够买车再回来，那老人对生活充满希望。村里现在都是三层的楼房了，山上废弃的房子都是砖瓦平房，有石头垒成的院墙。公路边有一片田，种有蔬菜和油菜，每家房子边都有菜园。有一座楼房前有两个一岁多的孩子打架，将车子拖过来拖过去的，大人将他们拉开了，两个小孩儿后来每人骑着一辆车，那个长得有点白的小孩儿不是这一家的。那楼房的场子前是用三根树桩叠成的门槛，一个中年人很热情地让我多玩会儿，有两个妇女在水龙头下洗菜。离开那家后，那个长得有点白的小孩儿的爷爷邀我到家里坐，他们现在还是有田种的，他的儿子从学校毕业后被村卫生所聘为赤脚医生，每月有 2000 多元的收入，儿媳妇在镇上的税务所上班，每月将近 3000 元收入。村子摆摊处有几个人在打牌，是打的几元钱的小牌，我向往这样的生活。那云南来的媳妇很热情地给我联系车，这里的班车不容易等到。那组委会成员用摩托车送我到县城，他说苗族人不相信菩萨，说那几个和尚让他更不相信了，那些信徒都是惠水县城的。我说这里的苗族人很好相处，他说苗族人开玩笑是开玩笑，但不允许骂人。当我到县城给他 30 元钱时，他说“不好意思啊”，我说“应该的，这对你好，对我也好，和你们这里的人打交道很愉快”。

数据小镇在两山之间。大道边有楼舍很雅致，有一片音乐喷泉，山上水杉树很高大，有些山坡上和山坳间有茶叶，山下有一个茶叶有限公司。工作人员说这里聚集了一些专家搞研究，主要服务于当地经济，这里还有一所台湾人投资的职业学校，对于农村电商和跨界融合会起作用。沿着木栈道而行，处处是水杉树的海洋，有绿油油的潭水一片，山上时有鸟声。沿着绿潭边公路进去 2 公里，有布依族农家乐，那里绿竹成林，女主人做的腊肉炒竹笋很不错。到她们村子要爬坡上去，山里面路不好走，她建议我顺着大路到百鸟河村。上下几重坡，走过几道弯，百鸟河如碧玉一般，掩映在茂密的绿竹中，这里鸟叫得一片热闹，遇到有几个惠水下来玩的，河边的烧烤棚子很热闹。河边有 30 多户彝族人家，有两个人说村寨有 100 年历史了。我看到河边山上有墓地，桥那边种有各种蔬菜，有妇女在田里忙着。沿着大道走，百鸟河村第六组有五六十户人家，第七组和第八组都有三四百户人家，房子都是两层或三层的，楼房外墙和顶上由政府统一装饰，都是橘黄色墙和红色顶。这里是涟江河，百鸟河水从前面汇入，还有小龙那边的一条河汇入，好花红村在涟江河下游，惠水县城的那条河也是涟江河。第八组的楼房中有本地人，说流转费是每亩 1690 元，公司主要种莲藕和养鱼，这里的田 10 年到期，流转出去已经9年了，那人担心到期后公司会不要他们的田。村委会办公楼里面只有一个文书，书记和主任都到数据小镇召开紧急会议去了。他说自己当了14年文书，前任书记不喜欢以前的那个文书。这里工作人员共有17个，书记的工资是每月3200元，比其他人多200元。他说这里90%的房子都是有产权证的，实在需要再做房子的要在这里登记，向政府申请后会给临时证明。他说这里还没有开发，村委会的工作主要是整治，前两年刚通了路和水，应该多搞些小型产业，政府应该把幼儿园办在村里，学生在镇上上学应该有专线车。百鸟河村有4000多人，田和地一共不到2000亩，8个小组还有4个组土地没有流转。这里的大桥建成很久了，雨后的涟江河水暴涨。田里莲藕一块块，有各样苗木和花草基地。好花红镇的大道两边，房子的第一层都是门面房。一家餐馆里面，刚好有镇长和好花红村的书记，他们都认为刺梨花能体现贵州人精神，认为乡村只有开发才有活力。问镇上楼房为什么这么多，那镇长说要搞城镇化。发展经济学认为，如果城市在前期发展过程中能形成一种主导产业，那么这一产业将会派生出新的产业，新的产业又将形成一种繁荣的主导产业，城市就是通过不断的产业派生与累积而循环成长的。① 老板是镇里的一个工作人员，温文尔雅，一派和气。后来陆续来了十几桌人，老板娘说那些人她都不认识，一个火锅她只收百把元。我很羡慕这老板的生活，认为他有自己的事业，他的生活环境十分接地气。

好花红镇的坝子宽阔平坦，小山上橘子树满坡，坡下水塘一片片，千万只蛙叫声如潮。涟江河边有一条红沙子路，路边各样的花五颜六色，到处有湿地，鸟声婉转。好花红村的寨门上有木板阁楼，进去有一片仿古的商铺，店铺的门都是关着的。有些仿古的建筑既无文化底蕴，又占用土地。涟江河上有布依族铜鼓，河边草地上空风筝飘扬，人们沐浴着阳光。河上有大桥，河岸边有古柳，桥那边有一片田野，有几座白色的楼房。沿着大道进村，一边是红的树圃，一边是一片片水塘，水塘中间有岛，岛上有亭阁，有两座木桥通往岛上。树圃前有农家乐，我晚

① 张培刚、张建华主编《发展经济学》，北京大学出版社，2009，第382页。

好花红村

上就住在他们家，那两个房主人说现在田都流转给农科所了，每亩地每年流转费是1200元。这里一排楼房都是农家乐，一共有28家，院子内有风雨廊，二楼上有回廊，可以看外面的风景，家家都有烤全羊。大道那边，田野中有育苗基地，有大棚种着兰花，田里有一块块青草，田边沟中有水，还有水塘，有牛，有鸭子，有白鸟一群群飞过。人们留有菜园，路尽头是一片居民楼。红树圃内有豌豆，有油菜花，有玫瑰花树，有小水泥路，游人很多。一个惠水妇女说这里来玩的人多，就是因为这里很自然，她也认为自然的比人为的好。树圃内有两座亭子，亭子内有卖烧烤的，有一家摊主给我尝了烤香猪。有一家农家乐的女主人说前天她们家卖出两只鸡和两只鹅，还卖出去很多烤排骨，生意很好。那卖烧烤的是广东人，这里是广东人来开发的。水泥路那边的田里不知是何树，本地游客说应该是引进的，本地的树他都认识。村委会的房子很普通，街道上有阿婆坐在地上卖小菜，这里有清明粑卖。有一家小店卖豆腐，有两个女大学生在吃长沙臭豆腐，一个胖小朋友是妈妈带来玩的，他的小单车放在那里。那店的老板以前在广东打工10年，是搞工程设计的，每月有1万元的收入，他老婆也有4000元的收入。他现在回来在村里开豆腐店，在县城还有豆腐铺，这个店每月租金1000元。对于他回来创业，人们都不理解，说人家都出去打工，打工方便又钱多。他的豆腐铺在淡季每月收入不到1万元，开了一家加工厂亏了几十万元，但他更想在家乡创业。他在惠水县城买有房子，每天要回到县城住，县城的房价为每平方米3500元至5000元。我说他是很成功的，乡村振兴需要这样的创业者，创业因艰辛而壮美，在干中学，获得的知识是真知。《周易》说："屯，刚柔始交而难生，动乎险中，大亨贞。雷雨之动满盈，天造草昧，宜建侯而不宁。"

好花红村传统民居

古民居点有叶辛纪念馆，作家叶辛1969年来惠水插队生活10年。那房子是原生态的本地民居，外墙上有门，进门是甬道，里面是青石板天井，天井三边是房子，房子的下面是石头地基，上面是木板，二楼有梯子上去。天井中的布依族妇女说可以随便看，还说里面有刺梨树。刺梨树的叶子小而嫩，树上有刺，枝条很长，平常朴素，有生命力，是贵州人精神的象征。一家房子前有一个老人，说这里的房子都被政府收购了，人们都搬到涟江河边那片白色的楼房里去住了。那老人说以前是从江西朱家巷过来的，这里的人都姓王，这房子有300年历史了。房子下面的墙是大石头，一块块非常整齐，那老人说这都是能工巧匠做的。墙的上部是泥巴做的，都风化了，以前上面和下面是整齐划一的。那老人说那边有清人王纪的墓，他在朝廷做官，后来告老还乡了，但现在的人出去乡村后就不怎么回来了。王纪墓碑还有些气派，上面写有“大清光绪三十三年”字样。这片古民居房子前都有牌楼，有一家房子的土墙壁已经倾颓，但木架子还在，木架子是房子的轮廓。有一家房子的外墙很高，由小石子垒成，一个人说那房子建于1966年，当时他还很小。晚上我来到农家乐，和女主人一起吃腊肉火锅，豆腐圆子是本地特产。周日的晚上，客人都走了。周六来了100多人，女主人一天做了十几桌菜。那女主人说以前在义乌打工每月500元，从这里到义乌的车费却要106元，种田一斤米只卖2元钱，种田不赚钱。她过年杀了7头猪，腊肉让游客带走了许多，现在已经不喂猪了。后来她婆婆来了，80多岁的人吃了两碗饭。这是她大儿子家。她小儿子商校毕业后在惠水县粮食局工作，住在不远处。这里有不少在外地工作的乡贤。

居民区内有广场，雕像是毛主席和两个本村布依族歌手的合影。1957年3月，本村布依族人王琴惠和秦跃珍到北京参加第二届民间音乐舞蹈艺术会演，一首流传600年的民歌受到领导人好评。“好花红来好花红呃，好花生在那刺梨蓬呃，好花生在刺梨树嘛，那朵向阳啊那朵红。好花鲜来好花鲜呃，好花生在那刺梨颠呃，好花生在刺梨树嘛，那朵向阳啊那朵鲜。”有文化底蕴的乡村才更加有魅力，乡村振兴的过程应该是文化发展的过程。梁漱溟先生当初搞乡村建设着力于乡村文化建设，提倡的是儒家文化，现在应该着力于传统文化与市场经济的兼容。

盘 州

盘州古城在两山之间，城内有两条溪流。人民路是商业中心，路边摆满摊子，摊上有地瓜、橘子、洋芋、山药，喇叭喊着“大蒜两块钱一斤”，买野生菌的人很多。北门洞城墙高大、厚实、斑驳，墙上树藤青青，上面有垛眼，木制的城门楼上雕有龙头、剑和喜鹊，破裂石碑上面写有“光绪二十六年，特授贵州普安直隶军民府覃恩加三级世袭骑都尉”字样。古街是宽阔的青石板街道，街边有卖糕点、面条、腌菜、豆豉的，还有烟熏火腿，公鸡特别大，木板房子内有人拉着二胡。张道藩先生故居在河边山上，青砖瓦房始建于康熙十七年（1678），三进院，占地1449平方米。张道藩（1897—1968），青年时期赴欧勤工俭学，先后求学于伦敦大学和巴黎最高美术专门学校，学画兼习文艺理论，1926年回国后著有电影剧本《密电码》《再相逢》，话剧《最后关头》《杀敌报国》《自救》《误》，译著《近代欧洲绘画》《唯一的道路》。水星寺在山中，始建于明洪武年间，清康熙三十一年（1692）迁至半山坡，1979年恢复原貌，墙上写有“庄严国土，利乐有情”“杨柳枝头甘露水，琉璃池上明月星”“四部洲统领诸天大千世界，八功水普施众地不二法门”“三餐常思农夫苦，一饭难忘佛祖恩”。古街边有文庙，棂星门、大成门依山而建，大成就是智勇仁兼备。山坡上小广场两边有“礼门”“义路”二门牌，泮池中龙象威严，写有“道若江河随地可成洙泗，圣如日月普天皆有春秋”。古碑上刻有“明为州，嘉庆时为直隶州，旋为直隶厅以迄于今，先后知州同知修”“至康熙七年重修，既燹于兵，主者不能复考其始建岁时，光绪二十一年署同知刘裕恭重建”字样。古街中段有萧克题“红军二、六军团盘县会议会址”，是长长的两层红色木板楼，1935 年至 1936 年红军中央纵队及各军团先后经过盘县，盘县会议做出了北上抗日的战略决策。西冲河六角亭上，写有“三省通衢”“南观揽胜”“清代石拱二百年商贾云集，明朝古城六世纪人文荟萃”。河流两边有农舍，岸边菜园青青，有门牌上面写有“水洞排洪洞”“千秋伟业”。学校门口卖盖饭的人说：“前面山腰上有洞，以前徐霞客来过，洞有 6 公里长，可以穿到另一个镇上去，我小时候经常去玩。”河水流进山下洞中，水声响成一片，洞口上面有钟乳石倒悬，洞口边溪水上有小铁桥。桥那边石牌坊上面刻有狮子、麒麟，写有“碧云洞天”“水归龙窟千寻异，日透天窗一晕红”“林静闻蝉唱，洞幽听涛声”。

盘州古城西冲河

从红果城区坐 8 路公交车到九龙潭景区只需 10 分钟。公路两边石山高大，山边沟渠中有水层层流下，山坡上有玉米地，幽谷中一片鸟鸣，远处山上草木茂盛，可以看到村寨白色的墙壁。路上小伙子说："离景区还有一公里，里面景点很多，好玩呢。"广场的牌子上写有"盘州九龙潭火爆招商，可自选经营种植草莓，养殖鸡鸭兔"。山坡边有乡村热水塘，是本地农民工回乡创业基地，一块块温泉在橘树林中，守门员说："简便的木屋和帐篷可以随便住，没人管的。"景区入口处，有一片水塘是花果潭，潭边有两棵树很高大，树边有人在钓鱼，农舍可以吃饭。花果潭处有小卖部，上班的汉族村姑爱唱山歌，谈的都是山歌，不一会儿唱起歌来，山上也有歌声飘来，歌声是那样自然。他们好多年不种田了，说是种田太累。这里周末和节假日人很多，天冷时一片清闲。大道上面有宽宽的溪流，有水池一片片，山上泉水时时流下。山谷入口处，一片树木端直高大，一片小潭水清清的，浅浅的潭上有水车。山谷内水杉茂密，一层层白水从石板上流下，在石子间涓涓流淌，溪流上有小木桥，溪流中有很大的石块，白水跌落声很响，里面杉树更加高大。

石桥镇有妥乐银杏村。村寨在河流边，桥头两个卖门票的女孩每月可以拿2000多元，说在这里上班家里都可以兼顾到。水泥大道边是两层的木板房，后面的高山如屏，房屋边处处是黄的古银杏树，河岸边小银杏树叶子黄黄的，河边栈道上鸟声如潮，河里草木的倒影一片嫩绿。房屋边田园青青，山坡上有银杏树斜长在石头上。有大人带着一岁的小娃学走路，有石子路延伸至山上，摆摊的阿婆说山上的银杏树很大很多。银杏王处的山坡上，有古树一大片，斜倚的古木叶子黄黄的。银杏王有1500年历史，褐色的树干粗粗的，树枝上有青青的叶子。那一片古房子，有的是木制的，有的是石头做台基的，房子边有围墙，菜园中有白菜。斜坡上大片千年银杏遮天，有挺直的将军树，有相依相偎的树，直上青天。河边人家有石板路和围墙。古石拱小桥在小溪上，水面上银杏树斜倚，树枝长长的，叶子黄黄的。河那边有小银杏树林，清溪水在石子上流，树林中满眼泥土。山坡上有古寺。人工湖如镜，湖边青草一大片，水从火车站后的山洞流来。有昆明来的游客说："贵州原生态地方多，处处的人都很朴实。"家庭农家乐有芹菜炒肉片，有他们自己酿的白酒。做电器炊具生意的人说："每月可以收入3000多元，这里每7

天赶一次集，做生意就在本地，如换个地方建立信任需要一年。”戴着瓜皮帽子的老人说：“这里温度最高30℃，冬天也结冰下雪。这房子有120年了，我们也不知道以前从哪里来，只听说以前姓赵，是赵构的后代，遇到兵指着路装哑巴，以后这里的人就都姓路了。”旁边一户人家，屋檐下堆满玉米，主人邀我坐下用木材烤火，一起吃烤玉米。“以前也种水田，田都征地搞旅游开发了，每亩补偿28600元，留了几块田每年可产玉米2000斤，每斤玉米价格是1.2元。”爬着梯子上二楼，住单间只要30元一晚。藤上结着瓜，这里叫洋瓜，腾冲人叫佛手瓜也叫洋瓜，四川人和湖北人都叫瓠子，可以看出佛教对贵州的影响不如对云南大。妥乐银杏村的夜晚，雨声淅沥，公鸡叫个不停，一阵阵钟声悠扬，民风让人感觉很温暖。

妥乐银杏村

从红果到乌蒙镇是高速公路。处处写有“四好农村路建设，推进城乡一体化”“大交通带来产业发展”字样。盘州境内有高速公路174公里、国道248公里、省道552公里、县道1200公里、乡道1660公里、村道2462公里，沪昆高铁以及南昆、水红、盘西铁路在主城区交会。乌蒙镇上只有一条主街，两三层的砖瓦楼房一大片，车站是一个大棚。到商店买了两条秋裤御寒，车站里面的人邀我坐下烤火。一个女子在替二姐卖票，穿着红羽绒服和黑色长皮靴，她说自己不认识字，抱着小女孩喂奶，小孩儿吃着吃着就睡着了。一个司机是彝族人，知道武汉有三镇，知道湖北有荆州，说："白天开车不喝酒，晚上要喝酒，晚上不喝酒白天就没精神。"景区用车免费接游客上乌蒙山，有在景区工作的女孩在公路边烧烤摊上的车，买了一些烤土豆，还给了我一个吃，这里的烤土豆真好吃，我也实在太饿了。景区的门票和观光车票共55元，在车上只能看到细雨和云雾，山脚下有结果子的松树，山上的树很矮小。那四面环山处是水库，由山上条条溪流汇合而成，水白白的，司机说这里的水十分甘甜。山坡上有一大片绿草，放绵羊的人都在风雨中发抖，男的都披着蓑衣，背着包，包里放着土豆和水，女的都头裹包巾。山上的牛和马很多，人们赶到山上后每周来看管一次，这里的牛肉、马肉吃起来很脆。乌蒙山上有10万亩杜鹃，每年三、四月漫山遍野开放。土山上碧草青青，有宽而深的沟，条条溪水流下，草地上小溪纵横。山坡平坦处，有一大片草地，长有100多种不同的草。有佛光亭，人站在中间时影子边白光闪闪。山上有一些客栈，还有一些工棚，有重庆建工学院毕业的人在搞室内装修设计。大草原最高的山上，天晴时可以看得很远。这里的彝族人一直住在山脚下，以前种玉米、土豆和荞麦，现在公司来经营了，主要种植刺梨等经济作物，田入股后每年每亩有800元的分红。山坡上和山下的房子都是砖瓦楼房，是他们用打工的钱修建的，这里的彝族人自己愿意住这样的房子，会说彝族语言的已经很少了。乌蒙大草原旺季游客每天都有1万多人，四川人和浙江人来了后就不愿离开了。这里是完全自然的，只在草原上修了一条路，卖帐篷的很多，在这里露营很好，能够让人们亲近自然。

红果车站晚上6点的车只到镇上，彝族女孩万江丽说："跟着我，到了镇上后有车接我到娘娘山去，我在娘娘山景区工作。"到了镇上她带我到她同事小陶家吃饭，屋里用煤炭烧着开水，小陶的妈妈拿出烤土豆让我先填填肚子，我说："可以的，我肚子实在太饿了。"万江丽说："我去红果拿驾照，排了很长时间的队，也很饿了。"这是苗族人家，清朝从湖南迁移过来的，小陶的爷爷以前是乡政府计生办主任，他说："现在公司来搞产业基地，真是公司高兴，老百姓也高兴，贵州从改革开放以来发展很快啊，近 10 年真是变化特别大。"小陶的爸爸听说家里来了远方的客人，特意回来陪着一起吃火锅。他说："我 1986 年开始当了 11 年民办教师，后来卖电器和饲料每月可以收入 8000 元，在村里做委员收入每月只有 2000 多元，但我还是想为家乡出点力。这里有很多特产应该走出去，土豆、红米、火腿、腊肉，还有自然的牛肉、羊肉，我们这里不是穷山恶水，处处是青山绿水，野生天麻和野生三七也很多，这里每亩地公司承包每年给老百姓 400 元。"娘娘山联村党委书记陶正学同志领着大家脱贫致富，受到各级领导肯定。陶正学书记的格言

娘娘山银湖

是："自己富不算富，大家一起富才是富。"他的哥哥也在红果、六盘水、贵阳、昆明等地开了4家酒店。住在马场新村的苗人客栈，那苗族人家在游客中心还有客栈，自己还有很好的住房，他们和党委书记都姓陶。这里村容十分整洁，居民为苗族中的喇叭苗，男性服饰与汉人同，已婚青年妇女锥形发髻高三寸，未婚女子织发辫盘于白头帕外。这里是温泉小镇，房舍环绕银湖，后面青山连绵，菜园中土质肥沃，山上鸟声如潮。这里是"三变"发源地，资源变资产，资金变股金，农民变股东。三变街占地57亩，总投资5000万元，农户以土地、林木折价资金入股合作社，整体建设商业街。睡美人山上云雾缭绕，万亩湿地中流下三条白练。江源洞景区，从小石拱桥进去，山边大石直立，水边芦苇摇曳。沿着石梯上山，石头奇异，有石莲花千朵。沿着吊桥过河，有燕子从石头中飞出。江源洞的山壁直立，山洞高高的，湖水碧绿，燕子歌唱声不断，钟乳石千万朵，水从洞中流出。河的最底层有石路，直立的山壁长长的，观音洞内洞中有洞，这里让人有敬畏之心，是那革命歌曲给我壮了胆。到那头的布依族寨子去，银湖水在风雨桥下潺潺流过，大桥下绿洲中鸟儿翩翩飞翔。河道弯弯，河水如玉带，山腰上有布依族人家，房舍边梯田金黄，远远的鸡鸣声传来，河水流进洞口，洞里有乱石一堆。沿石子路进入布依族寨子，菜园中有水芋头、白菜、甘蔗，小橘树上结着黄黄的果子，旁边有梅花鹿养殖场。路过的老人说："我们的先祖是从江西过来的，这里有100多户布依族人家，龙在水里!"我问："你看见过龙没有?"他说："看不见的!"无论是汉族还是布依族，都崇拜相同的东西，可以看出文化对国家共同体的凝聚作用。沿着河边梯田而回，大棚烧烤处不时有人来，烤土豆和豆腐味道非常好，我带的两个盐蛋也在这里烤热了吃，几个小伙子还送我刺梨饮料一瓶。这里的苗族人都认为自己是汉族人。小陶帮忙找了个便车上红果，那司机是六盘水农业开发股份有限公司的，那两个和我说过话的大连人还要在寒风中等两个小时的班车呢。

那司机在基地边剪刺梨边告诉我："这里猕猴桃基地有1000多亩，公司在基地的投入每年为400万元，公司有钱赚，农民有收入，当地工人干活很勤劳，每天给工资 80—100 元。今年的猕猴桃市场很好，猕猴桃一般批发 15 元一斤。今年黔货出山，我国台湾买猕猴桃 5 吨，俄罗斯买了 350 吨，每斤 30 元。这里的无籽刺梨在本地市场是不愁卖的，还有望走向国外，往年 18 元或者 20 元一斤，今年主要因为天冷下雨只能卖 10 元一斤。”在公路上行驶时司机说：“这个乡是种西红柿和黄瓜的，销路很好。下面的夯拉峡谷，围绕很大的湖做旅游开发。鸡场坪是产煤之地，老百姓 10 年以前就都盖别墅了。盘州发展太快了，10 年前就是全国的百强县，现在正在修飞机场，每个景区都有直升机，3 年前房价是每平方米 3000 元，现在涨到 5000 元了，许多湖北、四川、浙江、广东人都在这里买房，他们热天就到这里住。”那司机在路上买了 3 块烤臭豆腐，吃得津津有味，里面包着很多辣椒。

兴　义

兴义市区，四面环山，坝子宽阔，楼房不高，步行街一片热闹。南北盘江、红水河一带有骆越古国遗址。骆越古国在商代中期就十分繁荣，直到汉武帝平南越国后骆越国才灭亡。兴义有笔山书院始建于嘉庆十八年（1813），1796—1854 年兴义中举者只有一人。兴义府试院有联"帝泽诞春敷，申鸿奖，劝鸠工，舍旧图新，庶一郡菁莪同游广厦；文风蒸日上，登龙门，舒凤翰，扬华摛藻，看六庠英俊连步巍阶"。这里以往的农耕文明富有诗意，民族风情与儒家文化融合创造出独特的民族文化。道光贡生黄晋明有诗："桃李花开三月三，箫声吹暖碧云涵。女寻男去男寻女，一曲蛮歌意态憨。""筠筒汲水小河边，白足行泥最可怜。闻道一声行不得，鹧鸪声里雨如烟。"道光副贡生张国华有诗："香囊绣角女儿夸，插艾悬蒲几万家。箬笠葛衣佳子弟，招公堤上看荷花。"清代恩贡生桑湛有诗："溪头一夜雨初晴，四野农忙趁霁耕。隔涧遥闻车轧轧，平畴入望水盈盈。转时布谷惊呼伴，欹处眠鸥巧结盟。指点前村烟树外，斜阳影里桔槔声。"

盘江石园内有峡谷宾馆 158 元一晚，内有奇石、榕树、荷塘，十分优雅安静，小吃有炒饵块和魔芋豆腐，有牛打滚和马脚杆粑粑。马岭河峡谷，步行道石阶陡峭曲折，对面山壁直立，石头和树木倒挂，水练长长的，峡谷中水声如雷。有碑上写着"踩水渡驿道"，山壁像屋子，顶上是整块石板。峡谷底有风雨长廊，翠竹细长，芭蕉叶大，四面山峰壁立，河中水声激荡。洞内钟乳石姿态万千，穿过后一片豁然，峡谷壁立，溪水奔流，山顶上大片水落下，在石坡上一股股滑落。从长洞穿过，洞边石块如翼，山壁边处处石头倒挂，保安说峡谷水是从南盘江流来的。前面山壁边，有空中楼阁，屋顶挂满钟乳石，有直脉榕长在石头上。绝壁边栈道长长的，顶上是长石板，峡谷水一股股怒吼，河床高低不平，河中石头一块块，有的像大山。峡谷边有天然大厅，壁上、地下石头如海螺一片，上层有整块的石片，对面山壁上有绿枝，河中乱石上苔藓遍布，河水绿绿的，上空有鸟儿在歌唱。走出天然大厅，山上有两条白练，大石间有断裂的古桥。在铁索桥下，峡谷弯转，河身极狭，河上游有五条白瀑。铁索桥过去有天门洞，悬石有的片片如翼，有的如柱。经过几个山洞，走过画廊无数，又见铁索桥，河中石块一大堆，这是地下河顶板崩塌，巨大岩块不能被水冲走而成的。马岭河峡谷电梯处有诗："祥云载我下深谷，群瀑飞溅漫天舞。石浪相搏奔腾急，涛声如雷震天鼓。""雨洒芭蕉"处有诗："千寻峭壁势崔巍，顶上清渠一道开。瀑影横拖疑挂练，泉声响达似闻雷。九天珠玉随风落，万壑波涛带雨来。翻讶银河下霄汉，如斯佳境胜蓬莱。"

马岭河峡谷

万峰林景区离市区 6 公里，3.64 亿年前是滇黔古海。有徐霞客广场，徐霞客到达贵州是在崇祯十一年（1638）三月二十八日，到达兴义是在八月二十六日。他在兴义考察了盘江水源，论证了兴义可以设县，考证了盘江流域可以改土归流，看到兴义的山“逼耸见奇”。万峰林有 500 多户土生土长的布依族人家，每年种一季油菜和一季水稻，有民族学校教布依族语言和歌舞。细雨蒙蒙，近处的山一座座，后山的山峰紧紧相连，都掩映在云雾之中。在山上的观光车上看，下面将军峰前田园平平，房舍齐整。小孤峰四周有座座小山环绕，山峰间棋盘似的田园黄黄的，有两层的白楼房，群山后有睡美人。锦绣田园，群峰间有水田如镜，有房舍一片。一片八卦田如碟形漏斗，这里共有 30 多个天然漏斗。六六大顺峰，笼罩着一片云雾。村里有三棵古榕树。又看见八卦田，田里有小漏斗，有两小河各自流。最高峰上的石头千奇百怪，下面黄的田园一块块，白的河水如带。落水天坑处，有绿的田园，有笔直的

万峰林八卦田

公路，房子顶上积满水，布依族人认为水是财富。春节后再次来到万峰林景区，这里不乘观光车就不用买门票，这是很值得称道的。广场上的树木和草坪让人觉得很高雅，灿烂的阳光让人舒畅，右边山上呈褐色，左边山上呈黄色。沿着平坦的大道走向布依族村寨，用1元钱买了一个布依族阿婆的蒸红薯，卖枇杷和玉米粑的小伙子说他的更好吃。将军桥处绿水如带，田野中油菜花耀眼，大路边桃花一片绯红，游玩的人们兴致勃勃，草莓园中有许多采摘的人。白色的小将军峰，样子更像观音，在石屏似的山前。路边水渠向田间流去，田埂上是泥土，田里满是金黄和碧绿的作物。睡美人山前有三座小山直立，房舍都是白色墙壁，山下油菜花一片。山峰环抱着田野，田野中有水塘一片片，阳光照射下来五彩缤纷，水塘里有大群的鸭子。村内广场处有桥，桥上三棵古榕树都在1000年以上，还有1400年的古藤。桥下纳灰村河水碧绿，纳灰河西起变卡东至落水洞，全长30公里，桥头有阿婆和小朋友摆摊，鸟声是那样欢畅。下纳灰村的街道如小镇上的街道一样，商铺中有各种布依族特产，过了寨门田野金黄，两边山上云雾迷蒙。客栈和商店一片明亮，到处都有人邀请我坐下聊天，兴义的民风十分淳朴。住进田园边本地人的木房子，只要150元，外地人开的客栈一般要300元以上。客栈的小老板高中毕业，一直喜欢文学和历史，他们的两层楼的租金一年为5万元。超市老板说许多人没有出去打工了，都在兴义附近工作，那老板娘遇到一个重庆妇女，十分热情，她们是同一姓氏。这里居民多，很热闹，晚上小朋友的吵闹声响成一片，那是让人感觉十分温馨的声音。早上和主人家一起吃饭，家里有许多香肠和腊肉，客人需要就可以带走。布依族的八音坐唱很有名，在田间地头听是那样闲适。他们不崇拜太阳和月亮，正月十三、十四热闹，正月十五到山上祭祖。

到南站的出租车司机很友好，汽车站的站长还为我烧开水，到万峰湖只需12元车费。南盘江镇只有一条街道，两边是两层的楼房，自然整洁而有生活气息，楼房上有许多麻雀，街道前湖水一片银白。街上有“布依渔家餐馆客栈”“布依酸汤渔家客栈”，摊子中布依族人卖着粽子，腌鱼上放有许多红辣椒。码头处湖水轻轻拍岸，远处湖水涌来，一

万峰湖

座座小山上都是绿树。万峰湖在南盘江下游，是马岭河峡谷出水口。这里是三省交界处，储水量居全国淡水湖第5位。船向远处隆隆开去，山峰绵延，小山如浮在水上。山高高低低的，都长满小树，水面处露出红土地，泥土的山上有庄稼，有的山上有房舍。小山有的如屏，有的如乌龟壳，在湖边犬牙交错。湖中心最宽阔处，半岛上房子高低一片，山下梯田一片绿，那是广西百色地界。那边有一条白色的大坝，湖中白浪汹涌，最高的浪有一米多高，湖面有白鹭飞翔，山上有醒目的横幅“绿水青山就是金山银山”。过了大坝，山上石头渐渐多了，湖边石头耸立如林，山下石头乱卧一片。山峰间有小湾，有的宽阔，有的狭窄，水边有人在钓鱼。远远地能看到前面大山矗立如屏，山顶一座座如塔，那是万峰林处的山峰。船从直立的两峰间驶入，湖面是河道了，湖水从银白变成碧绿。马岭河峡谷两面山势连绵，山上都是石头，石山上树木茂盛。前面河身极狭，船只不能驶入而返，这时天空欲晴，在水上看南盘江镇如一道堤，从水面逐步升上去。南盘江镇的布依族人热情、友好、淳朴，在餐馆中吃盘江鱼的人很多，老板说刚才有一个人吃了一条2斤多重的鱼。

刘氏庄园在兴义市区下五屯街道巷子里。大门由整齐的大石垒成，门上面写有“永康堡”，门前两个大石狮有些破裂。门内过道由青石板铺成，上面有一层木板。进门是青石板天井，两边的木板楼为两层。穿过几进的房子和天井，后院的家庙原为祭祀孔子之地，始建于光绪二十二年（1896）。1902年广西会党起义军围攻下五屯，永康堡之战时家庙被毁，1906年12月家庙复建竣工，民国后期刘氏家族用来办学，为永康二级小学校址，校训为“智仁勇”。清乾隆年间湖南邵阳人刘泰元、刘泰和、刘泰兴入黔经商。后世刘燕山迁入下五屯，在四子扶持下放弃榨油业，转而经营土地并大量兼并而致富。刘官礼于同治十一年（1872）任滇西候补道和兴义府在籍知府，光绪九年创设培文局并重建笔山书院，光绪十六年在笔山书院手书：“红日已西斜，笑看云霞。玉龙鳞散满天涯。我盼春风来万里，吹尽瑶花。 世事莫争夸，无念非差。蓬莱仙子挽云车。醉问大罗天上客，彩凤谁家?”刘官礼于光绪二十年重办团练并抵御广西会党。光绪十一年清军广西镇南关大捷，官兵被清政府解散而成为游勇进犯兴义，刘氏四次收复县城。1903年刘官礼任滇黔边营统带，赐三品顶戴花翎，同年将各职交长子刘显世而全力办教育。1911年刘显世得到云贵总督李经羲两次急电，要他招兵丁3000防滇黔革命，但11月8日到贵阳桥头时革命已成功。刘显世经过外甥介绍为张百麟工作，成为枢密院军政股长，后投靠唐继尧于1913年任贵州国民军总司令。刘显世受到袁世凯赏识，于1915年受封为一等子爵。1916年反袁护国，被黎元洪任命为贵州督军，后兼省长。刘显世1927年于昆明翠湖边去世，墓志铭由袁嘉谷撰，陈荣昌书。刘儁昌，1910年6月20日生于下五屯，1929年考入黄埔8期步科，参加过淞沪会战，1943年出任泸州集训营代理少将主任，三年训练新兵万余，补入中国远征军，抗战后赋闲。后奉贵州省主席谷正伦命任职于89军，1949年12月7日任343师参谋长兼1029团团长，在兴仁和平起义，后来从事地方政协工作。刘斐章，1908年出生，1917年随父亲到北京，

1929年考入清华大学，1930年到东京帝国大学深造，受李葆华影响在北京加入共产党，后从事文艺工作并和田汉等人是朋友。兴义第一个女共产党员刘从容生于1911年，随父亲刘显治迁至北京读书，1929年毕业于北平师范大学附属中学，1931年入党并于1932年在上海牺牲。

泥凼镇离兴义市区2小时车程。何应钦故居圆拱形石门上写有“载一抱素”，洋溢着道家的智慧。木板门上面盖着瓦，外面是围墙，里面有广场。何应钦1890年4月出生于兴义泥凼，是从江西迁来的第六代，先后就读于兴义笔山书院、贵州陆军小学、武昌陆军第三中学、振武学校、日本陆军士官学校，历任黔军团长、旅长及讲武学校校长。层层石阶边的石墙上满是绿苔，台阶上是民国早期建筑，穿斗木结构，由正厅、两厢、朝门及围墙组成四合院，占地7900平方米。大门上有于右任书“乾坤一夕雨，草木万方春”，有何先生书“为民喉舌”。大门内天井中有两棵桂花树，正门有于右任书“禀生民之秀，赋正气而兴”，房间里面满是张大千等所赠书画，有何先生赠荒木五郎的李白诗“古人今人若流水，共看明月皆如此。唯愿当歌对酒时，月光长照金樽里”，有赠友人的张载名言“为天地立心，为生民立命，为往圣继绝学，为万世开太平”。展示厅内有“克己归仁公辅事，亲民明德治平书”。碾房和花鸟房边有大水缸，上写“鱼跃鸢飞”。何先生在黄埔军校开创时任总教官，后任教育长、潮州分校校长，当时兴义有58人考入黄埔军校，盘江地区共有137人。长兄何应桢1879年生，少入泥凼私塾，1906年何应桢与二弟何应禄就读于附设师范传习班，培训期满何应桢回乡任教，20年代后期迁至兴义那坡购置房产，1929年1月邑人公推暂代县长兼警察局长，5月新县长湖南人陈立生到任后卸职。何应桢有六子，长子为何绍武，20世纪70年代何绍武三个妹妹都为贵州省政协委员。旁边有何绍武宅，一层的木板房，大门匾额上“俨然”二字为1940年湖南省政府主席薛岳赠，大门写有“宗祖诒谋知仁信义，子孙继述礼乐诗书”，房中窗边有“鱼水千年合，芝兰百世昌”。何绍武少入泥凼小学、兴义初级中学，七七事变后入黄埔14期，后任黔军55师团长，参加过滇缅路战役，后返乡娶妻修宅占地三分。

兴义的民风十分淳朴。餐馆里有两个吃饭的自己开车来的，要到石林景区考察学习，他们是兴义市公安部门的，很热情地邀我一起吃饭。陈学经同志给我付了钱，又带我到石林景区，这里一盘腊肉要 45 元。石林那里 50 多户人家都是汉族，以前从江西过来的，处处种植桉树。山顶一户人家，有小伙子卖板栗、核桃和金银花，金银花是政府要求种的。小伙子平时在景洪打工，说现在不种田了，愿意种桉树，有厂家来收购，大的桉树每棵可以卖五六十元，种田还要施肥收割，桉树种下去就可以不管了。这里的房子自己做，政府盖顶上的瓦和贴外面的砖。精准扶贫是帮助每年收入 3000 元以下的，没有哪家能达到这个标准。乡村振兴应该与乡村治理相伴而行，乡村治理不是仅仅管老百姓，而是让老百姓更多地参与，是加强对基层权力的制约。

贞　丰

贞丰布依古城，汉代为珉球大寨布依族先民的集镇，后来逐步扩展至凤山西麓田坝现址。清雍正五年（1727）设永丰州，建土城并设东、南、西三门，雍正九年建州署衙门。乾隆五年（1740）在原址建石城，并建文庙、珉球书院、两广会馆、阁楼、演武场、文昌宫、望海楼。到贞丰古城的街道十分宁静，房子前有人用笼子提着八哥，有布依族老太太坐在地上纳鞋垫。大西门是高高的圆拱形石门，上面有两层木板楼飞檐，古城外青山如城墙环抱。大西门内主街，两边是两三层的木板房，墙基用很高的石头垒成，主街道两边有两条街道。右边的街道两边是一层、两层的房子，有木板的也有青砖瓦的，清朝和民国建筑兼备，街道中有废弃的古房。有的房子前有院子，院子中闲坐的人们也不知道房子建于何时。这里是著名的糯食小镇，巷子中有糯食博物馆，小吃店有烤豆腐，猪脚是用开水烫热的。巷子里的鸡蛋包糯米 2 元一个，味道让人回味不已。广场边有两层的飞檐阁楼，下面是很高的石头墙，四周有 12 根柱子支撑着，墙中间有圆拱门，大门两边有青铜鼓，两侧的小门很高。这是 1861 年的回族建筑，也是贞丰老城的标志性建筑，墙上石壁有的已经脱落，还留有“忠”“公”字样，20 世纪 40 年代初远征军 93 师曾经在此停留。阁楼到主街中间有古井。主街上的房子前都有石头垒成的台子，可以在上面摆上东西，大门外都有腰门。主街上有白色的回族教堂，大门的对联融合了儒家文化、伊斯兰文化以及社会主义核心价值观，“爱国爱教尊经守法弘扬伊斯兰文化，敬主敬人团结互助传承穆斯林精神”。古城客栈是清代建筑，门内天井中有各样花草，三层的青砖楼环境优雅，《茉莉花》的音乐如泉水叮咚，这里每夜住宿费108 元。夜晚的贞丰古城灯光黄晕晕的，许多房子都关着门，人们很早就休息了。

贞丰古城

贞丰古城处处一派安闲、自然、清新。大门边马草巷内有谭家大院，是明清古街中保存完好的百年民居，大门有古人书法“近贤门之居容光必照，遵海滨而处明德惟馨”。外面砖墙中有二门，上层楼窗户很多，里面有二过道、二天井，木质结构，天井中有古树一棵。房子是江淮结构，过道中“岁月”“相思”“邂逅”的字样诉说着沧桑。贞丰县仁学会旧址在古城边上，河流那边白的石院墙上盖着小瓦，大门是木制的阁楼。门口有两个汉白玉石墩，石墩的下面刻的虎中间是鼓，鼓中间和鼓上面刻龙，说明布依族是龙的传人。进门是古桥，河中有睡莲，上头流水从石头中龙口流出。青石板中红的三叶梅很艳丽，两层的木板房上写有“笔点青云须知爱惜天赋，月霁素心切莫辜负高怀”。1934 年 93 师师部设于文昌宫。墙壁上的标语有“坚定文化自信，传承中华文明”。管理员很热情地让人打开文昌宫的门。文昌宫在山坡上，始建于清道光以前，两层的飞檐阁楼很气派，有“明德惟馨”古匾，大门有联“智水仁山养道德文章千古秀，琪花瑶草数风流人物四时春”。光绪二十三年(1897)，清翰林吴嘉瑞将其辟为仁学会会址，传播变法维新思想，并教授数理化知识，不少学员后来转入贵州自治学社，一大批人二三十岁便在变法维新中牺牲。改革应该有序进行，个人表达意志所需支付价格高，则价值观对人类行为的解释力就小。1935 年 4 月 16 日，中央军委纵队和 1、3、5 军团经过三个渡口，抢渡北盘江到达贞丰县境。右路先遣团政委张爱萍将军写下《急军令 · 抢渡北盘江》：“北盘水吼山谷震，敌岸陡峭插入云。大军西去夺要津，出奇兵，雷击电闪占白层。 连克贞丰下兴仁，风扫落叶马不停。挥戈者相守关岭，断后阵，机关算尽休得逞。”

文昌宫

漫步贞丰古城街道，感觉到的是古朴、幽深、宁静。丁字巷那边有一座风雨亭，小山上石头一块块很大，古井水从山上石头缝中流出，井水清澈见底，石头上刻有“大水井，鲁夫”字样，井边供奉的菩萨是观音，打水和洗衣服的人一片忙。两广会馆是两广盐商及老乡聚会之地，两层的建筑，底层是石砖，外墙中有圆拱形门，上层有不少圆拱形窗子，门和窗都是木质的。元帅府依后山而建，在贞丰一中校园内，始建于清雍正九年。元帅府外面的两层楼窗子很多，楼前南洋杉叶子很绿，台阶下面为演武场。内有三排一层的白色砖瓦房，可以在门外看到台阶，墙上和瓦檐上麻雀很多。咸丰十年（1860）三月，回民起义将领马仲攻克贞丰州城并设帅府于武衙门内，直到同治十年（1871）马仲阵亡后复为武衙门。贞丰县诗词进校园活动开展得很好，真是“春风拂面书香来，桃李润雨花自开”。贞丰县文联办负责人吴家胜有诗：“经霜树木披红缎，挺立湖滨别有天。玉宇银河生羽扇，金州宝地弄琴弦。旅居白鹭游林角，停驾轻舟泊岸边。遥看岔湖闺阁景，丹霞掩照赛鬟烟。”贞丰教育局原局长商开国有诗：“山水画屏鹅翅岭，景观掩映布依村。家家备有陈年酒，迎客盛宴满满斟。”“一江暮色连村舍，几缕炊烟袅袅升。犬吠人行四五步，鸡鸣桑树两三声。”县作协副主席李大文有诗《秋夜读者》：“雄鸡三唱罢，霜城未晓天。孤灯微如豆，负隅照人间。”

贞丰县城有公交车直达者相古镇，这里是诸葛亮筑土城练兵擒孟获之地，者相的牌坊上有马文华先生撰联“留宰相衣冠传辛亥健儿虎啸金都第一镇，览红枫碧湖观双乳风韵歌舞民族引万方”。到三岔河的路上是一片自然的田野，稻田间白白的溪水流淌，近处和远处的山一座座直立。一片农舍前有三眼井，布依族人在井边洗衣服，荒草地的矮树上晒有衣服，这里有古井和乱石，有小桥和柳树，鸭子在水中游，老鸦在树上飞。一片砖瓦楼很齐整，田园一片绿油油，田园中有小桑树林，下雨天房子都关着门。三岔河边有布依族人餐馆，主要做回头客生意，面条那么大一碗，里面有鸡蛋和煎豆腐。那老板说：“附近喜欢来三岔河玩的人就经常来，来钓鱼的人都说在我们这里肚子吃得饱一些。”纳孔布依族古寨，草坪高低一片，三角梅红红的，芭蕉树很高大，广场上晒着谷子和布依族扎染，远处的十二峰排成一行，有在旅游局工作的女孩说这里每月举行一次布依族山歌比赛。河水白白的一片，桥那边寨门高大，全村 1008 户 5056 人，村寨大道两边是砖瓦楼房，房前有高低不平的一片稻谷田，农庄中写有“家乡家味家感觉，乡土乡情乡味道”“寨古风俗淳，人勤家园美”字样。中心广场有很高的鼓楼、长长的风雨亭，三汇亭上有联“三水汇斯乡云屯佳气，四时耕彼野寨有古风”。山寨迷离，烟波缥缈，乡贤阁墙壁上有“欲仁斯仁”“亲仁友直”。寨子绕湖而建，后山上石头一片片，屋前田园一块块，湖中有绿洲无数，还有一片石林。这里土质肥美，满眼的白菜、萝卜、豌豆、韭菜、桃树、茶树、桑树，山峰如柱，如香，如蛙，如龟，如牛，如笋。到三岔河的路上，山上橘子有青的黄的，核桃树上老鸦啼叫不已，大桥两边湖水碧绿，水边树木嫩绿而又茂密。有游客骑着小观光车赏景。大棚中有烤小豆腐，两孔桥下面山涧中水声很响，山谷中有河水奔流，河边绿树满目。这里有一片参天古木，有山石矗立如白塔，顶上石片如瓦，石洞如窗。湖边有一片青草地，桂花树和茶树满目，草地中小屋遍布，那是三岔河露营地。贞丰一中退休高级语文教师韦正律有诗《三岔河即景》：“久慕空灵境，今来入眼帘。峰前岚雾重，雨后彩虹鲜。鱼戏天中水，鸟飞水底天。得游仙境地，谁个不流连。”在路边烧烤摊处，等去双乳峰的车，两个女子说：“就在这等，过一会儿就来了，可以先吃吃我们的烤臭豆腐。”那女子以前在湖北京山做了不少年，烤臭豆腐嫩嫩的又热乎乎的。和自然、淳朴的人在一起是那样愉快。

从者相到双乳峰景区，有细小的山峰，山顶上有小石柱，细石柱上有小树木，如萝卜一样可爱。双乳峰景区有十多座山挺立，有的山顶尖尖如鸟嘴，有的顶上有大石矗立，石山上都长着小树，让人眼前一亮。景区的大门写有“黔中胜景自然天成无双地，寰宇圣母钟神灵秀第一峰”。景区内大道两边是高高低低的山坡，有树林和田野，露出黄的泥土，时时可见水池，大路边杂草丛生，有两排小菩提树，偶然可看到小黄鸟。双乳峰观景台处，一片独立的山排成一道画屏，山上有绿树，山顶有石如乳，称为单乳峰。有两山形如乳房，山顶石头如露出的乳头，两山前有小山坡横卧，山坡上绿色苍翠，双乳峰下有绿的梯田一片，山前隐约可见房屋。山上有贞观寺，光绪年间由者相观音庙人重修，导游说贞丰县建于贞观二十一年（647）。沿着盘山路而上，进门有两亭，台阶上是“阿弥陀佛”，大雄宝殿大门有联“净土莲开一花一佛一世界，牟尼珠现三摩三藐三菩提”，观音殿有联“誓愿宏深处处现身说法，慈悲广大时时救苦寻声”。寺内两边是风雨长廊，长廊边有翠竹，有菜园青青，山顶树木茂盛。山谷中有母亲湖，湖上有桥，湖水细长，湖里遍布小岛，岛上长着青草，湖边有水草，有杨柳依依，水里的倒影一片嫩绿。在旷野的黄昏，房子都是空无一人的，独自匆匆往回走到菩提树处，鸟的乐园中一片沸腾，树叶中小鸟千万只，只见树叶摇动而看不到鸟的影子。贺登江有诗《双乳峰》：“坚挺双峰无语言，云舒云卷问苍天。夜郎曾是繁华地，旷世文明旷野传。”

在公路边招一辆车返城，司机本来带着两个云南客人，把我带到县城让我随便给点钱。他说：“我也是布依族人，贞丰现在都不种田了，布依族人不住以前的房子了，以前的房子顶上容易漏雨。”在县城车站处，一个出租车司机说130元送我到安龙，上车后他把车开来开去，又开回家拿衣服，想多带几个人。半路上他联系好一个从安龙开过来的出租车，要交换乘客后各自回自己的县，还不住地说：“我们都是正规的出租车公司的车，有问题可以投诉我们。”以熟人关系为主的村庄，人们的长期交往可以靠内在制度维持，而一次性交易需要外在制度的约束，这个司机不敢把乘客丢在半路上。经济学认为：“如果博弈能无限次地进行下去，则信守交换条款对双方都是有利的，因为不断重复交易的收益将大于背信弃义‘捞一票’的所得。……当博弈有终局，或人们认为有可能结束时，人们在决定继续合作是否值得时就将考虑贴现率因素。继续进行下一轮博弈的可能性越小，为保持均衡状态所需支付的报酬就越高。”①

① 〔美〕道格拉斯·C. 诺思：《制度、制度变迁与经济绩效》，杭行译，格致出版社、上海人民出版社，2016，第68页。

安　龙

安龙皇宫在县城北大街巷子内，城墙约两人多高，红色的城门很厚实，三面是两层的飞檐阁楼，都是红色的建筑，中间广场有四棵银杏树，树叶黄中带青，艳阳高照，麻雀欢唱。台阶上九龙戏珠的石刻很威严，正厅前又有两块龙碑。高大的大厅内有很粗的木柱，龙椅上的皇帝愁眉苦脸，两位文官神情肃穆，一个将军模样的人偏着头。南明历史从大顺军攻克北京开始，清兵入关后大顺军余部跟随大西军张献忠联合永历帝抗清，大顺元年（1644）张献忠死后部将孙可望率大西军余部入云南，永历三年（1649）夏孙可望归附南明并与李定国共称王，弘光、隆武、鲁监国、永历朝廷都是在南方建立的，康熙三年（1664），夔东抗清基地覆灭。弘光元年（1644），朱由崧命锦衣都督冯可宗遣役缉事，礼科给事中袁彭年的上疏很好说明了明朝灭亡的一个原因："顷先帝亦尝任厂卫缉访矣，乃当世遂无不营而得之官，中外自有不胫而走之贿。厂卫之盛衰关世运之治乱，不可不革。"[①] 1648 年永历家族都入基督教，10 月永历帝派陈安德与传教士卜弥格赴罗马向教皇求援，但他们两年后才抵达。顺治九年（1652）二月初六，明永历帝朱由榔来到安隆千户所。顺治十一年（1654），为摆脱孙可望挟持，永历帝与吴贞毓等十八位大臣密谋，事泄后十八位大臣被害。顺治十五年，土司岑继禄给清兵当向导，击溃朱由榔军。1656 年永历君臣离开安龙赴昆明，1661 年永历帝到达缅甸首都曼德勒，1662 年 1 月永历帝在昆明自缢。

① 杨陆荣：《三番纪事本末》，中华书局，2015，第 4 页。

孙可望1657年降清，1660年病死，也有人说是被清军射死的。永历帝在安龙时，常到玉泉寺和禅师谈禅理，并赠袈裟和顶珠。

十八先生墓的大门上写有“岿然千古”“成仁”“取义”，里面圆形的合葬坟墓上有荒草一堆，碑上刻有“明十八先生成仁之处”。纪念厅内是现代人的赞美之词。正厅大门有清张之洞于道光年间撰联“杀身以成仁洵称志士，临难毋苟免不愧先生”。吴贞毓（1618—1654），南明福王在南京即位时任户部主事，隆武时任吏部文选主事，桂王时任太常卿。次年正月改年号永历，吴贞毓任郎中。二月永历逃至桂林时吴贞毓任吏部左侍郎，永历二年任户部尚书，永历四年二月随永历帝到广西桂平。当时孙可望在贵州自称秦王，胁迫朝廷封赠，吴贞毓和大学士严起恒竭力反对。同年十二月严起恒遇害，吴贞毓出朝在外幸免于难，后任内阁大学士。吴贞毓死前留诗曰：“九世承恩恨未酬，苍茫天意泄良谋。四朝身历惟依汉，一死心甘愿报刘。忠孝两穷嗟百折，匡扶再造仗同俦。贼臣未斩身先殉，留取忠魂复国仇。”他人有悼亡诗：“踏青曾过马场游，带雨蛮花泪未收。山意犹含亡国恨，水声如诉乱臣谋。勤王反激风雷怒，报主甘将顶踵酬。赢得一丘人共仰，残碑姓字足千秋。”有周传镐诗：“外援长阻泣孤臣，可惜田横壮士身。正气歌残方欲佛，断头掷去已为神。冤深绿海波犹撼，血染红江草不春。天榜山前魂未散，新祠承祭荐方萍。”还有诗句“君非勾践卧薪志，臣岂范蠡图霸才”。南明各朝前来求富贵的人多，离开的人也多，内部派系复杂，但十八先生真诚的感情让人十分感动。南明建都开启了安龙的发展，使得这里成了盘江政治、经济、军事中心，后来出了不少人才。袁祖铭（1889—1927），安龙县龙广镇五台人，官至贵州省省长和五省联军总司令、北伐军左翼总指挥，在常德赴宴时被部将枪杀。王宪章（1888—1914），苗族，安龙县普坪人，武昌起义副总指挥，后被冯国璋秘密杀害。韦杵（1883—1951），布依族人，毕业于湖南师范学校、云南讲武堂特别班，曾任教于安龙县第一小学，后任国民革命军第28师师长。

荷花池广场有一池浅水如镜，黄的银杏叶漂浮其上，两边的银杏树叶子稀疏。幼儿园的小朋友又是唱又是跳，又是“啊啊”地叫，有时排队走，有时坐在草地上。这里视野开阔，一大片水白白的，水中央有堤横卧，堤那边有矮树和小亭，水面上白鸟翩翩，远处的山层层叠叠。水那边有一座座山，有的山顶尖尖的，有的顶上是圆柱石头，山上只有些绿草点缀，山下楼房一片，青草地和树木满眼。水池一片片，隐现在密密的水草中，水里有山的倒影、蓝天的倒影，水草青黄相间，荷叶随风而动。正是秋高气爽时，万里蓝天无云，太阳让人舒畅，水里露出一片片草地，水中白的、绿的、黄的颜色参差，湖水空阔处有远山的倒影。

招堤外有大道，路边梧桐树很高大，树叶黄黄的，沐浴着阳光。招堤的石门坊有飞檐五重，窗子上刻有二龙。有道光年间邢世蒸旧撰“前招公后张公乃武乃文挽沧海狂澜并作中流砥柱，仿白堤肖苏堤好山好水缅遗风高咏翛然上界神仙”，民国初年贵州自治学社社长张鸿藻撰“我从日本归来漂大海渡长江经许多无边风月还是此间极佳，人到招堤览胜怀招公建亭阁真正是有爱河山于斯千古留名”。招堤长长的，上面的青石板很整齐，有黄的菊花耀眼，堤边红土地上有萝卜、白菜，水边遍布荷叶和芦苇，荷叶有黄的、绿的，湖中走廊曲折，中间有醉荷亭。在亭子处看对面荷叶无边，满目绿色，近处有堤，堤上垂柳依依。河边两排杨树很整齐，圆拱形“怀乡桥”为杨滨将军建于1980年。他是安龙县龙广镇人，1931年考入云南讲武学校，1935年加入中国共产党，后在国民党部队任团长，策动长春起义。任福建省军区副司令员时，为父亲立墓碑的200元钱也拿不出来。湖边有清康熙年间所立招公堤碑，山上石头中有息烽王佐题“绿漪”，有桐城倪昌运题诗：“何处堪消夏，招堤夜饮中。呈妆杨柳绿，向脸芰荷红。朗照天心月，凉生水上风。清虚烟雾里，疑在广寒宫。”张之洞纪念亭在小山上，大门上有“忽惊华构依岩出，不断海风吹月来”，古朴的小石坊上有古人书“尺幅千里”“虹垂古阳羡，鳌戴小蓬莱”。山顶的涵虚阁内，有张之洞和父亲张锳铜像，有张之洞题“雍凉朱草文山紫，桂柏栋梁凤凰堂”“沉思泉涌，华藻云浮”“和平养性方，万事尽嘉祥”。张锳，嘉庆十八年（1813）中举，1826年来黔任县官，1846年任遵义知府，1841—1854年在安龙任兴义府知府，1855 年任贵东道，在黔南镇压农民起义时病逝。张之洞有诗："北横天堑雪涛吞，东拥钟山翠壁扪。堪笑谓之无远志，赏心偏在水西门。""塔上一铃独自语，明日颠风当断渡。朝来白浪打苍崖，倒射轩窗作飞雨。龙骧万斛不敢过，渔舟一叶从掀舞。细思城市有底忙，却笑蛟龙为谁怒。""蚤年识面象西房，碧玉春祠手重携。擐甲勋名抛鼓角，挂冠道术得刀圭。厌求千绢征栽橘，喜傍双林饱杖藜。五老山楼终日对，祝君眉寿与之齐。"1891 年张之洞在汉口晴川阁赠来访俄国太子诗："海西飞轪历重瀛，储贰祥钟比德城。日丽晴川开绮席，花明汉水迓霓旌。壮游雄览三洲胜，嘉会欢联两国情。从此敦盘传盛事，江天万里喜澄清。"湖边的张之洞铜像很高大，"中学为体，西学为用"对近代思想文化界影响甚巨。县城边街道上有两层的风雨桥，上有"半城街"匾额，写有"半城半水半山亭，一亭一院一圣人""春水流痕青黛染，晴天倒影蔚蓝多""远翠连空朝有致，晴岚接地暮无声""游春小步观朝景，消夏微行纳晚凉""击楫看山争晚唱，停桡对月发清讴""重重竞秀凝秋色，浅浅舍庐接太清"。安龙小吃街在"半城街"牌坊内，夜晚有很多人吃烙锅，有 1 元钱 3 个的烤小臭豆腐。罗家院老字号油炸粑买的人很多，卖糯米饭的阿婆说："我已经卖了 40 年了，从 30 岁卖到 70 岁。"

宫廷政治让人心情沉重，深入老百姓中让人开心。从安龙乘车到册亨，走高速公路只要一个小时，大山绵延不断，让人有敬畏之心。《中庸》说："博厚，所以载物也；高明，所以覆物也；悠久，所以成物也。博厚配地，高明配天，悠久无疆。"[①] 老子说："天长地久。天地所以能长且久者，以其不自生，故能长生。是以圣人后其身而身先，外其身而身存。"[②] 在册亨县城拦了一辆面包车带我到冗渡镇，布依族人的餐馆内有外地老板吃石锅鱼，后来又有几个人来吃饭，那布依族老板说生意还不错。明灯宾馆房间很大很整洁，住一夜 60 元，

---

① 《中庸》第二十六章。

② 《道德经》第七章。

荷花池

下面包房内有吃饭唱歌的。那女老板说："我是布依族人，但不说布依族的话，也不穿布依族的衣服。我们的房子用了100多万元，欠账很多。移民的房子政府做好了他们也不来住，住在他们那里有吃的，住这里都要自己买。这里做房子的多，下面还在修一个水电站。"小女孩魏克花读四年级，漂亮、乖巧、有礼貌，说不喜欢做作业。我问她："你喜欢唱歌跳舞吧？"她很高兴地点头。她妈妈说："学习一点都不好，英语才考了5分，这里没有专门辅导作业的，我们又不懂。"第二天是赶集的日子，有布依族女子卖烤糍粑和粽子，说可以跟着她到她们村寨去玩，但我还是打算到仙鹤坪。

一个司机用面包车拉我去收80元，到仙鹤坪的公路修好了，大山绵延不断，山谷中看不到水，田里有苞谷秆，也有一些绿色，这里玉米不让种了，要改种猕猴桃了。有一户砖瓦的平房，四周的田不少，有一个锄地的妇女。仙鹤坪有60多户人家，房子都是自己盖的，有布依族人和苗族人，但还是汉族人多，一般是从江西迁移过来的，六七代人了。有些水泥台子是用来赶集的，这里每六天赶一次集。小卖部那里坐着不少人，地上放有很多锄头，是要去把水管埋在地下，政府包吃饭，没有工钱。街上的人家有邀我坐一会儿的，有阿婆给我烧开水，有两个女子抱着娃娃，这里的娃娃很爱哭。在一家商店吃米粉，有不少小孩儿给弟弟妹妹买东西吃，都拿着一两元钱。这里有卫生室，抱着小孩儿看病的不少。我回到那家小卖部，有几个女子干活回来在那里坐，老人用竹子编着竹马。有小伙子干活回来，口袋里面装着树枝做的枪，用来打小鸟是可以的。那几个女子喜欢唱山歌，我只记得“小妹过得不开心，半夜起来唱歌听”。在熟人社会中生活的人幸福感很强。制度经济学认为：“它们给人们以心理上的舒适感和安全感：感到自己属于一个有序的、文明的共同体；在这个共同体中，协调成本很低，风险有限，人们能有在家里的感觉，周围的人都是可信赖的。”①

到仙鹤坪风景区，公路边有很深的沟，沟里只有石头没有水，连绵的山上都是树，听得到羊的叫声而不见羊。一个放羊的人说：“下雨的时候也有水的，雨水会从山上流下来。”他以前也在外地打工，说以前做工程，现在国家管得严了不容易赚钱了，回来喂了100多只羊，大的每只可以卖1000元。一户砖瓦平房关着门，房前有不少田，田里有绿色，田中间有一口井，这里以前是挖井喝水，现在有自来水了。在上仙鹤坪的石阶处，有一户人家房子有一部分是以前的石头垒成的，筛子里晒着一些野生菌，屋旁有一棵核桃树，有几棵梓木树，高高的梓木树飘下白絮。有两个小女孩，很喜欢吃东西，随便在地上铺一片纸箱就能睡，大山深处的孩子十分自然。到仙鹤坪的石阶上蚂蚱很多，一批批从地上跳起。山坳间每块田都用石头围着，上面还放些树木，那是为了防止牛进去吃里面的庄稼，现在不种田也不喂牛了。这里野猪不少，但没有枪也打不着，问砍柴的人有没有老虎，他说：“有的，不多，一个山

① 〔德〕柯武刚、史漫飞：《制度经济学：社会秩序与公共政策》，韩朝华译，商务印书馆，2000，第143页。

上有一对老虎，放羊的看见过。”有一座房子前有人在锯木头，他们很热情地邀我坐，一个小女孩吃着红薯，还给了我一个吃，家里只有两个红薯，是昨天煮的。那家有个读五年级的女孩，在用锹挖地上的水泥，装进奶奶的桶里面去，大山深处的孩子是勤劳朴素的。有人让我到家里坐坐，后来两个读八年级的女孩回来了，她们玩手机很忙。这里农业文明的生活将要完全改变了，需要增加人们对知识的需求。我想到了马歇尔的话：“能一下子记住许多事情，需要什么东西时就准备好什么东西，无论什么事一有差错时行动敏捷并表现出机智，对于所做的工作在细节上发生变化时能迅速适应、坚定和可靠，总是养精蓄锐以便应付紧急之事——这些是成为一个伟大的工业民族的特性。”① 听说仙鹤坪上面树木很粗大，是原始森林，有九个包、九道拐、九个滩，山顶很平，有河流，有野鹤。安龙县城横幅上写着“大力培育和弘扬新时代贵州精神”。

① 〔英〕马歇尔：《经济学原理》（上卷），朱志泰译，商务印书馆，2011，第250页。

晴　隆

安南古城在狭窄的山谷中，四面山上都是黄草，山坡上有农舍，天空十分蔚蓝。古城城墙很厚实，圆拱形大门上写有“晴隆”二字，上面有两层的门楼，城墙外面有溪流，里面的兴安亭是曲折的风雨长廊。古城内有一条步行街，步行街两边是古建筑，有莲城书社、药仁堂、牛肉粉馆，梅氏商铺是两层木板房，龙兴钱庄两层木板房长长的。聚贤居酒馆飘着酒旗，是一层的砖瓦房，门前写有对联“皆缘仙酒倾情，尽是休闲逍遥”“独酌千般愁绪，共赏万里河山”。刘家大院是古民居，木板大门上有阁楼，门内宽敞过道两边有房，天井的三边也是木板房，古匾额上写有“乾坤正气”“雅量涵高远”，正房内写有“竹雨松风梧月，茶烟琴韵书声”“修身岂为名传世，作事惟思及利人”。二十四道拐展馆是民国青砖瓦建筑，大门上写有“统一意志互助互信，亲爱精诚分工合作”“凝聚意志，决心效死”。运输局军警宪联合稽查处是两层的民国建筑，第一层有三间办公室，有任命梅松为特派员的委任状，有梅松长沙抗战的嘉奖令，梅松是中共地下党员。晴隆县警察局是一层的青砖瓦房，门内牌子上写着“保护民众安全，维护地方治安，确保社会稳定”“保障社会秩序，防止一切危害，整治强盗匪乱”，墙上写着“除暴安良”，墙上挂的牌子上写有“国家立法不可不严，有司行法不可不恕”。侦查办公室内，有警事通告栏，办公桌两边墙上挂有“立身修心以德为先，清正自律以廉为本”，门口挂着“学法用法，依法办事，以理服人，以法育人”。问询室门边挂着“明礼义知廉耻负责任守纪律”。组织机构图层级简单，重案组直属于局长，户籍科直属于人事，刑侦队直属于刑警。通告上写着："凡向警署报案毋需纳费，保释囚犯时毋需纳费，领取财务时毋需纳费，对于警察服务毋需给予任何酬劳，交纳保数或缴费时需要正式收据，对于本警署之服务若有不满意者可投函邮箱九九九号。"局长办公室外写着"光大警誉"。制度需要代理人执行实施，他们自身的效用函数会影响结果。

二十四道拐公路，是抗战时期滇黔公路必经之路，国际援华物资经滇缅公路到达昆明，必须经过二十四道拐才能送到重庆。从安南古镇上面的小道而上，山下有小亭子，有晴隆县烈士陵园。山边泥土路上掺杂一些小石子，路凹处积水很多，公路七弯八拐的，路边有座一层的砖瓦房，屋前坐着一个老妇，到自来水管提水的年轻人说二十四道拐往下面走。山路弯弯曲曲，像长长的弯曲的绳子，弯道大约六十度，都是泥土加石子，弯路中间种有蔬菜。路两边有褐色的楸木，冬天的树干上光秃

二十四道拐

秃的，大大的叶子随风而下，落地时“啪啪”地响。石碑上写有“第39道拐”，继续往下走又经过第38、37等几道拐，一辆私家车带我下山，车主是从湖北宜昌来的。公路全长4公里，路面宽6米，1935年动工，1936年竣工，西南公路局局长曾养甫督工。经日军飞机多次轰炸，1942年美军1880工兵营进驻晴隆，直到日军投降后才撤出。1945年，第一批由美军及南侨机工驾驶的车队通过滇缅公路，经二十四道拐到达重庆。第一道拐入口在公路边，回望身后的山高耸入云，山上有一些矮小的绿草，石山很难长出树来。和老乡挥手道别，继续到山谷底的史迪威小镇，宣传牌上写着“二十四道拐是中美友谊的象征”。经济学家马歇尔认为，生存竞争中获得生存的民族，是个人为了周围人利益最愿牺牲自己，因而最善于利用环境的民族。① 在当今社会，应该更加弘扬儒家文化提倡的人与人之间的互助。

弯弯曲曲的公路边，有汽车营地放着美式汽车，山上有板栗树，山谷中正在建人工湖。谷底小镇中间有湖，湖里有芦苇和睡莲，湖边有卖烧烤的，有几家宾馆。宾馆是老百姓租给旅游公司的，租金每年36000元，租期为10年。这里的40多户人家都是汉族，年轻人一直在外打工，也是因为种田收入太低，而且这里没有多少田，被征用每亩补偿2万多元。湖边是一些美国弗吉尼亚式的两层的房子，房子是橘黄色的，红红的房顶尖尖的，弗吉尼亚是史迪威将军的故乡。一排房子前有两兄弟，一个在自来水处洗东西，一个背着小女娃到处走动，他们邀我坐一会儿。那是长长的两层楼房，房前的场子很宽阔，他们自己花了60万元做房子，房顶和墙外的贴砖是政府做的。他们共有五兄弟，有三个一直在外打工，两个在云南耿马当兵后就在那里工作。那弟弟要到县城给两个读高三的娃送被子，我同他一起走到一号拐处，他说小时候在县城读书每天都要走很远的路，现在学校是封闭式管理，星期天上课学生不能住在家里，读高三每学期学费为4000元，他们在县城买了房子。“要是到县城就住我那里，吃饭和我们一起吃，上次一个南昌来的人也是免

① 〔英〕马歇尔：《经济学原理》（上卷），朱志泰译，商务印书馆，2011，第291页。

费住在我那里。”他在浙江的一家皮革厂打工，每月有 1 万元的收入，吃和住都在厂里，和老板在一起，言谈间对未来充满希望。听说在贵州有许多老板对员工很好，大家一起在单位吃饭，饭菜都十分丰盛。劳动力市场的独特性，在于制度的设计必须考虑人们的态度，鼓舞士气能在一定程度上替代监督方面的投入，市场经济条件下的组织需要人们之间的互助及团队精神。亚当·斯密说：“劳动工资，是勤勉的奖励。勤勉像人类其他品质一样，越受奖励越发勤奋。丰富的生活资料，使劳动者体力增进，而生活改善和晚景优裕的愉快希望，使他们益加努力。所以，高工资地方的劳动者，总是比低工资地方的劳动者活泼、勤勉和敏捷。”①

到“美国加油站”和马帮山寨，司机让我在一个村口下车，说：“这里是美国加油站，有牌子的。”我走进村里，有一家的狗咆哮着跑来，牙齿长长的。有人告诉我：“这里是美国汽车队，加油站还在下面。”继续沿着公路而下，招呼一辆车把我送到景区入口处，弯弯曲曲的路那样长，两边的水杉端直粗大，在树的海洋中只能听到“呼呼”声。远山横亘如屏，太阳还在山上，树林中可以看到红红的太阳。弯弯的公路很漫长，我想看到房舍，想遇到人，黄昏中终于看到木架上悬挂着旗子，场地处门已经关闭，里面的木架上也挂着旗子，有一个人在那里。我问：“这里有没有住的地方？”他说：“有啊，就是旁边的小木房，是别墅，398 元，是公司规定的。”我独自往回走，天越来越黑，走到公路口时已经是山头月亮高悬，远处天上还有些黄色的光。一个人又在公路上走了很远，终于有一辆面包车把我送到沙子古镇。

日照水库在北盘江边，这边是晴隆，那边是关岭。山上都是石头，只有些黄草，长不出一棵树，也流不出水来。当地小伙子顺路送我去日照水库，码头可以乘船到夜郎镇，但我一个人要收 150 元，那村子的墙上贴有“走出大山天地宽，异地搬迁谱新篇”。沿着公路一直往前走，

---

① 〔英〕亚当·斯密：《国民财富的性质和原因的研究》（上卷），郭大力、王亚南译，商务印书馆，2017，第 79 页。

北盘江

公路弯弯曲曲直上山顶，天渐渐地黑了。黑夜中继续走到兵务村，那片居民点的人说没有住的地方。再继续走到兵务村另一个居民点，有家做饮食的让我住，吃和住不要我的钱，在昆明读六年级的学生喜欢问这问那。那里的夜晚没有多少灯光，那是在昆明打工的一家人，春节回来住在她姐姐家。她家女儿读高一，成绩很好，读六年级的小孩儿说自己考不上大学。那姐姐的儿子在浙江做鞋子每月两三千元，说要是有钱的话应该是可以考上大学的。我看到那小伙子吃完饭后剁辣椒很专注。老子说："天下难事必作于易，天下大事必作于细。"贫困地区这样有发展潜力的学生失学是很可惜的。路边没有灯，那六年级学生用手机照着领我到房间，房间里只有一张床，上面的被子很薄，房里满是玉米秆。夜晚一直有什么东西在爬上爬下。第二天出门时看到堂屋里也有玉米秆，还放着一口棺材。向茶马镇方向走，山上只有石头，一片居民区中有水管，但水管里没有水。有户人家有水缸装着水，主人在附近县城打工，说这里都是接雨水用，旁边也有卖水的。谈到那几个自来水管，那小伙子说国家拨了这笔钱。走到马场乡所在地，打开自来水管，水很细小，流了一会儿就没有了。谷底有小水沟，但沟里水小，水流时断时续，自来水上不来。开面包车的司机说："这里没有水吃，是贫穷地区，我们小时候睡觉时没有被子，就在草堆上睡，从来没洗过澡。我看够了这里的山，想搬迁却不是搬迁对象，很羡慕出去打工的，但家里走不开，这里的人只有搬迁一条出路，山上能种植什么就种植什么。"晴隆县城有抗战广场，人们自发地唱着山歌，宣传牌上写有"走出大山心敞亮，幸福来自共产党"。

茶　场

第四届黔西南州旅游产业发展大会2018普安国际山地自行车邀请赛于10月22日在茶场开幕，漫天的气球飞舞，人们脸上洋溢着喜悦，21个国家的国旗传递出和平。两个干部模样的本地人告诉我：“茶场是普安县新的开发区，茶叶是支柱产业，山上有万亩茶叶基地。明天开始举行国际山地自行车比赛，现在广场很热闹。”发展经济学认为，某些

茶场赛车道

主导部门或有创新能力的企业或行业在某些地方聚集，资本与技术高度集中，可形成自身迅速增长并带动周围地区共同发展的发展极。发展极的形成必须具备三个条件：产业群的形成；有创新能力的企业和企业家群体的集中；具有规模经济效益和适当的周围环境。①

茶场四面环山，山坡上杉树茂盛，层层茶树如螺旋。宣传牌上写着“看得见的山，望得见的水，记得住的乡愁”“白叶一号走进古茶树之乡”“以工促农，以城带乡，城乡互动，统筹推进美好乡村建设”。陆羽广场上水在石子河中蜿蜒流过，草木中有儒家官员醉卧的铜像，有农夫锄草和村姑制茶铜像。诸葛亮铜像边，几个布依族妇女都知道诸葛亮，小朋友说：“三个臭皮匠，合成一个诸葛亮。”广场上的茶树已经含苞待放，旁边有高大的汉白玉陆羽雕像。陆羽（733—804），唐朝复州竟陵（今湖北天门）人，写有世界第一部茶叶专著《茶经》。广场边

茶场陆羽广场

① 张培刚、张建华主编《发展经济学》，北京大学出版社，2009，第421页。

有风雨亭，小湖上有两座圆拱桥，有一个带着小孩儿玩的人认为普安有很好的资源。他说："还是你们好，可以到处跑跑。普安有白沙古驿道，有兴中镇的松岿寺，龙吟镇是中国最大的苗镇，县城附近的莲花山有十里杜鹃，地瓜镇的鲁沟有 1000 多年连片的银杏树 128 株。青山镇有 1000 多年的四球古茶树大约 2 万多株，树龄最长的有 4800 年，有 200 万年前的古茶树化石。普安是世界茶源地。"

新市民社区是移民搬迁的免费周转房，山上的移民房做好后老百姓就住自己的房子。一排排楼房很漂亮，处处是银杏树一片黄，桂花树飘香，画眉的声音婉转。小区面积 5 平方公里，现有搬迁人口 1792 户 8691 人，其中 2016 年度迁入 603 户，2017 年度迁入 1189 户，2018 年度计划迁入 909 户。政府认为这里交通条件、居住环境、就业创业条件好，社区内有普安红公司、才华手袋厂、营养餐配送中心、玻璃厂、家具厂。产业的集中，能够让企业家们面对面交流，能增进彼此之间的信任，道路等基础设施的共享形成外部经济。居民委员会有新时代市民讲习所，政府的观念是要搬出大山的移民拥有"新就业、新文化、新观念、新生活"。马歇尔认为，人们财富的积累受许多因素影响，如风俗、自制和想象将来的习惯，尤其是家庭情感的力量，而知识和智力的进步在许多方面也可以促进财富积累。[①] 从贫穷地区对扶贫资金的使用情况来看，扶贫资金应该更多地用于孩子读书学习上，地方政府有义务帮助他们树立新的观念，提高对知识重要性的认识。小区的墙上写有"华夏子孙根连根，民族儿女一家亲"，街上写有"贵州浙商联合投资开发自行车主题公园""贵州浙商联合承建江西坡中小学幼儿园"。浙商联合购物广场的浙江老板说："前一段时间生意很好，现在搞建筑的工人都回去了，拆迁户都不愿搬过来，搬过来什么都要买，在山里还可以种些东西，可以喝自己的泉水。现在这里还没有多少人，生意好起来还需要几年时间。"浙江人精明能干、敢为人先、有资金，大力推动了贵州的经济发展。他们与层级结构中人们的想法不同，想的不是维护自己的小环境，而是对变化的环

① 〔英〕马歇尔：《经济学原理》（上卷），朱志泰译，商务印书馆，2011，第 282 页。

境高度敏感。他们增进了民族间的感情，对走出大山的老百姓帮助很大，他们与当地人的混居和交流能够帮助当地形成新观念。亚当·斯密说："商人往往是勇敢的事业家……如果他觉得投下大资本来改良土地，有希望按照费用的比例增大它的价值，他就毫不迟疑地马上去做。……商人由经商而养成的爱秩序、节省、谨慎等各种习惯，也使他更适合于进行土地上的任何改良，不愁不成功，不愁不获利。"①

赛车道近处山坡上菜园青青，山上叠水已经流满小水库，有一片移民房如别墅。布依族做清洁的妇女一片忙，有干部记下名字好给工钱，有两个做卫生的老人很高兴地说："房子免费给我们做了，听说还要发钱。"路边美食街区第一层写着"普安县秘制烤鱼""刘记凉剪粉""六盘水臭豆腐""余记炸洋芋""廖姨妈豆沙粑"等。普安国际山地自行车赛道，2016 年 9 月建成并举办第一届国际邀请赛。红色的路由柏油、彩砖、砂石铺成，路旁清泉水潺潺，山上绿茶满坡，一路风光有山谷、溪流、民族村寨、浪哨花田、仙鹤潭、乡村水影，既能强身健体，又能欣赏美景，将城乡融合，增进世界各族人民的友谊。一个政府的工作人员说："这山上的都是移民房，应该是有产权证的，那边一片周转房以后就是商品房。赛车道长 75 公里，这里变化大啊，三四年以前这里都是荒坡。"亚当·斯密说："良好的道路、运河或可通航河流，由于减少运输费用，使僻远地方与都市附近地方，更接近于同一水平。所以，一切改良中，以交通改良为最有实效。僻远地方，必是乡村中范围最为广大的地方，交通便利，就促进这广大地方的开发。同时，又破坏都市附近农村的独占，因而对都市有利。连都市附近的农村，也可因此受到利益。"②

经济的发展极有益于企业家精神的培育。有几个青山镇年轻人，是自己开车过来的，说政府是正确的。这是几个会思考、自立自强的年轻

---

① 〔英〕亚当·斯密：《国民财富的性质和原因的研究》（上卷），郭大力、王亚南译，商务印书馆，2017，第 390—391 页。

② 〔英〕亚当·斯密：《国民财富的性质和原因的研究》（上卷），郭大力、王亚南译，商务印书馆，2017，第 147—148 页。

人，同时又是那样真诚朴实，一个地方新的思想、观念、文化的形成需要这样的人带动。有生命力的组织是学习型组织，在自由竞争中被淘汰的企业主是经济和社会效率低的企业主。制度经济学认为：“文化通常缓慢地演变；其中的许多因素具有路径依赖性。但有时，某些具体的文化特性会随经验而发生相当急剧的变化，这或者是因为内在地发现了新的思想，或者更多地，是源于外部因素并发现它更有优越性。结果，这些新的文化特性得到模仿并使社会中接受它们的人数超过一个临界点，这样它们就变成了新的规范。”①

① 〔德〕柯武刚、史漫飞：《制度经济学：社会秩序与公共政策》，韩朝华译，商务印书馆，2000，第198页。

兴　仁

兴仁2018年9月建市，是“中国长寿之乡”“中华诗词之乡”“中国薏仁米之乡”“中国牛肉粉之乡”。民主街中宣传牌传递的信号贴近民生——“全县上下一条心，共筑兴仁市民梦”。街上有民国时期文人张俊颖《竹枝词》：“花面提篮挨户行，街前市后小逡巡。时将纸伞半遮面，不避生人避熟人。”“心香一瓣天齐宫，乞得春阴覆落红。许愿还须低语诉，防人听去笑阿侬。”“夕阳西下月东升，抱布联肩鬓似云。郎本无心营薄利，爱它上有胭脂痕。”

新城区楼舍林立，围绕东湖而建，四周有山峰环抱，山上郁郁葱

兴仁新城区

葱。东湖公园碧水荡漾，白云倒映水中，湖边垂柳依依。鸟声悠扬，阳光明媚，清风吹拂，游客兴致盎然。有圆拱桥卧波，桥边有绿树青草，水中有洲，洲上有亭，湖面时有白鹭飞过。桥那边摆摊的，让人感到市民社会的乐趣，有大方豆腐脑，有烤山药、烤洋芋、烤鸡蛋，还有糯米饭。湖边有覃登涛诗："绿水青山山水连，清潭波涌锦鱼欢。黄莺声脆知春到，白鹭悠里报夏还。别墅红情添异彩，亭阁绿柳缀云天。市民时与朝阳舞，世外桃源景色妍。"

兴仁的步行街充满生活气息。门牌上写有"勇者弄潮百步趟平商海浪，仁乡引梦一街仰止古城风""步履随心饱览金都边购风情边购物，行囊在手沉迷宝地半装财富半装诗""金字题名花笑树荣春涌动，玉石镶路民殷物阜市昌隆"。赶集的人熙熙攘攘，买面条和高粱粑的很多，有卖橘子的用喇叭喊"10 元钱 4 斤，甜得很"。步行街上吆喝声不断，依稀可见土壁的、木板的房子，地摊上有卖山歌书的，处处飘着山歌。有老牌黑山羊粉馆，铁板香豆腐 5 元钱 4 块，清明粑 4 元一个，铁板烤章鱼小丸子 10 元 8 个，周氏豆沙粑上了《舌尖上的中国》。步行街内有剑平池，入口处有旧石柱和牌坊。1934 年，驻防兴仁县城的国民政府第二十五军第二师师长吴剑平探水源于老鹰窝，并在城内挖沟渠、开河道、建亭。里面水池曲曲折折，上有两层的风雨亭，古柳有的参天有的斜倚，树上挂满画眉鸟笼，人们一片悠闲。

兴仁的城市化有历史文化底蕴。真武山又名翠屏山，大门是朴素的白色砖墙，前廊有粗大的石柱。门内青石板两边青松遮阴，画眉鸟声婉转。风雨廊内一片残壁断垣。抚琴陶俑是东汉时期文物，1987 年在兴仁县交乐出土，说明 2000 多年前的黔西南有相当的文明程度。沿着层层石阶上山顶，两边古木树枝如龙，皂荚树上有老鸦栖息。真武楼很古朴，红色的木质楼上面有层层飞檐，四周是回廊，有联"着履高攀一郡桑麻归眼底，登楼远眺万家忧乐在心头"。明洪武十六年（1383）建有真武庙，底层设真武祖师神座，盘江八县僧官李隆珍建文昌阁，道光初建有翠屏轩、灵官庙，清咸丰九年（1859）毁于白旗起义战火，后来于 1877 年重建。现在的真武庙内空空的，旁边有一棵粗大的皂荚树。在山

真武楼

顶看兴仁，烟云万里，近处楼舍林立，城中有小山，远处山脉如屏。

兴仁的乡村是城市丰富的文化源泉。我去了兴仁的两个美丽乡村，那里小溪和古树十分怡人，著名的放马坪我还没有去，听说那里水草鲜美、牛羊成群。在威宁草海的一家牛肉米线馆，那老太太说“我们这里的山歌多”，老头子说“哎哟，山歌”，老太太说“哎哟，是文明山歌，又不是流氓山歌”。我最爱这里的山歌，山歌来源于生活，像清泉那样自然，是几千年农业文明的积淀，会使得城市更有魅力。“唱首山歌过门楼，看妹抬头不抬头，有情有义抬头看，无情无义假装羞。”“哥唱山歌过楼台，小妹听见走出来，久闻情哥多仁义，四面八方吃得开。”“妹有一双好手脚，割谷栽秧不用学，割谷只听镰刀响，栽秧犹如点水雀。”“哥的本事实在高，行行站在第一条，犁牛打耙搞得好，能写会算把人教。”“妹家门前有棵槐，槐枝槐叶掉下来，风不吹槐槐不摆，妹不招手哥不来。”“哥家楼高有楼台，小妹把哥记心怀，吃饭睡觉都

兴仁的乡村

想你，睡着睡着又醒来。”“七天七天赶一场，郎约妹来妹约郎，粉面摊上来会你，买碗馄饨请妹尝。”“七天七天赶一场，小妹赶场来会郎，水果行中来会你，称斤苹果送哥尝。”“石榴开花朵朵红，茄子开花吊灯笼，小郎有意来会你，只怕情妹嫌哥穷。”“好马过桥不用鞭，小妹爱哥不讲钱，若是讲钱情不久，若讲情意到百年。”“蜘蛛结网在屋檐，狂风吹来坏两边，断了断了又补起，想起旧情又来连。”“从前仁义盖过天，荷花虽断藕丝连，断情三年不为久，糯米煮酒后来甜。”“纸包蜡烛浸过油，情深哪个舍得丢，你我好到九分九，索性十分好到头。”“今日会哥松树林，松树底下订终身，松树常青不变样，哥妹百年不离分。”“汽笛一声火车开，挥手示意妹回家，今日暂且分离去，十天半月来你家。”“送郎回去我转家，白日生产夜绣花，绣起两块枕头帕，鸳鸯戏水闹莲花。”

梵净山

在贵阳高铁站，遇到铜仁市国税局王青松同志，是我坐到了他的位置上，他说："我就坐你的位置是一样的。"我感觉他文雅、宽厚，充满儒家文化气息。《论语》说："入则孝，出则悌，谨而信，泛爱众，而亲仁。行有余力，则以学文。"他去遵义参加了全国的税收业务培训，有两个湖北人和他一起在江苏搞过税务检查，他邀请他们学完后到铜仁玩玩。税务部门的业务学习一直抓得很紧，我以前也在湖北的税务部门工作过，对精通业务的同志一直十分敬佩。他说："近些年税务部门招大学生不少，前几年我还到昆明的大学城去过。以前干部任用是竞争上岗，现在主要采取民主推荐形式。铜仁的税务部门正在和组织部门协调，争取多交流培养一些干部。以前铜仁的地方税源不是太充裕，十月份国税和地税刚刚合并，人员的磨合还需要做一些工作。"用人机制的更加灵活有利于人的全面发展，阅历的丰富和视野的开阔有利于干部具备战略眼光，人才的培养不能限于一技之长，儒家文化提倡"君子不器"。从高铁站坐出租车到铜仁市区，50 元的车费是他帮我出的，他又在铜仁古城外的一家餐馆招待我吃乌江片片鱼。铜仁现设两区八县，另有经济开发区和高新技术产业开发区。这里自古主要居住土家族和苗族，受巴楚文化影响较大，这里的菜以川味和湘味为主，火锅大多是麻辣锅底的。夜色中的锦江波光闪闪，水中灯火黄晕，梵净山上的两条溪流汇合，又与万山区的一条河汇合，碧绿的锦江水流向四川境内。说起锦江上游已有 5 个水电站，他说从经济效益上考虑是可行的。铜仁古城以前有八门，铜仁十二景很有名，现在有清朝的青砖瓦房。古城巷子深处有铜仁府通判署，大门的对联体现了儒家伦理本位的文化思想，“为政不在言多须息息从省身克己而出，当官务持大体思事事皆民生国计所关”。儒家文化强调社会各方面都尽好自己的义务，那么官府就可以做到无为而治了。古城街上“周逸群烈士纪念馆”匾额为廖汉生将军题，有周逸群烈士故居，外面是青砖瓦围墙，里面场院中有三栋木制楼房，是周逸群将军留学日本前亲手修建的。王青松同志说：“铜仁，说的是儒、释、道三教合一方为人，铜仁是稀有金属产地，正在建一个乡愁馆，旅游资源丰富，沈从文祖籍也是铜仁。”路上有家庭旅馆接待客人，住一个晚上 50 元，老板没有做其他营生。家庭客栈老板的女儿在铜仁一中读初一，我教了她一些一元方程的应用题，她很快就学会了，还摇着头说：“那个老师教的，哼!”老板说这里许多学生不想学数学和英语。我也知道他们更喜欢自然的生活，但传统的生活方式迅速变化，云贵高原的学生更需要意志力的培育，更需要视野的开阔和思维的训练，儒家文化强调“天行健，君子以自强不息”。

江口体现了道家的自然清新。县城有梵净山大道，大道边是沅江的上游，河水清悠悠的。逆着河流向云舍村而行，河水白闪闪的，河床很浅，河面很宽。河床中有一片片沙滩，上面长着荒草，岸边芦苇丛生。河边杨树夹岸，田间也有杨柳树，长得都很高大，冬天树枝伸展，树身光秃秃的，让人觉得很倔强，同时又是自然朴素的。河那头两条溪流汇合，中间是田园和树木，大道边的是太平河，远处那条是闵孝河。县城已比以前扩大了三四倍，这里还可以看到清清的河流，河边有成群的树木，远处青山隐隐，满眼轻烟，为我们留住了乡愁。走了很久才到云舍村，路上散步的人都很友好，也都喜欢这里清澈的河流，喜欢这里新鲜的空气。云舍村的寨门内是一片湿地，有白白的湖水，湖中有栈道和亭阁，掩映在芦苇和水草丛中。湖边的草地高低不平，草地上有树，栖满鸟雀。沿着水中栈道而行，一股股水从步道石头间流过。只有 800 米长的龙潭河，在村寨大门处转了个大弯，流到 60 多公里长的太平河里去了。云舍村让人感觉很开阔，有高树一棵棵，旷野一处处，是一个体验乡愁的好去处，也是一个回归自然的好去处。龙潭河两岸是土家族木房

云舍村

子，房子前都有院子围着场子，河边有菜地。龙潭河水闪闪发亮，河身细细的，上面有一座座小桥，河里满眼是小石子，两岸古树高大。村委会处歌声悠扬，有古法造纸处，河上有一座古桥，中间的青石板保留着原貌。桥边有一些妇女在洗衣服、洗菜。那山边是龙潭，泉眼很低，泉面如镜，不断地冒出水来，泉水形成圆形湖面。泉眼周围的水碧绿，与湖边白水不同，山和树都倒映在水中。云舍村外的太平河，河水奔流很急，河边有石子和泥土，还有很多树木。

"孤峰云外天地宽，自然而然梵净山。"梵净山是武夷山最高峰，进口处溪流从山中哗哗而来，在石头间流淌，群山上树木苍苍。细雨蒙蒙，空气湿润清新，天上银灰色的云一片片。那橘黄色的大门典雅端庄，门内溪水金黄黄，是那样清澈。这里房子不多，显得很自然，路边摆摊的人很热情，工作人员也很热情，冬天依然游人如织。门票加往返观光车票、下山索道票一共 155 元，所有的游客都感觉很满意。乘观光

梵净山

车上山，《我的家乡梵净山》的歌曲很动听，让人的心里满是白云和清泉。雨下大了，买90元的上山索道票上山，天地间只见茫茫一片。当云雾间露出两个山头时，索道车上的河北游客一片欢呼。沿着木栈道走向山顶，冬天的古树遒劲，树上满是黄的绿苔。花楸曲折多枝，树根盘绕在石头上。山上有冬青树、灯台树、厚朴、连香树、南酸枣、湖北木兰。这里的冷杉是贵州唯一第四纪冰川期残遗物。梵净山是那样多彩，有报春花、山铠兰、青荚叶等草本植物1215种，那春天的时候该是多么美啊！林中鸟声嘤嘤，红腹角雉、戴胜世世代代生活在山上，有红腹松鼠、飞鼠，有穿山甲、豪猪等，还有云豹、黑熊、羚羊等，有喜欢在水青冈上集体活动的金丝猴，梵净山真是兼容并包、和而不同啊。山顶处大风吹开云雾，露出石头一块块，形如蘑菇一朵朵，石身如瓦块一片片。海拔2318米处，有一片蘑菇石，上头大下面小，高约10米。九皇洞门内天然石头房如别墅，万名洞里佛像很多，金顶上两块巨大岩石如万卷经书。到山顶的石阶非常陡峭，中间有夹缝，游客们在寒风中望而生畏，大风吹得人不能站立，有两个小伙子率先跑上石阶，人们纷纷跟上。山上两边是峭壁，石头上的树木很古老，只能攀着铁链而上，山顶石壁间夹缝那样窄。红云金顶上有石房子，老金顶海拔 2494 米，有观音庙一座。山上云雾茫茫，看不见云卷云舒，也看不到 99 条溪流沿着山顶辐射而下，而来自全国各地的人们热情洋溢，对这里的自然景观惊叹不已。下山有敕赐碑，明万历四十六年（1618）奉神宗皇帝圣旨而建，户部郎中李芝彦撰写，朝廷的提倡使得梵净山迅速闻名于全国各地，国人在儒家文化熏陶下都心系朝廷。有明朝如泰大师墓塔，他是梵净山妙玄禅派第五代主持。乘索道处有明万历四十六年神宗皇帝更名的报恩寺，有明清皇帝封的镇山之印，大石如佛挺立，云雾缭绕，上下开合，恍若仙境。净心池的水从高高的石壁上滴下，旁有古观音像，雨住后近处云海中露出小岛。天街古时是山民卖药材之处，石碑上有我国著名植物学家吴征镒 1983 年题诗：“武陵明珠梵净山，秀丽巍峨胜蓬莱。更有金猴戏飞鸽，无怪名家破铁鞋。”下山的索道上，有个山东人是冒雨爬上来的，那是一个有真性情的人。许多人都说下次还要来。山上树木茂密，云雾在树木间飞舞转动，有时露出原始森林遒劲的树枝，那黄的、绿的、红的叶子五彩缤纷。在观光车上看到一条条瀑布，有黑湾河长 11 公里，在风雨桥与太平河汇合。山上的玉米 10 元一个，雨衣 20 元一件。那美景让我忘了自己，一天只吃了两个装在包里的生红薯。景区门口有女孩卖麻辣野生鱼，100 元 5 包，有两个女游客买了送人。我也买了 5 包，那女孩十分高兴，说：“我这有一块块的，给你吃一个，这一袋都给你算了。”世界上还有这么美丽的地方啊，这里的人和梵净山一样，和那溪流一样，自然、清澈、有灵性。

思　南

思南古城位于贵州东部，乌江贯穿南北，以往是铜仁的政治、经济和文化核心区。秦昭襄王二十七年（前280），司马错率巴蜀众十万浮江伐楚，并由乌江抵思南，开启了文化的交融。思南田氏土司始于大观元年（1107），田佑恭入朝奉诏世守思南，直到明永乐十一年（1413）宣慰使田宗鼎以不法废。乌江有盐油古道，乌江船工的号子很乐观、自然。这里的人们在劳动中获得快乐，打闹歌有“高粱正起苞，烂草打齐腰”等。林语堂先生认为，从生命中发出的东西都是有价值的。这里是花灯之乡，上元沙洲节约始于宋代。这里是世界唯一的甩神之乡，起于元代的板桥镇一带，抬甩神是人神共娱、人神合一。每年农历五月二十日，思南的大街小巷几十条祥龙聚集，祈求风调雨顺。这里的祖宗牌位充满儒家文化气息，有“惟求事业参天地，莫使身心愧祖宗”“芝兰连理成双璧，琴瑟和鸣共百年”。

思南名人田秋（1494—1556），明正德九年（1514）进士，贵州教育先贤，嘉靖十四年（1535）让贵州首次开科，嘉靖十八年任四川按察使，嘉靖十九年任广东布政使，整治乌江水道，使四川盐运入贵州，盐价始平。明代著名理学家李渭，嘉靖十三年中举，先后任四川华阳知县、安徽和州知州、广东高州同知、广东韶州知府，隆庆中任云南左参政。他研究理学，从者云集。肖重望，明万历十四年（1586）进士，官至云南道观察使，万历帝批准其所奏《安定边省疏》。田仰，明万历四十一年进士，崇祯元年（1628）任太仆寺卿巡视四川，正值水西土司安邦彦和四川古蔺酋首奢崇明联合反叛，田仰领兵讨伐获胜，升任太子太保、兵部尚书。徐步云，嘉庆年间进士，历任湖北建始县令、安陆县令、随州知州。罗芳林，光绪十八年（1892）任云南协台，光绪十九年回思南办团练，对地方戏的发展有很大贡献。钱穆先生认为宋明儒家对中国思想史的贡献，在于其能把佛学全部融化吸收，使得佛学真正走向衰落，而儒学则另有一番新生命和新气象。我国传统文化有很强的包容性，传统文化的复兴需要广泛吸收其他文化的长处。

乌江岸山坡边，主要街道有高低三条，最上面的街道很安静，古青石板路磨得光滑，中学的大门上有联“磨剑十年及锋而试厚积薄发展真我风采，桃李百载选贤以考任重道远立强国根基”。古城主要在思唐街，从上街下来有长长的石板路，斜坡上的民居前后有菜园。思唐街两边都是两层的木板房，是150多年前的清代商铺，有古建筑300多处，有明清古碑300多块。思南府署旧址，在原思南县政府处，现存民国照壁、门楼，青石板台阶很光滑，里面古石狮很威严，明永乐十一年以宣慰司署改建，正统年间毁于兵乱，景泰三年（1452）知府何辙重建，康熙九年（1670）知府陈龙岩重新加以修葺，同治四年（1865）知府陈昌运重修，原有建筑80余间。始建于元代的府文庙，位于文化街现思南中学旁，里面有照壁和古槐树，原为思南宣慰使田氏住宅，明成化二十二年（1486）思南知府王南重建为府文庙。现存府文庙是清嘉庆十二年（1807）思南知府项应莲集资重建的。明永乐五年建思南宣慰司儒学，照壁上“凤仪书院”题于光绪五年（1879），思南府官立小学堂建于光绪三十年。江西会馆的门牌很古老，门前有两棵古老的梅花树，天井内青石板石阶陡峭，万寿宫门前有“惟公德明显于西土，使君寿考式是南邦”。江西会馆是两进的房子，过道上的戏台上有许义明撰、陈绍明书“万寿平台演人间故事，千秋古迹正道德文章”。许义明，铜仁市著名作家，曾任建设局局长，收藏了大量乌江文化书籍，于诗词书画很有造诣。弟弟许义阳，现为铜仁市税务局副局长、贵州省作家协会会员。热爱文化的官员能起到社会教化的作用，对地方文化和精神共同体建设有促进作用。

乌江水在太阳下白波闪闪，两岸楼舍高低一片，远处的山连绵、高大、直立。江边有盐市街，安化街老街门牌上写有“千年拙朴城中巷，一枕安闲世外身”，街道两边都是清代的木板房，许多屋前有柜台。永祥寺始建于明弘治年间，万历年间两次重建，内有三元殿。乌江边有济江亭始建于正德六年（1511），贵州按察副使朱文瑞围剿四川寇方四，让过往士兵休息并从此处运兵饷，亭上有联“文脉千秋称首郡，烟波万里占鳌头”。有王爷庙始建于明朝中后期，后毁于水灾，光绪二年重建，民国时期供僧侣居士使用。乌江边上的古城墙高高的、长长的，墙上垛眼很多，夜晚的乌江两岸和水里灯火辉煌。安化街中段的旷继勋烈士故居始建于清末，旷继勋 1929 年率四川混成旅起义，历任红四军、红六军、红二十五军军长，川陕省临时革命委员会主席。

乌江

安化街是商业中心，以前长途汽车站也在这里，金丰市场处总是那么热闹。安化街正在赶场，思南县城四天赶一次场。我对赶场十分有兴趣，这是真实的市民社会，又是完全竞争市场，价格公平合理。这里很大的馒头3元一个，大块的豆腐干5元三个，米豆腐1.5元一斤，糍粑5元一斤，绿豆粉5元一斤，大酥饼2元一个，有恩施土家族公婆饼，湖北恩施离这里很近。这里本地菜好吃而且只要1元一斤，外地的白菜2元多一斤，外地青椒4—6元一斤，外地西红柿4元多一斤。这里人舍得消费，什么都卖得出去，蔬菜等都不够本地人消费的。大街上一个铺面每年租金要15万元以上，中间街道一个铺面每年租金要4万元，山顶上的铺面每年租金只要一两万元，人流量多的和少的地方两个市场是分开的。

距思南县城100里处有郝家湾。在板桥镇附近公路边山坳里，旅游景区正在进行打造，古城门前有孙门轩骑马握刀雕像。孙将军原籍山东，洪武二十二年（1389）奉命平南，被封为武勇将军，军队遣散后被封为千户长世袭，带着1200名士兵在板桥一带开荒种地。进入郝家湾寨子，里面有一条石板路，一家小卖部的人说："我们的家谱很完善，上面记载祖籍是山西太原，是从镇远那边的部队过来的。郝家湾以前是苗族人居住，我们来后苗族人就慢慢到别处去了。"那里有一片房子，屋前屋后有许多田，巷子两边是很高的围墙，一个晒阴米的妇女说她弟妹在开农家乐。田园农家乐，围墙门进去有一棵古老的核桃树，房子前有很宽的场子，场子边有菜园，筛子中有红薯，有附近在这里做工的人来吃饭，那妇女说她们姓刘，祖先是从江西过来的。河边有几个清代的墓，有文林郎郝朝相之墓，他是清朝时期镇远府学生员，石头古寨的设计者。以往皇权不下县，因而乡绅的作用是很大的。有咸丰十年（1860）立"清待赠文林郎郝绍虞墓"，墓碑上写有"此地有崇山峻岭，他年定慈诰黄封"，可以看出儒家文化对人们价值观的影响。水塘边有几棵杨树很古老，有两棵横跨小河，路过的妇女说"以前是竖着的，后来卧着了"。溪水在石子河床上流淌，溪水边是一条青石板小路，两边是房子。溪流这边的院子都有石头垒成的围墙，围墙里都有石阶，石阶上的房子都是木板制成的。溪流那边有一人多高的城墙，墙上有垛眼，墙内是木板房，房子前后有菜地和水田。逆着溪水而上，水上的桥都是

郝家湾

整块的石板，通向每户人家的房前。溪水从山中流出，河床弯转，有时可看到小水瀑，小水瀑下面是石板，一路水声很响。河身转弯处有高台，高台是用来过甩神节的，台上有亭子，有冲糍粑的碓窝。上面是山谷，田园种有白菜、萝卜、红薯、豌豆，每块田都有石头围着。溪流两边围墙很高，这里的树木和竹子也都有石墙围起来，只有溪水在围墙之外。有两个本地人说："营盘在凤凰山山顶，以前土匪来了就躲到山顶上去。"还听说有一次躲土匪，有一个郝姓人乘机偷东西，被郝家自己人处死了。我认为这个惩罚太过头了，也可以从中看出以往的社会伦理对个人的强制作用。在偏远地区，稠密的社会网络使得非正式结构大体稳定发展，他们凭借一套规则或标准运行，而社会制裁是规则的必要补充。现代社会更需要正式制度，专业化程度越高，就越需要借助可靠的制度来支撑个人从事复杂的契约行为，并使条款执行上的不确定性降到最低。

石　阡

石阡古称山国，战国属楚，秦置夜郎县，明清时期为乌江连接沅江的物质集散地。石阡县城两面山势绵延，龙川江波光闪闪，两岸楼房林立。江边老街上人头攒动，春节前两天有很多人来买东西，来吃施秉牛肉的人也很多。宽宽的江上有古桥，清澈的江水在石子上流淌很急，桥中间平桥亭上写有“龙江激浪三千里，古府雄飞六百年”。过了桥是石阡古城，禹王宫又名湖广会馆，始建于明万历十六年（1588），清康熙

石阡

五十五年（1716）、乾隆四十五年（1780）、嘉庆二十年（1815）相继维修增建，青砖外墙中刻有二龙戏珠和大禹像。孔子十分称赞大禹“卑宫室而尽力乎沟洫”的精神。进大门是戏台，中间是青石板天井，两进房间都是两层木板房，柱子很粗大。万寿宫又名江西会馆，始建于明万历初年，进门有戏楼和长廊，旁门进去有二进的宫殿，里面宫中有宫，富丽堂皇。古城有红二、六军团总指挥部旧址，那是始建于1904年的天主教堂，1936年1月19日红军开会决定撤离石阡，到黔西、大方、毕节一带建立根据地。院子内环境优雅安静，教堂边是一栋两层的青砖住房，每个房间都有玻璃窗子，二楼上有小阳台，一楼有贺龙铜像，有任弼时和贺龙住过的房间，里面有床和木质桌椅。石阡在康熙二十三年就有沈姓和吕姓教徒，当时朝廷全面禁止天主教，直到道光二十八年（1848）石阡才有教徒20人，同治三年（1864）迫于外国压力不再干涉而发展至

石阡老街

数百人。1922年石阡天花流行，德国神父包美德免费行医挽救了大量生命。从国外宗教传播到我国的历史看来，我国更容易接受其带来的科学技术、医学、天文学等，宗教因和我国传统文化有相矛盾的地方而不易被接受。

离县城15公里处有楼上古村。据说，明弘治六年（1493），一个名叫周伯泉的江西人为避难图存，入黔经商，行至石阡时，被佛顶山的自然风景打动，便买下了这片土地，在此定居，后来逐渐发展成为今天的楼上古村。在路上招了一辆便车，那是几个附近村子里的小伙子，在浙江开出租车刚回来，他们送我到楼上古村收50元。古村寨门内有广场，有戏楼建于清朝时期，戏台前有一片树林。旁边山坡上有民国的养正书院和梓潼宫，有千年紫薇树一棵，梓潼宫的大门写有“道生一，一生二，二生三，三生万物；人法地，地法天，天法道，道法自然”。陈鼓应教授认为，老子的道具有无穷的创造性，它不禁其性、不塞其源，它虚而不屈、动而愈出，它生育万物而不据为己有，无为指的是不妄为，道具有博大的人文关怀。著名语言文字学家王力教授认为，“反者道之动”是老子的核心思想，即任何事物发展到一定程度都会一跃而走向它的反面。村口小卖部的人说里面有农家乐可以住，有小女孩问家里的人，但大人说住不下了，那小女孩带着我到另一家，这家正好在办事也住不成，我就自己在村里转。村里小路由石头铺成，路边有田种着蔬菜，田里有一块墓地，写着“清待赠文林郎”，可以看出儒家文化已经深入大山。村里没有出过进士、举人，但有一家的九个儿子和一个女婿都是秀才。山腰中房子高低一片，村路弯曲纵横，有古老的楠木，有高大的泡桐树和水杉树。150户人家，都有石头做的墙基和院子，里面的场子是水泥铺成的，院墙里面是一层或者两层的木板房，很多家都在用火烤猪头，这里的烟熏肉很有名。村里遇到的人都很热心，说这里老鹰很多，一个都有七八斤重，那些大树上有老鹰做的窝，拉屎让许多树都死掉了。村里沟渠一条条，泉水哗哗流下，有建于1938年的古井，有妇女在洗菜、洗衣服，泉水从一棵树边的石头缝里流出，泉眼在地下100多米处。沿着一片蔬菜地而下，大沟中泉水哗哗，过桥经过一座小亭子，高台上是两层的木板房，屋前也有小溪，一个女孩很热情地接待了我，她们家办农家乐。村里有一家人在办事，女主人在帮助烧火，男主人也一直没有回家。这里都是姓周的家族的成员，一家办事都会有很多帮忙的，路上也看到有人把自家的凳子搬出去。我在那家里等着两兄弟回来一起吃饭，哥哥在县城搞装修，弟弟在镇上的一个中学教数学，那弟弟和我一样有点闷。我说起在车上听到的“来了一批工人，来讨钱，我到你那里躲几天”，那做装修的哥哥说：“如果打工的过年前就能拿到工钱就好了，那要老板好又有钱才行。”住在古村十分安静，第二天他们很早就到县城买年货去了。

早上顺着沟壑而下，有桥是第四代祖先修建的，桥是整块的石板，桥两边植有两棵兰桂树。山上处处有溪水流下，流到一片梯田，梯田下是大河，河边有人家，前面群山叠嶂，回望村子在山坡上高低一片。河边有几头黄牛在叫，这里以前家家都养牛，现在不耕种也就少养牛了。现在只有一户人家养羊，有 30 多只，不用饲料，每斤卖 30 多元，价格比喂饲料的贵 20 元。山顶上都种果树等经济作物，山上已经没有野猪、野兔了。大楠木树边有几个人在聊天，其中一个人很热心地带我到村里转。来到一个在铜仁高校教书的人家里，那房子上有一块匾上写有 25 军某部连长赠。来到一个在遵义教书的小伙子家，他说他父亲在这里给人家做小工，每天 7 点出发 11 点回来，一天技术工是 180 元，没有技术的做一天 100 元，这里的人都用功读书考出去，出去在外有了工作的都想回来这里，他们认为这里是根。每年清明节祭祖很热闹，外出的人都回来。到村口小卖部，看到有一家正请人帮忙修房子，是增加一座木板房子打算做农家乐。那家里的女孩很热情，邀我到家里吃饭，帮忙的都在那家里吃，做一天工不给钱，如做两天是要给钱的，都是一个家族的不太在意这些。刚好有人开车到县城，我要他带我过去，说给点钱，但那人说不要钱。他是给办事的那家帮忙的，他在村里有房子，在县城也有房子，是人事局的退休人员。现在的乡村有许多已经离散化了，而这里依然是人们的精神家园。老子说：“夫物芸芸，各复归其根。归根曰静，静曰复命。复命曰常，知常曰明。”

在短途车站坐车到尧上村需要20元，司机说过年支部书记会接待我，吃和住不会要我的钱，但我认为那司机只能代表他自己。包溪河畔，街道两边是两层的木板房，上面写着“烤全羊”“烤鸡”“烤兔”等字样。我住的这家客栈是哥哥开的，弟弟在街道对面开饭店，住一夜80元，有的至少收200元。他们以前就住在这里，修房子用了50多万元，后院楼房很宽大，这家的男主人很热情，早餐的饺子没有要我的钱，这里人都很热心，会主动和游客说话。村头广场有老鹰和葫芦雕像，传说以前有一场瘟疫，一老者用葫芦炼丹，老鹰衔来药材帮助救了不少人。邓氏宗祠外墙是青砖里面是木板房，600年前江西始祖来到佛顶山下包溪河畔，他们用黏土烧成陶罐出去卖。在太阳的照射下，包溪河水闪闪发光，河床布满小石子。沿着河上去，公路边河水弯转，山上树木茂密。山中溪水清澈，溪水在深山中很长，这里是国家级自然保护区，山中有野猪和豹子，野生植物多，杉树和湖北枫杨多，有石阡民歌“三根杉树一样长，砍棵杉树起厢房，起了厢房打花窗，打起花窗好望郎”。我没有走到瀑布处就回来了，商铺中有人让我到家里坐坐，那人说一个铺面租金是一年几千元，自家的房子花了30万元，这里的宅基地每户只能有一处。这里的房子都是集体产权，政府做好后出售，有几个四川人买了房子，每年来住一段时间。那人还给了我两个甜粑，用芭蕉叶包着，卖的话1元一个，宾馆经常一买就是几千个。往山中大路走，有两条溪水汇入一处，有人正在用木材烧火，用烟熏挂在上面的猪肉，还在用火烤鸡。这里房子很宽大。他们种菌子卖，批发到县城冬天5.5元一斤，夏天3.5元一斤，今年一场大雪压垮了大棚，老百姓种田也存在风险。有几个小伙子在路上聊天，说：“老赵昨天背了100万元发清了工钱，赵百万人很好又能搞到钱。”他们说要我去家里吃饭，那是出于客气，和以前的湖北农村一样。沿路而进，山上树木茂盛，鸟声如潮，山上什么鸟都有，这里的鸟声如鸭子的叫声。有个李老板是工程分包商，说公司还有几千万元的应收款，还说支部书记教他们怎样做老板，现在村里收入最低的卖卖烧烤一年也有七八万元。李老板到遵义一家公司讨385万元的欠款，人家要给的5万元不打算要了，说是政府欠遵义那家公司的钱。他说石阡县有18个乡镇总人口48万，财政收入为1.5亿元，财政工资的发放为2亿元，政府欠债10亿元以上。农民工的工钱有一定政策支持，那些工程老板事先要垫付三分之一，近十年来日子也不好过。到村支书家门口，他正在贴对联，说过年家里事情很多。大年三十街上已经有不少外地游客，有洛阳的，有成都的，和他们打招呼很愉快。5点多在广场吃六合宴，火锅是牛肉的，酒是茅台镇的酱香酒，吃完饭还有篝火晚会。我和工程老板同桌，有个乡干部要我吃的时候“莽撞一点”，村主任来给老板敬酒，有老板说“你今天是帽子歪歪戴啊”，后来组长们都拿着啤酒瓶唱歌。第二天客栈老板让我在对面他弟弟家吃了饺子，他们的生活和那些工程老板是不一样的，我认为他们的生活更安稳。广场的神仙豆腐5元一份，有从广东打工回来的人说，现在广东的劳动合同执行得很好，几万元工资春节前就带回来了。这里有不少读大学的，中学生也都想考大学。这里百岁以上的老人有8人，最大的为105岁，都会说仡佬语。这里以前每天举行两次集体活动，都是打腰鼓什么的，现在旅游开发后都自己赚自己的钱去了，乡村跟着商业化了。乡村振兴需要各方面的人才，需要好的文化生态，光有商业精英是不够的。

有公路从山坳进鸳鸯村，山上是一片果树，村子在山底下，好像一个盆地。这里田是“大户+基地”的形式，一般的老百姓都要出去打工，政府征收搞旅游每亩补偿3万元。走下山坡有河，河边有人家，时时可见到古树。有的屋前有草丛，时有小黄鼠狼蹿出。大路边有一片田地绿油油的，高高低低的很可爱，有老人说这片田准备建一个广场。一个开小卖部的人说：“我们这里的人很齐心，前几天有两个外地人来偷东西，我们抓住后把他们打了一顿，送到派出所去了。”那家的女儿去年就参加过一次高考，说是考试的时候睡着了。我走到河边想同人说话，但他们没有听到。一家房子里有个小伙子，他说高中已经读完了。鸳鸯湖处有家庭旅馆，有两个没事的人一直住在那里钓鱼，湖里有10斤左右的鱼。那主人说他们是修路搬迁下来的，香港人来玩的时候是他用船带着去的，那湖的深处山上藏有几百对鸳鸯。正月初一离开这里时，有家餐馆有不少人来吃饭，一个个状态都很好，这里正在搞脱贫攻坚。有个来玩的中年人应该是有文化的，对我说“这里没有自己的文化，过年什么活动也没有”，然后就和老婆骑着摩托车走了。

遵　义

湘江河穿过遵义老城，河水碧绿，细波荡漾，两岸的梧桐树叶子一片黄，凤凰山横亘如屏。河上九孔桥为赤色，岸边有皂荚树斜倚，河水两边有步道，河边有长征浮雕，歌颂遵义会议的诗词有很多。张爱萍将军 1935 年 3 月写道：“抢夺娄山天险，直下遵义月明。鏖战竟日老鸦岭，援敌两师丧尽。　长征首获大胜，转战历数艰辛。欢声动地如雷

遵义湘江河

鸣，远望万山纵横。”九孔桥处有老北门遗址，古木参天，有碑林、亭阁、风雨廊、草木。从写有“大转折”的门牌进去，邓小平当年住过的房子是两层的青砖瓦楼，是当时遵义教育界知名人士傅梦秋的私人住宅，抗战时期浙江大学校长竺可桢也在这所楼房住过。杨尚昆住过的房子，地基是石头的，上面两层是红色的木板建筑，顶上盖着小瓦。红军总政治部旧址，外面是红色的围墙，过道内有两排长长的平房，里面的树木很高大，这里是学堂旧址，还有一座建于1866年的天主教堂。遵义会议期间警备司令部和苏维埃中央银行旧址为两层的青砖楼房。中央政府筹备委员会旧址，外面是红色的木板门，门内天井中有水池，三面是两层的木板楼，楼前有阳台和栏杆。红军街店铺有生于1895年的谢氏蛋糕创始人谢九成铜像，遵义的蛋糕味道很好，我经常用它充饥。官立高等小学堂遗址一人多高的砖墙尚存，杨柳街因为有两排杨柳树而得名。捞沙巷是一条古街，有卖章鱼小丸子的，有卖铁板烤豆腐的，有卖成都烧饼的，有卖西安肉夹馍的。市政务服务中心处正在举办2018年的羊肉粉旅游节，横幅有“黔余土山羊，118元每斤”“正宗习水放养的小耳朵麻羊”“左岸渔郭羊肉粉”“鳛滋味羊肉粉”。遵义师范学院老校区附近的“老字号肉饼”2元一个，“老字号师院羊肉粉”8元一碗，那滋味让人感慨不妨常做遵义人。大坎井巷很僻静，有卖小麦粑的，有卖羊肉的，有“白沙路吴记香肠”的字样，有锅里煮着辣子鸡的。府后山社区面积0.5平方公里，背靠府后山，对面是遵义会议旧址。南宋时播州与中原文化交流相当深入，《遵义府志》记载：“茂林修竹，巍峨耸立，气象端严。”巷子里有菜地，有红砖的小门，上山有石板路，府治迁移前称“锦屏山”。菩提寺门口有土地庙，红色的牌坊上写有“寇焰掠黔南勺水山庄曾庇佛西夫妇，梵音萦府后颜家祠宇长留圆定菩提”，门内有观音殿、天王殿、念经堂，有九龙照壁。这里本来是盐商颜仲三所建颜家祠堂，原是三间青瓦屋面木结构平房，抗战期间颜氏以300元卖给圆定和尚，黔南事变后戏剧家熊佛西率西南文化垦殖团由桂林来租居于此。遵义播州区有苟坝村，两边山高约1300米，里面土地肥美，坝子宽阔，红军村都是一层的木板房，村里有400年的古树，在纪念品商店买《毛主席语录》时那小女孩笑得很开心，那女孩的姐姐提着马灯说：“他就用这盏灯，照亮了中国革命的路。”《孙子》说：“出其所不趋，趋其所不意。行千里而不劳者，行于无人之地也。”这与老子的“虎无所措其爪，兵无所容其刃”的思想是一致的，孙子的核心思想来源于老子。《孙子》说：“兵者，诡道也。故能而示之不能，用而示之不用，近而示之远，远而示之近；利而诱之，乱而取之，实而备之，强而避之，怒而挠之，卑而骄之，佚而劳之，亲而离之。攻其无备，出其不意。”

从遵义到仁怀再到茅台镇，山越来越高，天气越来越暖和。仁怀市的楼房高大漂亮，有很多是茅台集团的移民安置房。经过茅台酒厂的新厂和旧厂，三岔路处有小溪汇入赤水河，赤水河两岸都是三四层木制的卖酒铺子。河边有古盐运码头，有四渡赤水纪念馆。茅台镇各酒厂拉游客参观的不少，那些妇女对四渡赤水也津津乐道。公交车上认识的卖酒的朋友住在1915广场处，他们是用每月4000元租的政府的房子，他老婆正在把酒包装好寄到各地。那里的餐馆有辣子鸡火锅，有合江的小包子和稀饭，和那朋友吃饭时认识了八益酒厂的王经理一行。赤水河的水很清澈，上面有彩虹桥，夜晚两岸的灯光倒映在水中很耀眼，两岸高楼的灯光很明亮，真是繁华无比的地方。八益酒厂的王经理用车接我去仁怀市的办公室参观，销售主管陈经理以前也是教书的，他们的厂是十几个股东合并的，政府支持他们这样做。我们都认为企业和政府的关系是重要资源，企业的资本大部分应用于建立内部组织和外部的商业联系上。八益酒厂在赤水河边山上，有300亩地，我参观了包装车间和发酵车间，这里的水、天气、温度都适合酿酒，酒库中日常储备为3000吨，酒厂边的一片山坡地还没有建房，车间办公室有政府颁发的奖章和证书。陈经理说：“这里3000家酒厂，有正规营业执照的只有300家，我们现在还欠政府1000多万元。”

从茅台镇到习水县，赤水河两岸越来越陡峭，河水越来越湍急，河中有大石屹立。郎酒厂的高楼一大片，山壁上有巨幅红色书法“美酒河”，赤水河在此处转了个大弯。二郎庙处是习酒厂所在地，下去的青石板石阶陡峭，铁桥那边是四川古蔺酒厂所在地。习水县产煤，以前的小煤厂经常出事故，现在只有六七家大煤厂，一套设备要3000多万元。赤水河以往的盐运充满艰辛，川盐入黔始于元朝至顺二年（1331），乾隆十年（1745）贵州总督张广泗组织疏通赤水河，赤水河是自贡盐入黔必经之地。陈熙晋诗云："度支全系课输赢，消长溪痕旦暮殊。昨日石龙新出水，盐舟知抵土城无。"从丙滩到仁怀一段称为鳛部水，陈熙晋诗云："丙滩之下泻沄沄，十丈惊涛欲卷云。触屿游鱼齐折尾，鳛流只让水犀军。"土城一段河床水浅，陈熙晋诗云："黄泥滩石最嶙峋，一雨维舟动浃旬。咫尺土城天样远，关头望断算缗人。"黄泥滩两岸怪石嶙峋，纤道险峻，陈熙晋诗云："土城南去最嶙峋，乱石纵横不受凌。要试行人腰脚健，披毡戴笠裹行縢。"以往的盐运到达二郎滩后，回程放空到岔角滩，顺便装运石灰到猿猴，陈熙晋诗云："争奈蛮荒生计微，回空双桨去如飞。云烟满贮知多少，岔角滩头载石归。"陈熙晋，浙江义乌人，嘉庆二十四年（1819）贡生，道光年间任仁怀直隶厅同知，培修城垣，兴办义学，设义渡，使得土城成为盐运重要码头。光绪三年（1877）四川总督丁宝桢改商运为官运，土城仁岸盐号等四家盐号每年盐运量为2850多万斤，每年为国库增加税银180万两。

土城大门外有小溪汇入赤水河，广场的木柱门上写着"土城"，门口有大宋平南王袁世明塑像。古韵亭风雨长廊上有"黄楠荫溪怡情醉，清泉润石暑风凉""秦币汉砖证明鳛部悠久，船帮盐号彰显滋州繁荣"。古城街道石头铺地，渡口街两边店铺是木制的，有肉饼、幺妹挂面、唐氏老白干、小麻饼，土城特产有茗汤圆、红豆腐、春卷，木板门前的铁丝上挂着萝卜干。何长工同志旧居是一层的木板房，台阶上墙基用石头垒成，下面的小场子用石子铺成，有小磨盘和碓窝，街道边是砖墙。渡口街上面有铁炉沟小亭，有两棵古榕树根须在石头上，里面的巷子有大块的红石头砌成的台阶，台阶上架木桥使上面通行。朱德旧居是始建于清末的木头房，为土城曾家酒作坊，两边有青砖围墙，第一进过廊两边有房，第二进中间走廊上盖着小瓦，天井中有很大的木桶和石头水缸，台阶上面是第三进，中间是堂屋，两边是卧室。毛泽东和周恩来旧居是

土城

一家绸缎铺，过道两边是木板，过道上面也是木板，后面小台阶上去有两间房，中间的堂屋后面有一个天然拱形岩洞。毛泽东旧居对面是以前的滋城茶馆，街上有老字号油纸伞，有骆家牛肉。张家大院建于清朝中期，为土城富商张世希所建，两层木板房，中间天井，青瓦出檐长，穿斗白粉墙。“熙晋亭”是纪念陈熙晋的，亭子前有卖香豆腐和老干妈的，旁边餐馆有蒸猪肉、蒸肥肠、蒸牛肉。滋州小吃有猪儿粑是糯米做的，黄粑长长的一条，用黄麻叶包着，要蒸两个小时，也是糯米做的。“红色记忆小吃店”的苕汤圆，是土城唯一上过中央电视台的小吃，他们家外公是土城唯一老红军何木林，江西会昌人，青杠坡战役昏过去，醒来时部队已经走了。高石坎石头巷子很长，从巷子可以下到江边。女红军街有 30 位女红军旧居，从圆形石门牌下去，街道很窄，屋檐很短，木板门两边有窗子。女红军街下面是一渡赤水渡口。1935 年 1 月 28 日红军青杠坡战斗失利。青杠坡离土城 8 里路，那里小山坡众多，山坡下以往全是羊肠小道。29日凌晨周恩来指挥架浮桥西渡，红军主动撤离，战术从阵地战变为运动战，四渡赤水都是根据实际情况改变既定的路线。《孙子》说："凡战者，以正合，以奇胜。故善出奇者，无穷如天地，不竭如江河。"这里河面较宽，河水绿绿的，岸边有一片石滩，对面河边有几座小山，远处大山横亘，群峰叠翠。

土城有明袁奎立土城通商碑，以前是"课例则每十而取一，私分则计百而索三"，后来播地荡平，忠良向化，请厘定钱粮以靖地方，请裁抑土税以通商贾。老子说："民之饥，以其上食税之多，是以饥。民之难治，以其上之有为，是以难治。"孔子说："百姓足，君孰与不足？百姓不足，君孰与足？"亚当·斯密说："在富者或大资本家在很大程度上享有安全，而贫者或小资本家不但不能安全，而且随时都可能被下级官吏借口执行法律而强加掠夺的国家，国内所经营的各种行业，都不能按照各种行业的性质和范围所能容纳的程度，投下足够多的资本。"①盐巴巷的房子是清朝晚期修建的，明末清初川盐入黔后，有土城十八帮。糖食帮，兴盛于清朝末期，制糖品种有300多种，灶前是土壁墙。惠民宫是戏帮聚集地，也是老百姓搭戏台看戏之地，下层砖墙，上层木板，飞檐翘角，是当年红军总参谋部驻地。沿着石阶而下有建于清朝晚期的船帮会馆，两层的青砖楼房，中西结合建筑，上有二龙戏珠图案。土城布帮兴起于秦汉时期，小河上泉水流下，有小石桥和古榕树。桥那边是火神庙街，汉晋时期有茶叶销往成都等地，明朝设有茶场于土城，乾隆十年（1745）建立茶帮，罗凤湘为帮主。火神庙建于清代中期，墙基为四层红石砖，门内有天井，三面是房间，天井中间有石台。袍哥（哥老会）会馆前有四个门，是一层的木板房，里面有关公像，"人杰惟追古解良，士民争拜汉云长"。四川袍哥始于清乾隆末年，清水袍哥不参与暴力活动，浑水袍哥参与暴力活动。土城团总陈建庵是土城哥老会发起人，咸丰八年（1858）五月建"仁"字旗，以陈建庵为首，袁

① 〔英〕亚当·斯密：《国民财富的性质和原因的研究》（上卷），郭大力、王亚南译，商务印书馆，2017，第93页。

用九、罗声远、罗长顺为副首，会员为地主、大商家、官员、教师，引进参加者200余人。清光绪二十二年（1896）初，赤水县府差官杜竹三来土城办案，经“仁”字号同意建“义”字号，推乌云安为首，陈锡山为副首，会员相互介绍共收400余人，多为历史清白且有钱有势的士绅和字号经理店员。光绪三十年，“礼”字旗以莫海廷为首，500多名会员多为码头工人，成立时取得“仁”字旗和“义”字旗同意。1913年“智”字旗成立，以袁平州为首，雷焕章、税炳云为副首，参加者为劳苦阶层700余人。辛亥革命期间，土城袍哥配合驻扎的黔军统领何绍州攻击四川古蔺县清兵。1935年1月红军来到土城，“仁”字旗总舵把子范晓岚派20多位袍哥在上场口列队欢迎，为青杠坡战斗红军运送粮草和伤员，帮助红军架浮桥渡过赤水河。

赤水县也有两座小古镇，没有土城这样大的规模，历史文化底蕴同样无比浓厚，那里到处是竹子遮阴，夏天避暑一定凉快无比。

湄　潭

湄潭的魅力在于它是浙江大学西迁之地。县城有湄江水绿绿的，河上有桥，桥上有摆摊的卖着湄潭特产，两岸有树木。火焰山山顶有很大的紫砂壶建筑，称为“天下第一壶”。从湄江桥步行 5 分钟到浙大西迁纪念广场，石碑上有竺可桢校长题“求是精神”。竺可桢校长认为：“求是的路径，《中庸》说得最好，就是博学之，审问之，慎思之，明

湄潭

辨之，笃行之。”浙大师生自 1937 年从杭州出发，至 1940 年抵达贵州遵义，途经浙、赣、湘、粤、桂、黔，行程 2600 余公里。浙大西迁前学生为 613 人，1940 年底学生为 1285 人，在遵义和湄潭的 7 年间发展到 2171 人。竺可桢校长倡导“大学教学科研与地方经济发展、社会进步相结合”，行万里路的浙大人出了一批世界性科研成果，浙大从地方性大学发展为全国性大学，被誉为“东方剑桥”。其间，浙大结合湄潭农业的科研论文有 23 篇，与中央实验茶场合作的成果仍惠泽百姓。浙大师生的人文精神在湄潭“润物细无声”，当时这里的许多人开阔了视野，改变了开小商铺和做小职员的观念。广场上面有层层石阶，有高大的汉白玉孔子像，碑身和碑顶刻龙。碑上的《湄潭县文庙记》记载：隋大业十一年（615）置义泉县，明万历二十九年（1601）置湄潭县，明万历四十八年建学于湄水之滨，有狮山书院。文庙有红色外墙，木板门在九级台基上，有双龙戏珠石碑，大门上有苏步青教授题“浙江大学

浙大西迁纪念广场

西迁历史陈列馆”。广场旁有天主教堂，台基是整块的红色大石条，大门在十八层石阶上，写有“无始无终先作形声真主宰，宣仁宣义聿昭拯济大权衡”。这里是浙大谭家桢等教授住处，又是红九军团司令部旧址。长征期间罗炳辉将军率红九军团进驻湄潭，保卫遵义会议召开。城镇化不是建高楼，乡村振兴也不是城镇化，而是历史文化的积淀使得它有灵性，以文化构筑人们的精神家园。

湄潭的美丽乡村建设值得赞赏。县城有 7 路公交车开往田家沟，田家沟是兴隆镇龙凤村的一个村民小组，这个小组有 50 户人家。有很多人从县城回去，车上温度显示为 8℃，1 月的湄潭十分寒冷。宣传牌上写着“十谢共产党发源地”。里面大道齐整，有湖和园林，房子是三层的楼房，像一座座别墅，黔北的民居为小青瓦、坡屋顶、转角楼、三合院、雕花窗、白粉墙、穿斗枋。村里有小卖部和茶叶场，一座座小茶山充满灵性，茶山上有三两户人家，山顶有一丛丛的树木。风雨桥下面有湖，两边菜地中白菜青青，偶尔可以看到以前一层的木板房。有妇女带着小女孩泡温泉，我随她们从湖边铁丝网上的一个洞穿过去。那温泉的房子是石头做的，外面有水管冒着热气，这里的小苏打温泉从地下 2700 米冒出，两个工作人员说这里泡温泉价格为 78 元，她们上班每月工资为 2000 多元。从温泉处走到田园中，田间是平坦的小石子路，田园中间有风雨廊，园中流水纵横，海棠园中树上有小红芽，有牡丹园也有桃园。这里古代种甘蔗，产生了制糖技术。这里的田园风光没有太多人为的因素。

湄潭的乡村振兴让老百姓得到了实惠。湖那边有公司和酒店，有几家客栈都关着门，福禄山庄的男主人让我进去烤火。火炉上放着红辣椒，上面挂着自己做的干豆豉，豆豉用芭蕉叶包着，如客人要就 10 元一包。那陈老板的客栈生意不错，他们的价格合理，主要做回头客生意，在这里住只需要 80 元，人多的时候也不涨价，有许多重庆人热天一住就是两个月，他们每个月只收 1600 元，而有家客栈每晚收五六百元，有几个人在一个房间挤了一晚就找到他这里来了。吃饭是吃他老婆做的腊肉火锅，早餐有面条。这里环境优雅安静。他们以前有 10 间房，

2004 年做房子只需要 5 万元，现在又做了三层的楼房，16 个房间共用了 50 万元。陈老板说以前种 10 亩茶叶每年收入 3 万元，现在办客栈一年毛收入 20 万元。以前这里也种稻谷，后来都种茶了，这里的翠芽每斤卖七八百元，普通的卖两三百元，茶山上供人采摘茶叶，用锅烤好了带回去。现在种茶是公司统一管理，每年每亩地 800 的租金，他老婆说若没有公司管理，老百姓会不合理地使用农药。每家屋子前都停着小车，这里的路修好已经 8 年时间了，电和通信设施是 2007 年刘云山同志考察后修通的，他们说政府帮助修路、通电给他们带来了很多好处。近三年麻雀开始多起来了，早上公鸡叫个不停，陈老板在茶园喂了 10 多只公鸡，四川人喜欢吃新鲜的鸡。陈老板说这里以前只有一户姓田的人家，出去之后就没有音信了。早上经过一片自然的田野，金花村门口有一棵 250 年的枫香树，高大端直，直径 1. 7 米，顺着村妇的指点沿着山坡的木栈道到七彩部落，栈道两边高低的坡上都是绿色的茶树，山坡底偶尔可见到玉米地，有农妇背着土豆在田里种，我转了几圈都没有走出山地。龙凤村 4 个村民小组 904 户 2947 人，有机动车 370 辆，17 条村组公路 26. 5 公里，2017 年人均纯收入 16500 元。这里是全国文明村，上一辈人爱唱歌，《十谢共产党》引起了各大媒体的注意，生活的幸福推动了文化的创新，乡村的振兴体现为人们精神文化的振兴。

桐　梓

桐梓县城不远有杉坪村，水杉树和梓木高大端直。大尖山和小尖山巍峨，两山间有石墙横卧，上面有垛眼，中间有半圆形石门，两面写有“娄山关”“黔北第一关”字样。郑珍有诗句“山势西来万马奔，大娄一勒九旗屯”，莫友芝有诗句“大娄高压万峰巅，鸟道才容一线穿”。两山间狭窄的公路是 210 国道的一段，前身是抗战期间修建的川黔公

娄山关

路。1926 年 9 月周西成从香港买回一辆福特牌七座汽车，是贵州省第一辆汽车，通过水运至三都拆散后再在贵阳组装，周西成下令铸造以汽车为图案的银圆。大尖山入口处毛主席词《忆秦峨·娄山关》无比豪迈，竖向石碑“娄山关”三字为古遵州邑人黄道彬所书。沿着层层石梯上大尖山，水杉树秀色逼人，管理员说这里是四川人的避暑胜地。栈道边有红军战斗遗址浮雕，红军是从两山攻下娄山关的。百丈崖刻有发生在娄山关的八大战役：明万历二十一年（1593）杨应龙在娄山关大败明军；明万历二十八年杨应龙失去娄山关；明天启元年（1621）永宁土司夺娄山关占遵义；顺治四年（1647）大西农民军攻破娄山关打败清军；咸丰四年（1854）杨龙喜起义军占娄山关；同治元年（1862）石达开部从四川出发夺娄山关；1935 年红军两次娄山关大捷。

县城内溱溪河水悠悠流淌，赶集的日子摆满摊子。等公交车到小西湖，那里坐着烤火的人很热心地给我介绍路线。班车经过一片社区，又经过一个水库，在山坡下谷底停下。广场有张学良铜像，他 1944 年 10 月至 1947 年春天在这里。水库从大堤的闸门流向小西湖，湖的四周有树和栈道，湖边有芦苇，湖中有三个小岛，上面长着小树。近处山坡上茶花一片红，远处山上三层的楼房错落有致。湖中间有坝，称为中正坝，坝上的树木已经很古老，坝上还有方形纪念塔，有陈祖东教授作的《石工歌》。1938 年国民政府第 41 兵工署从杭州迁移而来，为解决发电问题而筑坝，总工程师为清华大学陈祖东教授。水从大坝层层流下，流到山洞里去了，从山洞流出后流去了县城。湖边有两座山，山上有亭，有洞，同治元年县城百姓曾躲进洞中避石达开部。

去夜郎水寨景区，经过工业园区，又经过移民安置区，路边白杨树粗大。路边有河，河上有桥，桥那边有仿古建筑，有遵义最大的假山，还有夜郎博物馆。夜郎王多同铜像很威武，他是竹王第 24 代孙，归附汉朝使得南夷安定 100 年，很有政治家的头脑。桥上刻有李白咏夜郎诗：“一为迁客去长沙，西望长安不见家。黄鹤楼中吹玉笛，江城五月落梅花。”“早起见日出，暮看栖鸟还。客心自酸楚，况对木瓜山。”“肠断枝上猿，泪添山下樽。白云见我去，亦为我飞翻。”

县委大院门上有横幅“坚持党的领导、人民当家做主、依法治国有机统一”。后山上有解放碑，有梧桐和泡桐树，娄山关浮雕有毛泽东、周恩来、朱德像。周公专祠的大门两边是青砖墙壁，里面正在拍电影《伟大的转折》。大门刻有“名垂宇宙，气壮山河”。里面天井中圆形建筑是周西成办公处，两边围墙壁上写着“忠智礼义仁，孝悌节恕勇”。崇德堂壁上写有“厚德载物，上善若水”，木柱前写有“道重在笃行从小事做起，德出于至善自大学得来”“入堂醉吮春风雨露孔夫子，出殿长追化日光天李老君”，殿内大柱上有“向此心光明处鉴开大道，于百姓日用中唤起良知”。

“诗仙流放到夜郎，石头案前闻酒香。清风竹影镜光湖，醉卧古道思故乡。”县城夜郎街有李白铜像，写有“几度闲聊桐梓驿，一街轻拂夜郎风”。我在一家店里吃锅贴饺和稀饭，说：“你们这个地方有意思呢，张学良是你们这里人，李白也是你们这里人啊。”那家的主人早早地坐在旁边，等我吃完就做了解释。我也赞同挖掘李白夜郎文化，唐太宗李世民能够兼容并包，他自己也热爱文学，因而唐朝的文化十分繁荣。夜郎街旁有文化街，正在举办 2019 年新年书画展。有楚米小学教师毕权权的楷书作品，有教师何喜平的小楷，有张雪婷的书法，有十八中校长冷一鸣的行书“惠风和畅”，有县书协秘书长方华的隶书“四月天气和且清，绿槐阴合沙堤平”，有不少李白诗句的书法；有桐梓一中张玉刚的绘画作品，有刘元元的国画，有退休职工周显文的山水画，有工商银行王昌炼的写意画。桐梓的文化底蕴还真不错，挖掘和传承李白夜郎文化是很有意义的。儒家文化既强调“士不可以不弘毅，任重而道远”，又赞成“莫春者，春服既成。冠者五六人，童子六七人，浴乎沂，风乎舞雩，咏而归”。

太白碑亭在新站镇。有月亮河从小水乡流来，小水乡是王家烈故乡。山上写有“新站太白甜桃产业基地”。大街白色的墙壁上有李白诗《忆秋浦桃花旧游》：“桃花春水生，白石今出没。摇荡女萝枝，半摇青天月。不知旧行径，初拳几枝蕨。三载夜郎还，于兹炼金骨。”太白碑亭位于中心街，始建于明洪武年间，清康熙二十八年（1689）县令张皇辅重建，乾隆年间知县萧若钦重建，光绪时王大衡修城隍庙。碑亭有戏楼、回廊和大殿，四面有围墙。大门上刻有“夜郎仙迹”四字，废墟中台基的长石条很整齐，山上太白亭门关着，只闻鸟声一片。桥上刻有李白诗：“知见一何高，拭眼避天位。同观洗耳人，千古应无愧。”“渌水明秋日，南湖采白蘋。荷花娇欲语，愁杀荡舟人。”“朝披梦泽云，笠钓青茫茫。暮跨紫鳞去，海气侵肌凉。”“昨日登高罢，今朝更举觞。菊花何太苦，遭此两重阳?”

新站每逢二、五、八赶集，小水赶集日为初一和初七。这里满街都是橘子，1 元一斤。和路边煤老板聊天，这里的煤是从金沙运过来的，金沙离这里 160 多公里，刚好老板装了 10 袋上一辆车，每袋 100 斤，一斤 0. 9 元。那胖老板说不便宜，我走过后他还端着一杯开水赶过来，说老百姓的米和油是买的，橘子几毛一斤也卖不出去。到小水的路两边山上满山都是橘子树，土地是政府包给老板的，老板要拉橘子出去卖。车上有个山西小伙子，是搞高速公路建筑的，到镇上买菜，说烧饭的已经回去过年了。他不是包工头，一天可以收入一两百元，说这里工程很多。他说这里的人很富裕，种橘子、蔬菜，还喂猪、喂羊，他住的主人家今天就杀了一只羊。小水乡的街道两边楼房很漂亮，卖副食的老板生意很好。这里的人都说王家烈是卖盐出身，文化不高，又不得人心。月亮河弯转流淌，山坡下河边有楼房，旁边田地很多，山上种有橘子和蔬菜。街上有客栈，坡下“乡里人家”环境很好。王家烈故居在小山坡上，有石头砌成的院墙，屋前种着白菜、韭菜、豌豆，菜园旁边有土坯房，两旁是两层的砖房，前面是三层的砖房，门和窗都是红色木板的，房顶盖着小瓦，中间有青石板场子。

夜郎镇的市集不大，在河边山坡上。山坡下有太白坟，墓上写有“李太白”三个字，石块中有四不像雕塑。离这里十多里的山肩上有一门古代大炮，远处村子里有杨八郎墓。公路边有旅馆，有小溪流下，山坡上有蔬菜，山坡下有水田。老板邀我在厨房烤火，这里住一夜 40 元，吃饭 10 元，火锅里只有白菜，菜是自家院子中种的。他们没有喂猪，说一头猪过年也吃不完，这里一斤猪肉 18 元。男主人在重庆打工十多年了，要供两个小孩儿上学。女主人开旅馆，也做 10 元一盒的快餐。这里五天赶集一次，做生意的人许多从外地来，赶场过后就到乡下走村串户，安徽和河南人最多。他们以前也住在山上，说那里不方便，这里比较好。夜郎镇有高铁站，不少外地务工的人提着包回来，和老板打招呼。有两个人来和女老板聊天，说隔壁餐馆明天办酒席。这里前两天来住的有十多个农民工，来讨上一年的工钱，但讨不到已经回去了。劳动市场上的议价优势在买主一方，农民工的权益是需要政府进一步保护的。太白桥上，流水宽宽的而又白白的，桥上刻有李白诗，主要表达了要谨言慎行的思想："汉求季布鲁朱家，楚逐伍胥去章华。万里南迁夜郎国，三年归及长风沙。""函谷忽惊胡马来，秦宫桃李向胡开。我愁远谪夜郎去，何日金鸡放赦回？""吐言贵珠玉，落笔回风霜。而我谢明主，衔哀投夜郎。""天地再新法令宽，夜郎迁客带霜寒。西忆故人不可见，东风吹梦到长安。""去岁左迁夜郎道，琉璃砚水长枯槁。今年敕放巫山阳，蛟龙笔翰生辉光。"其中，季布原为项羽手下战将，曾经差点让刘邦丢命，但刘邦后来还是宽宏大量，让季布做了官，运用儒家的恕道有益于人才作用的发挥。

务　川

仡佬族 43 万余人，唐宋即居于务川和道真，百合花是其族花。务川境内都是高山，山峰弯转，能看到一片碧绿。九天母石风景区里面有很大的广场，有两座建筑天圆地方，有三口井冒着水，下面河流转弯处有几块大石矗立，仡佬族崇拜奇异的石头，这里是仡佬族人祭祖之地。秦昭襄王三十年（前 277）张若伐楚置黔中郡，濮人世居地被纳入秦国版图。蜀汉建兴元年至四年（223—226），济火讨平今水城、安顺一带僚人，子孙世袭于僚人居住地，为彝族进入贵州之始。隋开皇十九年（599）置务川县，僚人逐步发展为仡佬族。宋政和八年（1118）思州

九天母石

土著首领田佑恭筑思州城，大观元年（1107）田佑恭内附。明永乐十二年（1414）思南府于务川板场设水银场税课局。雍正四年（1726）推行改土归流，咸丰四年（1854）至同治七年（1868）举行起义。

桃符村大部分是仡佬族和苗族人，两山间有一片楼房，大门写有“石碑石坊古盐道漫述沧桑往事，木铺木舍老场街细说风云春秋”，铜像雕着小孩儿吃麻饼。下坡过桥，桃树林中种有蔬菜，这里征用地以前每平方米补偿40元，现在补偿60元。村里有一棵很高的白杨树，有四口古井水在岩石中流出。建于清咸丰二年的石坊上，写着“圣旨”“节同金石”“福建德化县知县申允继之继室张氏坊”。顺从的品格是今天仍然需要的，不应把它当作封建糟粕而抛弃。《周易》曰：“至哉坤元，万物资生，乃顺承天。坤厚载物，德合无疆。含弘光大，品物咸亨。牝马地类，行地无疆，柔顺利贞。”办喜事处写有“一家办事大家帮忙，邻里老幼众亲恭贺”。他们邀我一起吃饭，有炒肉、红烧肉、油豆腐、酥肉、土豆，豆鼓炒饭是特产。古青石板小街两边是木板房，有江口盐铺、日杂用品铺、烧烤店、刨锅汤火锅店、烟草铺、睡得香客栈、仡佬手工艺店、酥食麻饼店。老场墟市里面有不少诗，体现了我国传统文化中阴阳相合而生变化的哲学思想，也反映了我国农耕文明的伟大成就。择要摘录如下。《立春》：“东风带雨逐西风，大地阳和暖气生。万物苏萌山水醒，农家岁首又谋耕。”《雨水》：“南湿北冷两交锋，乍暖还寒斗雨风。一夜返青千里麦，万山润遍动无声。”《芒种》：“艳阳辣辣卸衣装，梅雨潇潇涨柳塘。南岭四邻禾壮日，大江两岸麦收忙。”《立秋》：“一叶梧桐一报秋，稻花田里话丰收。虽非盛夏还伏虎，更有寒蝉唱不休。”《霜降》：“时逢秋暮露成霜，几分凝结几分阳。荷败千池萧瑟岸，棉白万顷采收忙。”《冬至》：“西北风袭百草衰，几番寒起一阳来。白天最是时光短，却见金梅竞艳开。”

泥高镇海拔1200多米，要不断上坡，田里有老鸦，山上黄草中有曲曲折折的公路一条条。镇上办酒宴，有大吹和小吹，分别为8人和4人，有12张桌子垒起来在上面舞狮子。街上有土家族女孩卖泡粑，这里也叫发糕，0.5 元一个，那女孩租门面每年租金为 12000 元。有一家卖泡粑和炸鸡腿的，老板以前在务川县供销社工作，和老婆一起很早就下岗了。这个老板态度很好，做事认真，很自强自立。有进来买炸鸡的人说："什么事都有难的地方，做生意要对顾客态度好，若不理不睬的，人家就不会来了。"老板家读高二的大女儿在看《福尔摩斯全集》，读初一的二女儿从楼上下来后我教她做数学题。"老师，你再出道题我做。""10 条直线最多把一个平面分成多少个部分?"她画了 10 条直线数，我说："要是 100 条直线你怎么数得清楚啊！数学的基本精神就是方法要有普遍性。"那老板邀我一起吃鸡火锅，有金针菇，有菠菜，汤很好喝。那老板还送我一些金银花，他每年春天都自己做一些。两个女儿都希望考个好大学，还对当老师有兴趣。那老板说自己是仡佬族，其实祖先以前也是从江西过来的。这里 5 天赶一次集，遵义虾子羊肉粉很好吃。

黄都镇有一条河，隋大业七年（611）于此设县，山上有玉皇阁。有异地搬迁小区，有异地搬迁后的扶贫田，有基本农田保障区。乘加班车到丝棉村，山沟里有果树和蔬菜复合种植基地。丝棉村像小镇一样，共 1300 多户 7000 多人，楼房是用外出打工收入建的，打工一年收入多的有六七万元。家庭客栈主人有两个女儿在读职高，店里还有在沈阳读医学的，都在火炉边掰着鱼腥草。屋里一个司机说："仡佬族以前过年很热闹，家家户户做糍粑、泡粑、麻糖，现在到处都能买到，过年什么也不做了。以前舞龙灯，没有单位接待，现在也不搞了。这里的沈家坝有古代建筑，七柱山风景很漂亮。"和他们一起吃火锅，火锅内有猪肉、豆芽菜、白豆腐、灰豆腐以及白菜和菠菜，有黄豆豉和鱼腥草。旁边有一个遵义老板在请一个组长吃饭，我过去后他们很热情地邀我一起喝酒，遵义老板带的是茅台镇的酱香酒。他说："下次有机会把村支书和村主任请出来，我保证不欠农民工一分钱。"他们都说这里的规模应该设一个乡镇，当时乡镇改革时镇长不让它分出去，但那镇长过了三个月就没有做镇长了，他本身也是丝棉村人。他们都希望这里成为乡镇，这样老百姓办事就不用跑那么远，基础设施建设和财政拨款都会不一样，同时也便于同隔壁县的一个镇交往。他们说贵州山上土少，树木长不高，但也没有多少地质灾害。他们说贵州人好，外地人问路时首先保证让他们把肚子吃饱。

到沈家坝的公路刚修好，山沟中田很多，种有烟草、蔬菜、玉米、茶叶，正好一个沈家坝的人要回去。他说："茶叶每斤 30 元有公司收购，辣椒 1.5 元一斤，玉米和土豆 3 元一斤没有公司收购，蔬菜太多了，都在喂牛，玉米和土豆都用来喂猪。"山沟中有一处处村寨，房子有木制的也有砖瓦的，木制的房子屋檐下挂了很多苞谷，村寨鸡鸣声不断，有人牵着黄牛，有人在用黄牛耕田，有人在种土豆。走老路下坡，山上有天池，有粗大的水杉树，处处都有山神庙，田边有石头垒成的晒台。公路边整块的大石壁中间有洞，洞口无比凉快，洞中有水流到沟中。沿着老路而下，水沟上有小石拱桥，有小河在稻谷田间流淌，河水一年四季不断。沈家坝在公路边，有陈家祠堂，是徽派建筑，有一片残壁，有木大门，石条门槛很光滑，荒草中有古戏台遗址，有石头柱子和石头圆盘，正厅是木板制成的。组长要一个人带着我看古村落，有古井在山坡边，井水从岩石间流出，井由石板围成。山坡上有四层木质阁楼，第一层玉皇阁大门写有"众生敬仰神灵神灵赐福众生，圣神救济善信善信朝拜圣神"，第二层"文启阁"上面画有喜鹊蜡梅和戏中人物。阁后面一棵楠木很高大，过路的老人说有 400 多年历史了。管理员带我上山顶古寨，断垣的方砖砌得很整齐，有砖头砌的八字路。有盖着小瓦的一层木板房，是最早的祖先住的，现在已经有 30 代人了。有一家木板房门楣上写有"耕读人家"，祖先神位上写有"尚义家风"，门前场地上铺着整齐的方形石板。有一家院墙用石头垒成，里面木板房大门上写着"林泉山水"，正房写有"国恩家庆""学正品端"，院子的两石缸上刻有"同治之乱后重建家园"，有七律诗的后四句"无事相羁真足乐，有书可读不为贫。在山泉水清如许，香挹芝兰满院春"。这里的人说石达开战败后避乱于此，和这里人有了交情，书法都出自他的手笔。这里的祖辈是明朝来的。儒家文化深入贵州山沟，古村落传递的和谐依然有价值。组长家一层的木板房子有 40 多年了，屋檐下有两个燕子窝，旁门进去有火炉，里面有三个房间。女主人很热情地倒茶，一起吃火锅，有一碗菜里面有猪肉、大头菜、辣椒、生姜，味道有些酸，是本地特产。这里的人很讲礼仪，坐着要起身时都说“你坐好”，人家吃完饭后都用双手接碗添饭。女主人的哥哥在电力局工作，递烟时先递给那个他熟悉的朋友，也让我感到乡村是有差序结构的。外出打工的人还没有回家过年，许多田都没有人愿意种了。

沈家坝民居

龙潭古村是仡佬族发源地。大道上有木板寨门，葛洪炼丹遗址是上下两层山洞。村口龙潭人家是三层木板房，可以吃和住，还有小卖部。一层场子边有风雨长廊，山脚下有水塘，塘中间有走廊。古寨的青石板很整齐，屋前屋后种着桃树，田里有白菜、萝卜、豌豆。“寨老人家”门上写有“孝风义德传佳话，忠君长歌佑后人”，院子里面是两层的木板房，每层前面有回廊，有木柱支撑，正房门上写着“读书好，耕田好，学好便好；成家难，治业难，知难不难”。山上四周用石头垒成院墙，桃树下种有各样蔬菜。古寨石板路两边都是石头院墙，路边有小水沟流着水。丹堡院落始建于清中期，外面是石头围墙，有双层木板门，里面有天井和两层木板房，主人以前经营丹砂产业，大门有联“村酒漫清香聚天地人和千秋禄，丹砂放异彩集孝义忠勇百世昌”。丹砂驿站，是从矿山到洪渡河经乌江入长江的第一个驿站。寿生旧居，外面是石头院墙，门内有场子，有一层木板房三间，麻雀声一片。寿生，原名申尚贤，务川县城人，仡佬族，1931—1937 年在北平求学，参与新文化运动，1939—1945 年隐居于此，著有《大坪村隐居》《农情九首》。有申翰林故居，他是清光绪二年（1876）进士，官至刑部陕西司主政。建于清朝中后期的碉楼高高的，当时务川境内匪风炽盛。惜字塔大门上有阁楼，写有“璞玉良知忠孝义，道德文章天地人”，门内大石凿出十八步。申祐铜像是儒家官员形象。申祐，明正统五年（1440）中举，正统九年中进士，正统十四年殉职于土木堡之变。土木堡之变，是英宗皇帝太年轻，而王振擅权，让皇帝亲征深入而被也先俘获。谷应泰认为：“从来嚬笑窃弄者，必须假御侮以固主恩，而势焰炙手者，易于倖边功以邀富贵。”① 申公祐祠始建于明代，大门上写有“身行孝忠义，心存家国友”“一品人忠臣孝子，二桩事耕田读书”，内有景泰元年（1450）六月二十一日皇帝诏令“特赠尔进阶文林郎职”“吁戏，人孰无死，惟死于国事者为至荣也”。申祐的精神是应该肯定的，但平常情况下也要教育儿童们爱护自己的生命，能够将祸患消灭于萌芽状态是更高的智慧。老子在《道德经》第 18 章中指出：“六亲不和，有孝慈；国家昏乱，有忠臣。”

沿着水泥路走出龙潭，都是两层的砖瓦楼房，水杉树上有老鸦和麻雀，路上有背着背篓的妇女，田里种有胡萝卜。龙潭水一片银白，水边是白色的三层楼房，种土豆的妇女说那一片移民房政府每户给 17000 元。以前这里都种玉米，后来退耕还林了，山上有野猪和野山羊，不能

① 谷应泰：《明史纪事本末》，中华书局，2015，第 475 页。

用枪打，可以用夹子夹，可以用猎狗追，老百姓可以在屋前屋后种蔬菜。公路上做早餐的妇女说去年游客多，今年车进来每小时收几块钱就没有什么游客了，土地要用来种桃树而不能种其他东西。有个老大爷1958年饿过肚子，对粮食问题很担心，说退耕还林减少了耕地，旅游开发占用的是良田，田每亩征用补偿3万元，这里的良田每亩可产2000多斤粮食。他说现在农民都买粮食吃，每斤粮食3元多，这里的蔬菜只有几个队在种，蔬菜的价格年年上涨，差不多5元一斤了。和他一起的老太太说这里种的苞谷都被摘下丢掉，政府说人家来旅游你这里不应该这样穷啊。那老大爷说："这样下去10年之后可能会出问题，可能拿钱也买不到粮食吃了。"农业作为弱势产业存在个人理性和国家理性的矛盾，乡村的发展应该增进农民的生存能力。

织　金

织金旅游资源是天然的。大约 7000 万年前，燕山运动造成由西向东的大裂谷，底部成为 1000 多公里的乌江河床，乌江上游的源头有六冲河、三岔河。乌江源风景区在大山深处，四面高山如壁，石山上有矮小的树，两层的白楼房在山腰和谷底，约 200 多户人家，山坡的树上金钱橘黄黄的。神龙潭在山上，有大片水从山上流下来，有香粑车在溪水冲击下转动。大溪中水在大石上层层跌落，汩汩的水声如雷。大溪流边有沟渠，溪水欢快而来，里面都是石子，沟渠上有整块的石板。一片高低不平的水泥地上，山上、石头间、水泥板下都是水，千百股水流在小沟中，又一股股汇入大溪流中，大溪中石头激起白浪一片。欲穷水源而山路荒芜，山中神潭不知何处，山脚下都是水。溪水弯转流向深谷中，时隐时现，最后汇入碧绿如玉的乌江。乌江边，有山上老鸦叫，树上小鸟叫，金钱橘丛中公鸡叫。大棚里有烙锅，有臭豆腐和乌江小鱼，那女子在旺季时每天收入有四五百元，但今年路不好，游客到了织金洞就不愿下来了。到织金县城的便车司机只收了 20 元，一路看金沙江大峡谷那样深，金沙江两岸的山直立着高入云端。正在修的路十分颠簸，金沙江大峡谷两边都是绝壁。绕过金沙江就是织金大峡谷，峡谷中种着玉米和土豆。峡谷边的苗寨有 100 多年历史，最早只有 3 户人家，后来慢慢迁移，现有 43 户 186 人。山上和峡谷中土地贫瘠干燥，只能种玉米和土豆，以前主要靠种植和养殖，现在以出售蜡染和刺绣及种植经果林为主，还有一支芦笙队。峡谷内有十多个天坑，还有一条河可以坐船。织金近三年变化很大，旅游旺季每天来织金洞的有 5 万多人。

乌江源

织金古城有深厚的文化底蕴。古城北门外有一条河，三孔门上写有“一水穿流前抱墨峰腾紫气，群山萦绕后环凤岭畅和风”“凤山南渡铸风骨底蕴依稀古平远，文浪北腾歌盛世生机焕然新织金”。南门上写有“南通北达千家商铺鳞次栉比方物盛，东逦西迤万户华灯月耀星辉古风淳”。南门外风雨亭上写有“柱锁卜牛锦鳞耀，扉栖丹凤桂枝香”“鸿雁新停此地有平沙可待，南山故垒他乡兆绮梦难依”。古城内有一条主街，财神庙保存完好，四层木质飞檐，四周有风雨长廊，始建于清初，乾隆四十八年（1783）重建，四川会馆设于内。织金斗姥阁和隆兴寺始建于康熙六年（1667），文昌阁始建于康熙二十七年，保安寺始建于道光二十四年（1844）。明崇祯年间始设毗那石城于凤凰山侧，清康熙四年（1665）建府于圭峰旁，康熙五年始建平远古城，康熙七年改为土城墙，乾隆十四年改为石城墙。织金的文化孕育出一些杰出人物。丁宝桢（1820—1886），贵州平远州（今毕节市织金县）牛场人，咸丰三年（1853）进士，因军功卓著任岳州和长沙知府，两次治理黄河水患，创办山东机器局，同治八年（1869）任山东巡抚时智宰慈禧宠臣安德海，光绪二年（1876）授头品顶戴，任光禄大夫、兵部尚书。他任四川总督时打击贪官、改革盐政、修都江堰、兴学校，是晚清洋务运动的重要领导人物，重视数学家李善兰等人在工业中发挥的作用，做的都是十分有实际意义的事情。谌湛溪（1882—1958），平远州城大水沟人，1904年官费赴美留学，获哥伦比亚大学博士学位，先在美国研究部门工作，1909年回国从事地质勘探工作，任贵州省建设厅厅长时因顶撞蒋介石被削职，这是一个真正的学者。王希仲（1885—1981），织金牛场人，贵州省人民医院中医科主任，贵州省八大著名医师之一，“不为贤相，但为良医”的价值观很值得提倡。丁道衡（1899—1955），著名地质学家，1927年参加西北科学考察团，独自发现白云鄂博铁矿，包头钢铁集团因此产生，学术需要这样全身心投入的人。朱厚泽（1931—2010），织金猫场人，肄业于贵阳师范学院，曾担任贵州省委书记和中宣部部长，其“解除市场禁锢，提倡人文精神”的观念在全国影响深远。现在依然应该提倡市场的作用，市场体系中人们在追求自身利益的同时也在市场的引导下使他人获得利益，个人之间与企业之间的关系在本质上是平等的，人们的行为是自愿的而非等级强制的，市场体系促使人们尊重知识、劳动和创新而促进人的全面发展，对人们的行为向生产性方面激励而促进制度创新。

织金保留着自然淳朴的文化。在织金县车站，一个出租车司机在同人聊天，他人很干练，虽只上过小学，但有一种侠士风范。“你们这里有哪些好玩的地方？”“我们这里好玩的地方多得很，就看你玩什么。”“自然风景美丽，或者文化底蕴深的地方。”他要60元送我到织金洞，我爽快地答应了他，看到官寨古镇就打算在那里住一夜，他说：“在这里住客栈，如人家说要80元，你就问能不能便宜点，否则就换一家。”官寨古镇门口有几个人在聊天，那一个拉客的是直来直去的人，说：“你先去我的客栈看看，不想住再走。”官寨是水西古彝重镇，有千年建寨历史。明末贵州宣慰同知安邦彦居于此，明天启年间安邦彦和四川永宁土司奢崇明起兵反明。清康熙四年，水西宣慰使安坤与夫人禄氏居于木弄箐即今官寨民生村，以此地为大本营力阻吴三桂之征剿。安坤战死后十余年，禄氏率子助清抗击吴三桂，因功被赐柔远夫人。古镇只有一条街道，晒有干豆角、红辣椒、臭豆腐。苗族餐馆有大排面，人们干完活后喜欢吃烙锅臭豆腐，餐馆的老板都不拉客。一家做早餐的，卖油条和豆浆，旺季可以收入 5 万多元。织金大峡谷景区售票处，110 元的门票我认为有点贵，问一个小女孩里面好不好玩，那女孩说“你去了就知道了”。那是一个穿青人，笑得无比甜美，那么小就没有读书了。小学门口写着“该来的一个都不能少，来了的一个都不能走”。

织金让我感受到发展的根本是人自身的发展。住在汉族人韩同志的家庭客栈，他 1983 年兽医专业毕业后在乡政府从事畜牧兽医工作，他们先辈是明末清初从江西过来的，他老婆是仫佬族人，有读四年级的孙女和一个孙子，都在房间看电视，他说旅游旺季时他的旅馆 24 个房间都住得满满的。正值猪瘟传入毕节，要在高速公路处严防外地猪进入，这里的兽医是兼职人员，政府每月给 200 元，严防期间值班每天给 60 元工钱。韩同志说：“这里还是少数人富有，种田贵州不能大规模地种就只能亏本，粮食都是吃的外地的。喂猪的话，买一头 5 斤的小猪要 300 元，喂半年要花费 1000 元，可以卖 3000 元，如情况正常可以赚千把元，如发生意外就只能亏本了。以前的土猪没有杂交猪肉质好，我们的猪也从外地引进，四川的猪喂到 180 斤后再喂就长膘多长肉少。喂猪要转变观念，要有市场观念，要大规模，老百姓的观念还是‘喂牛是为了耕田，喂猪是为了过年’。”韩同志还说：“有不少人不想搬下来住，认为种点地有吃的就可以了，老百姓认为政府现在给了钱就会再给，给的钱拿去吃几顿臭豆腐花完就算了。扶贫先扶智，扶贫先扶志。”韩同志还谈起这里一个牡丹花装饰品工程没有搞起来。萨缪尔森认为：“促进经济发展的关键任务之一，是培养起一种企业家精神。一个国家如果不具备一批乐于承担风险，勇于开办新工厂、采纳新技术并敢于引进新式经营理念的企业家或管理者，就不可能走上繁荣丰裕之路。从根本上说，当产权明晰完整、税率较低且可以预测，而其他有可能扭曲盈利（例如腐败）的行为又比较少的时候，创新和企业家精神才有可能蓬勃发展。政府的某些投资，诸如扩大对农民的服务、为劳动者提供教育和培训机会、创办各种管理类学校，也可以帮助培育这种企业家精神。”①

① 〔美〕保罗·萨缪尔森、威廉·诺德豪斯：《经济学》（第十九版，上册），萧琛等译，商务印书馆，2012，第909页。

黔　西

黔西城内外丘陵起伏若睡莲，县城大转盘处有九狮闹莲铜像，摆摊的人说“有三百年了，是黔西的象征”。传说古代有一巨人赶九狮于此，插鞭定狮让九狮化为狮山。河水弯弯曲曲穿过县城，两边的土山如墙横亘，河上处处有青鸟飞翔。河滨路上有小月台，有史开心同志的摄

九狮闹莲

影作品《银装水乡美，雪映人面红》，可以看到这里的雪景如画。河滨路上刻有许多诗词，体现出我国天人合一的传统哲学思想。《西桥断雪》：“迷离西畔几人家，尚有长虹挂水涯。溪到岸边通曲径，山从断处隐飞花。回风集霰痕留岸，拂雾凌霄兴寄槎。危磴原来分景异，好将片影倩春华。”《源水三潮》：“圣水源疑此更初，纳流添雨润春锄。潮音日美惊三听，天保诗堪缀九如。碧练潆洄须共赏，绿蓑烟雨慎为渔。兰亭久阔流觞会，蘸笔凭将漫与书。”《东山夕照》：“层层山抱近城隈，紫翠偏从夕照开。茅屋几家围雉堞，梵宫百尺耸楼台。鸦翻远树聚还散，水远荒原去复回。谁挽东风吹瘴疠？烟霞肆映永无猜。”《一涧轰雷》：“峭壁参天莫与争，下临绝壑老猿惊。石当冲激如逢怒，水遇高低越作声。谓是云沉方日丽，疑将雨集却天晴。阿香何事藏深涧，长驾雷车不住鸣。”《龙潭夜月》：“涧底龙蟠岁月频，蟾蜍浴影几回新。谁堪濯足思千里，我欲携樽醉一轮。直讶骊珠长不夜，却疑兔魄自传真。何当乘月呼龙起，碧落孤腾白玉鳞。”

“文峰路”牌坊内是青石板街道，两边桂花树绿绿的。水西公园内，有湖水、小桥、亭阁、风雨廊，小山上古木参天，山顶有七层的文峰塔。路边有参加过七七抗战的田明光少校墓，有 1983 年全省园林先代会石碑，省建委主任谢良撰“自古黔西一枝花，十载摧残已枯煞。文物庙宇均殆尽，翠柏苍松早无丫。三中全会滋润下，凋零花木又发芽。漫游水西人蜂拥，一片欢声送晚霞”。陈明仁将军纪念碑立于 1941 年 5 月，1940 年冬他任国民革命军 305 师师长，奉命从抗战前线移师黔西整训，人们很感激陈将军除暴安良、整肃民风。高大的李世杰牌坊上满是花草字画，刻有“盛朝柱石”“恩荣四世”“位重封疆纪一时亮节高风常耀藩屏之骏业，望乎乡党羡廿载轩轾驷马祇宏忠厚之家声”“树伟绩于熙朝武纬文经四海仰范韩功业，表鸿名于珂里龙章凤诰千秋钦王谢门风”。李世杰（1716—1794），黔西城关人，回乡后捐建文峰书院、王阳明祠并遍植芙蓉，文峰书院前有他握剑站立的铜像，四周有大片修竹和百年紫薇。李世杰在河南、四川、江苏任职时勤政重农，着力治理黄河水患，倡导修建贡院和书院，从乾隆九年（1744）至十五年历任县令、府尹、道台、总督、巡抚、兵部尚书，并有诗文数卷，死后有乾隆赐御碑。公园内有建于明朝的观音寺，药师殿写有“此日明月清风，相约赤松顽石”。梅亭掩映在高高的古树下，写有“春来清姿玉骨，冬来颜瘦魂香”，山脚下有“烈姬冢”。奢节是彝族女杰，生前摄水西总管府政事。大德五年（1301）元朝征八百媳妇国，刘深强迫水西地方出金三千两、马三千匹，奢节同水东宋隆济反抗，于大德七年在赫章战败就义，水西兵民搜其衣冠遗物，葬于东山下水西公园内，在周围广植梅花。《孙子》说：“主不可以怒而兴师，将不可以愠而致战。合于利而动，不合于利而止。怒可以复喜，愠可以复悦，亡国不可以复存，死者不可以复生。”老子说：“飘风不终朝，骤雨不终日。孰为此者？天地。天地尚不能久，而况于人乎？”“坚强者死之徒，柔弱者生之徒。”“天下莫柔弱于水，而攻坚强者莫之能胜，其无以易之。”

李世杰铜像

水西古城的城门高大宏伟，城墙由大石砖垒成，城门内有四蛙神座，高台上有一面大铜鼓。1987 年在黔西县大关区出土一面青铜石鼓，文物所处时代为东汉至唐代之间，高 40 厘米，面径和足径 62 厘米，壁厚 0. 3 厘米，上饰四只蹲蛙，寓意“青蛙叫，丰收到”。风雨亭上有醒目的黑虎图案，有阿语阿布撰“千年马蹄凝绝响，半卷诗书送斜阳”，远处连绵的土山如围墙一般。街道上“糍粑包豆腐”的旗子随风而动，两层的木板房前有石狮和碓窝，河流边大照壁上是黑虎，桥上画有水西马，宽宽的河流急速流淌，浅浅的河床布满石子，河上有白鸟嬉戏，河岸上垂柳依依。河边有高大的石牌坊，雅致的楼房掩映在花草树木中，屋顶上鸟的歌声不断。河道弯转，河上有运煤大桥，河边长长的土壁上有茅草，土壁外有一人多高的石墙，一块块石头很大，石头上遍布青苔，墙边长着树木。门卫说：“古城清代就有，水西公园内古代的建筑保存更多。”南门处有龙家牛肉米线馆，里面有两个做工的人吃着粗米线，有两个吃饭的正在吃干辣椒，他们搞建筑时裤子上都沾满了泥土。那两个吃饭的说：“我们属于技术工，给私人做房子每天 300 元左右，给国家做 260 元，国家给钱慢点，一般的工人干一天活收入百把元。”餐馆有香干腊肉盖饭，牛肉汤是原汁的，黔西的小吃还有螺蛳。龙明洪老板家人吃豆豉粑火锅，汤里已放很多盐，还在将半袋盐往锅里倒。龙老板说：“牛肉粉应该吃粗的，羊肉粉应吃细的。南门古城以前就有，现在变化了。这房子是附近搬迁的老百姓的，我们出租金每年 5 万元，现在生意不好，但这一段街道正在开发，过两年这里生意就会好了。我也搞电影开发，这里的 90 后没事做，现在看电影的人多，两小时只要三五十元，没事的话我们这里的人好赌。”龙老板以前在广东中山的电子厂做工人，后来又在深圳搞电影投资，生意不好就回来租下这个门面，很注意外部经济的作用。马歇尔说：“各业为自己所必须安排的那些内部经济和工业环境的普遍进步所产生的那些外部经济相比，往往是微不足道的；一个企业的位置在决定企业利用外部经济的程度上，几乎经常起着重大的作用；由于附近勤劳富裕的居民的增多，或者铁路和通向现有市场的其他交通工具的开辟而产生某地基的位置价值，是工业环境的变动对生产成本所起的最显著的影响。”① 龙明洪老板做过很多事情，是富有企业家素质的人。企业家需要首创性和远见，只有在要素是第一次组合时才是一种特殊的行动，循环流转中的例行事务中没有这种品质存在的余地。熊彼特说：“我们把新组合的实现称为‘企业’；把职能是实现新组合的人们称为‘企业家’。”②

花溪乡的街道夜晚灯光很少。客栈老板是卖电器的，上面第二层是旅舍，40 元一晚的客栈很简易。老板说：“卖电器的人多，只能保证全家人的生活。”老板家读三年级的男孩在做作业，对面餐馆的大学毕业生在教他，那大学生在准备公务员考试。一个在司法所上班的女孩过来聊天说：“小朋友考到黔西二中读初中最好，一中只有高中没有初中，其他几个学校教学水平和学风不太好。”客栈主人让我就到对面吃饭，一些人在对面打扑克，这里的人幸福感很强。餐馆中女主人炒了一碗蛋炒饭，他们一家是白族人，这里彝族、苗族人也有，都不穿民族服装了，只有彝族人会说彝族语言，苗族和白族人只会说汉语了。三层的楼房很宽大，以前人工和木料都很便宜，20 年前请技术工一天只要 50 元，现在至少要 200 元了，以前只要 20 万元就盖楼，现在至少要 40 万元了。餐馆老板家大女儿在黔西做泥碗烧烤，弟弟读大学和妹妹读中专都由她供应。小女儿正在屋里学着跑，一家人都围着她，一派喜气。那餐馆老板的弟弟从小能干，以前割马草、喂马都干，是财经大学毕业生，发展全面，现在在金沙县当民政局局长。夜晚有人牵着黄牛从街上经过，这里田很多，都改种辣椒等经济作物了，现在已经没有马了。这里以前只有些小煤窑主，现在则有五个煤矿，老板都是浙江、福建、山东人，有一家从来没出过事故，另外几家每年都出事故，出一次事故要罚款一两百万元并停业一段时间。这里的煤矿工是三班倒，每月收入八九千元，但补偿性工资没有技术性工资靠得住。亚当·斯密说：“劳动工资因业务有难易、有污洁、有尊卑而不相同。例如，大多数地方，就

---

① 〔英〕马歇尔：《经济学原理》（下卷），陈良璧译，商务印书馆，2011，第 129 页。

② 〔美〕约瑟夫·熊彼特：《经济发展理论：对于利润、资本、信贷、利息和经济周期的考察》，何畏等译，商务印书馆，2017，第 85 页。

整年计算，缝工的所得较织工为少，这是因为缝工的工作较为容易。织工的所得较铁匠为少，这是因为织工的工作清洁得多。铁匠虽是一种技工，但十二小时工作所得，往往不及一个普通煤矿工八小时工作所得，这是因为铁匠的工作，不像煤矿工那么污秽危险，而且他是在地面上日光下工作。”①

到山上少数民族村寨让我满怀激情。小路上都是稀泥，有不少牛的脚印，山地中种有玉米和辣椒，有黄牛在山上啃草。这里树上有很多老鸦窝，到处是老鸦的叫声，经常一群群从地上飞起。有一座长长的一层砖瓦房，倾斜的墙壁用木柱支撑着，那妇女说：“要搬到黔西去住，这房由于挖煤损坏了，孩子在浙江打工。”说完就到稻谷田中去了。稻田里有几个打谷的，稻田边有几座一层的新砖瓦房。一座没有人住的房子后面有一块水塘，村里有不少小蓄水池，到处都能看到煤渣堆着。这里由于天冷人们要用煤烤火，每吨煤 1400 元，基本上可以用一年。那边屋前有 60 多岁的妇女在锄地，她以前在大方那边讨米，后来才过来的，让我到家里坐一会儿。她家房子是简易砖房，进门是厨房，有火塘，火塘边有一张床，中间是客厅，有电饭煲，里面还有一间放着一张床，房子由于挖煤墙身已经裂开。“是党要我们在这里安家落户，现在吃饭没问题了，党的政策好，感谢党，现在土地已经不重要了，终于没有地也可以生存了。”现在种玉米每亩成本将近 200 元，三分之一的人是亏本的。她儿子做了两层的楼房，借了不少钱，又到浙江打工去了，经常是没有事做，每月可挣 2000 元。这里有几家土坯的房子都空着，她隔壁的一家是砖瓦房，那主人一直在昆明开餐馆。她不想到别的地方住，说这里空气新鲜。她家老人已经去世了，她也成为老人了，我认为她具有中国妇女的传统美德。

沿着水泥路而下，不时有卡车拖煤下去，下面街上有煤厂，大棚里有机器的响声。马歇尔说：“（引起工业地区分布的）主要原因是自然

---

① 〔英〕亚当·斯密：《国民财富的性质和原因的研究》（上卷），郭大力、王亚南译，商务印书馆，2017，第 98 页。

条件，如气候和土壤的性质，在附近地方的矿山和石坑，或是水陆交通的便利。”[①] 街上的原汤牛肉粉很好吃，可以边烤火边吃，老板是正宗彝族人，一直在贵阳和花溪开餐馆，一家人正忙着，附近煤矿的、学校的、政府的人都已经订餐了。要到金沙瞻仰钱壮飞烈士陵园，摩托车司机说上面一个乡有 12 点半的车。我说：“你不要骗我啊。”他说：“你是出门的，我们也是要出门的，出门谁都不要骗谁。”他开着摩托车追上了班车，把愉快给了我，我从此却很难再见到他了。

① 〔英〕马歇尔：《经济学原理》（上卷），朱志泰译，商务印书馆，2011，第 318 页。

大　方

百里杜鹃平地中竖起高楼，六个停车场都停满了车，四月旅游旺季游客爆满。客车上刚认识的新朋友彭义告诉我："百里杜鹃是国家5A级景区，由大方和黔西县划出来，由七乡和两区组成。"毕业于云南民族大学的成梅老师说："门票130元我认为很值。"景区内青草地一片秀色，路边杜鹃花灿烂，有的白中带黄，有的粉红，血红的最为艳丽。杜鹃花瓣那么大，微风起时花枝摇动，有花瓣悠然而下，路上满是落花，杜鹃树都在200年以上，有的已经上千年了。树林和草地秀色逼人，鸟声婉转，远山无数，游客不停地过来。近处山上有亭阁很醒目，杜鹃花如星星遍布。远处山峰数不尽，满山都是杜鹃花。山上杜鹃丛中有木栈道，杜鹃树那样粗。大道上有摆摊的，烙锅小豆腐味道很好，很小的土豆味道也特别好。大道两边都是杜鹃树，时有青草地，山坡上都是大杜鹃树，坐在树下很凉快。山间有路通往村子，一层的木板房前摆着摊子，田野中樱花红艳艳的，有青草和蔬菜。红军广场处有杜鹃树山，山上杜鹃林中游客攒动。一片民宿处摆摊的很热闹，沿着大道走到原来的亭子，到处是人山人海，山中木栈道两边的杜鹃花艳丽无比。景区外有卖小吃的，有5元一个的糍粑包豆腐，有稀饭一碗5元，奶茶一杯15元。

去金坡景区，公路上招一辆面包车，司机王中贤同志只收我10元，车上还有两个山西游客。金坡景区内有石阶上去，我更爱石阶边的泥土路，路边梯田中有树木、竹子和蔬菜。有一大片绿草地，四面小山环抱，山上满是各样的杜鹃花。花海中有栈道，山上杜鹃树遍布，山谷里

百里杜鹃

有青草。同百纳中学的两个高三老师一起上去，大道边的大树上杜鹃花开得灿烂，白的一朵有 15 个花瓣，红的一朵有 25 个花瓣。有的山上都是杜鹃花，有的山上只有树木。大道下山谷长长的，有草地，有各样野花，有画眉鸟婉转歌唱。大道上，两边红的、白的杜鹃花遮住了天，有的红杜鹃花只开在树顶，有的红杜鹃花开在树下的小枝上。有一片山坡，红杜鹃花落满地，杜鹃树下一片红。山上有梯田，深壑中有树木，过去之后忽然又见满山杜鹃。在山顶饱览四面小山上的杜鹃花，又乘观光车看峡谷中绿的旷野，树木郁郁葱葱。这里的野生杜鹃世界少有，但旅游高峰期只有一个多月。那两个高中老师送我到百纳乡，在一家酒店吃饭，有杭椒炒大方豆腐干，有大葱炒腊肉，有大葱炒猪肚，有土豆片和宫保鸡丁，还有酸菜汤。他们都是赫章人，赫章的韭菜坪很有名。王老师在准备考教育专业研究生。他们是讲奉献的人，说中小学生对他们还是很尊重的，留守儿童多了教育质量不能保证，有的班主任完全管不住学生。一家酒店老板是他们同事，曹老师很温和，是很好的人，要不是可以微信支付，70 元的住宿费他是真不会要。

雨冲乡街道边有小河，几个摩托车司机很友好，但我还是喜欢步行。这几个朴素的司机让我想起了陶渊明的诗句："时复墟里人，披草共来往。相见无杂言，但道桑麻长。"银杏村在镇上 2 公里处，山上树木茂盛，空间宽阔，田地较多，人家分散而居，斜坡处有一大片新栽的银杏树，那片 500 年的古银杏有 20 多棵，这里热天来的人很多，居民都要搬迁，木板民居要拆掉，宣传牌上写着"发展全域旅游助力扶贫攻坚"。沿着弯曲的公路上去，屋边有大人和小孩儿一起锄地，有人用黄牛耕地，以前每户都养牛，现在 10 户只有 1 户养牛了。田里有大片桃树，桃树下套种蔬菜，田里还有油菜花，有一片田里有两人在种葡萄。一片橘黄色房子很美丽，周围田里种着烟草，麻雀很多。一户人家的木房子有 100 多年了，屋前的青石板有 200 年了，有老太太让我去家里坐坐。她说："现在种地成本高，要用化肥、磷肥和政府发的有机肥，用农家肥已经没有效果了，自己吃的菜没有用化肥，两个孙子说我做的菜很好吃。地就怕种不出东西，现在来旅游的人多了，我去年种的桃子和西瓜在路边一周就卖出去了。大儿子家是种烟草的，每年收入五六万元，两个大学生一年要花费七八万元，大媳妇说不让他们读书了，我说他考不上大学心理受刺激，考上了大学不让他读大脑又受刺激，还是贷款让他们读出来后慢慢还。"

公路上房子分布稀疏，田里都种果树，偶然可见到土掌房，修公路的人每天能挣工钱 100 元。那片山上有一层层茶树，有两个广东老板来承包，宣传牌上写着"守住绿水青山，让乡村旅游可持续发展""建茶园带旅游，百姓富生态美"。几户房子边有大人在给自己干活，有两个小孩儿在吃月亮红的梗子，那是我小时候也吃过的。那人说现在都种果树也种玉米，果树不需要流转土地，家里都留有一个人，他还说铺路的工资是最低的。在公路上招了一辆面包车，是专门送学生上学的。有一处路特别弯曲，深壑上有一座木板房，现在已经没有住人了，那里容易滑坡。山谷中有一间砖瓦平房，以前旁边是一个鱼塘，由于存在安全问题没有做了。来到油杉河景区，天下着小雨，在一家山庄住要 60 元。和那家人吃饭，说的都是当地名人李世杰、丁宝桢和奢香夫人，那老太太让人感觉热情而友好。有两个女子在打工，还有一个女子过来玩，那个长得胖点的我感觉是苗族人。她们一起掰大蒜，说这里有一户的三儿一女都是大学生，最小的一个还在读研究生。这家主人有一间房子是以前的木板房，另有两栋楼房，后面还要再修一栋楼房，他们家在镇上工作的不少。从油杉河的木栈道下去，山谷中有水，田中有白玫瑰和油菜花，有石头一大片，水杉树很茂密，山上树的颜色五彩缤纷。在停车场上看峡谷逼仄，谷底很深，望去全是树木，守门的说里面山上有庙，是四五百年前修建的。附近有油杉古寨，在山谷里面，古寨前有河流，有女子带着小女孩放她的鸭子，有村民背着粪，里面有木板房子，有以前集体活动的场所，一块石刻像是古代留下的。一家苗族房子是木板制成的，在猪圈中锄粪的中年人和他父亲很热情，那老人是到这里的第七代，说以前在黔西司法不好才过来。这里苗族有将近 20 家，汉族有四五十家，还有彝族人家，木板房已经没人住了，许多人家在外面自己做了房子，这里没有网络。他们的土地每亩 500 元被征收种刺梨，现在已经 5 年了只拿到 1 年的钱，我认为应该畅通他们反映的渠道。

大方县城有横幅“文化兴国运兴，文化强民族强”。古街银门上写有“农桑并重勤政兴学固南疆，彝汉相亲养民息兵尊北阙”。始建于明代的斗姥阁，门上有联“一园汇聚释儒道，诸族融合彝汉苗”。门外有一棵 150 年的银杏树，门内天井中三棵大银杏树有 620 年历史，三棵古银杏紧紧依偎，树上黄叶灿烂，地下黄叶一片。古银杏树边，土地庙香火旺盛，写有“公公十分公道，婆婆一片婆心”。第一殿为天王殿。第二殿为庆云楼，楼阁在水中央，龙口里流着水，水中有曲折的走廊。庆云楼为清宣统年间大定知府陈庆慈所建，有清代著名书法家何绍基书“风篁类长笛，流水当鸣琴”。第三殿为斗姥阁，门前的金龟是龙头马尾，上面栖息着两只白鹤，有陈应龙撰“阁映星光灿，泉流世泽长”。大雄宝殿前有九龙喷水，有如来佛在水中。太上老君殿的大门写有

“一粒粟中藏世界，半边铜锅煮阴阳”。阳明祠前有小石桥，清清的泉水流淌着，旁边有玉皇泉和斗姥泉。后山上有百子崖，门牌上有“登岩眼界高秀色一痕空廓处，倚槛心尘息清香百缕庙宇中”，曲折的风雨廊上有99级台阶，墙上有观音送子雕塑，百子栩栩如生，拜佛的人络绎不绝。马歇尔认为：“世界历史的两大构成力量，就是宗教和经济的力量。……宗教的动机比经济的动机更为强烈，但是它的直接作用，却不像经济动机那样普遍地影响人类生活。因为一个人心情最好的时候，他的思想中大部分时间总是充满了关于谋生的事情；在那个时间里，他的性格就由于他在工作中运用他的才能的方式、他的工作所引起的思想和感情以及他与他的同事、雇主或雇工之间的关系而逐渐形成起来了。”①

大方古城铜门上有“于蜀为门户鸡鸣三省唱千秋，于滇为咽喉道辟九驿通万里”。银杏树黄，红花一片，有彝族先民种水稻铜像，有骑着大象作战的铜像，亭子内有明万历贵州宣慰使安疆臣墓。贵州宣慰府前面是河流，背后横亘的云龙山常年青烟缭绕。宽阔的广场前，铜柱上有牛角，两铜狮上有彝族的四不像神兽。柯家一古碑记载：水西彝族君主济火与诸葛亮结盟于毕节七星关一带，济火被封为罗甸国君。第三世罗甸王必额莫翁建慕俄格城堡于大方，同时建九重宫，为蜀汉、唐、宋、元四朝王宫，元朝改为顺元宣慰司，明朝为贵州宣慰府。宣慰府共有九殿，为接待室、吏部、刑部、工部、户部、兵部、外交部、王殿、文化馆。元代后期奢节夫人起义时宣慰府遭毁坏，明代天启四年（1624）贵州巡抚王三善平定奢崇明、安邦彦时焚毁古城。历史文化的保存只有在和平环境中才有可能。

金门内有奢香博物馆，红色的大门古朴典雅。门内有青松、樱花，还有古塘，是彝族人供马洗身和饮水用的。有铜马一匹，原来在响水青山柯家坟前，水西马体小矫健。铜像四周枫叶很红，奢香夫人握剑，披着披风，散发着政治家的光芒。奢香墓前，雪松参天，还有二石狮。奢

---

① 〔英〕马歇尔：《经济学原理》（上卷），朱志泰译，商务印书馆，2011，第3—4页。

奢香夫人铜像

香（1358—1396），四川蔺州宣抚司扯勒君亨奢氏之女，洪武八年（1375）与贵州宣慰使蔼翠结婚，洪武十四年夫死后代夫摄政 15 年，开置龙场九驿，连接黔、滇和巴蜀驿道，倡导各民族平等。奢香少时与贴身丫鬟朵妮受教于通晓彝、汉学的幕史，奢香常托人从成都带回汉学书籍，由教头和奶娘教授武艺。奢香曾说服其兄开放粮仓，打开牢房，“如灾民外逃，耕牧荒废，又影响王府名声”。洪武十七年贵州都指挥使、马皇后内侄马烨视奢香为鬼方蛮女，大旱期间强迫其缴税，企图辱其激变，欲废宣慰使代以流官。奢香制止 48 部头人反抗，到京师向朱元璋申诉，“愿开山凿险，开置驿道”，使得朱元璋不惜以一人安一方而召回马烨治罪。奢香七次赴金陵，引进汉儒，创办贵州宣慰司学，加强彝汉交流。明洪武二十三年儿子阿期陇入京师太学，洪武二十五年学成回贵州办学堂，其后代安贵荣等人与王阳明交往很深。朝廷对宣慰司的纳粮从每年 8 万担逐年递减为 2 万担，商贾过往奢香九驿道“随夜行不虑盗也”。明朝开国初，朱元璋想让外戚做官，马皇后说：“国家官爵，当用贤能。妾家亲属，未必有可用之才。且闻前世外戚家，多骄淫不守法度，每致覆败。若非才而官之，恃宠致败，非妾所愿也。”①

熊彼特说过：“只有在新的可能性表现出来时，领导的特殊问题方才产生，领袖类型的人物方才出现。……领袖的职能就在于‘做这件事’，如果不去做，那么可能性就消失了。”② 奢香夫人用道家的智慧取得了儒家的效果。儒家强调“老者安之，朋友信之，少者怀之”。《孟子》说：“今王发政施仁，使天下仕者皆欲立于王之朝，耕者皆欲耕于王之野，商贾皆欲藏于王之市，行旅皆欲出于王之途，天下之欲疾其君者，皆欲赴诉于王。”老子说：“勇于敢则杀，勇于不敢则活。”“江海所以能为百谷王者，以其善下之，故能为百谷王。”“上善若水。水善利万物而不争，处众人之所恶，故几于道。”

---

① 谷应泰：《明史纪事本末》，中华书局，2015，第194页。

② 〔美〕约瑟夫·熊彼特：《经济发展理论：对于利润、资本、信贷、利息和经济周期的考察》，何畏等译，商务印书馆，2017，第100—101页。

后　记

本书的写作动力最早源自我在华中科技大学读博士期间，直接来源于张培刚教授1992年出版的《新发展经济学》。张玉英教授在指导我的博士学位论文时指出，学发展经济学应该到发展中地区多调查体验，应该长期发扬张培刚教授开创的农村调查传统。博士毕业后，我执教于云南民族大学管理学院，授课之余开始了本书的写作之旅。

贵州的山水十分美丽。贵阳城四面环山，南明河水散发着灵性，山水能让人们留住乡愁。都柳江发源于榕江和都匀的山上，碧绿如玉带，最后汇入珠江，江边有布依族人自古安居乐业。清水江发源于斗篷山顶的天池，白波闪闪，江边有古码头，明清时期水运可达湖南各地。雷公山上有原始森林，两条溪水流下，汇成白水河。乌江弯转，两岸山直立，是那样壮美。威宁草海是自然的，岸边有泥土，长长的湖面呈现白的和蓝的长带。黄果树瀑布，流来如雪，流下如布，是那样壮观，河水在关岭境内奔流。荔波的地质奇特，处处有水从地下冒出，在精美的小七孔桥汇入深江。赤水河奔流，河边有古镇，鳛部落历史悠久。安顺和兴义一带，山峰一座座独立，自然美丽的田野间有河流。梵净山自然天成，有石头一片片，如万卷经书，山下溪水明亮，有田野一大片，河岸上有树木。百里杜鹃，满山上遍布古杜鹃树，杜鹃花颜色艳丽无比。贵州的山上郁郁葱葱，溪流声响如弹琴弦，到处是鸟的叫声，人与自然十分和谐。

贵州的文化绚丽多彩。古夜郎国很神秘，深深吸引着世人，夜郎王多同很强大，又是那样自信，归附汉朝，维护了地方安定和国家统一。

明朝彝族女政治家奢香夫人，正确处理地方和朝廷关系，修龙场九驿，提倡各民族平等，引进汉族文化，用道家的智慧成就儒家的事业。布依族生活在河边，石头和木板制成的房子很古朴，他们的心灵很澄澈。水族新年有两个月，节日使得家族富有凝聚力，成为美好的乡村精神共同体。瑶族亲近自然，靠山吃山，三宝为鸟枪、酒壶和鸟笼，在艰苦环境中顽强生存，他们的精神值得学习。苗族热情好客，山上梯田美丽，斗牛的节日富有乐趣。贵州各民族崇尚自然，处处山歌悠扬，镇远的张先权先生整理过两本黔东南民间山歌书，榕江县的山歌很丰富，三都苗族山歌手抄本字迹工整，兴仁的摊子上也有山歌书。贵州各地小吃丰富，有老贵阳原汤牛肉粉，有旧州鸡辣子，有乌江片片鱼，有三穗鸭，有烤小豆腐，有大方豆腐干，有糍粑包豆腐，油炸粑里面有很多肉。贵州各地的老百姓热情、朴实、善良、自然，生活在他们中间十分愉快，良知在他们心中。教育应该有崇尚自然的文化相伴随。丹寨的苗族阿婆能背诵《增广贤文》等儒家书籍，盘州的布依族老人说“龙在水里”，少数民族文化和汉族文化有内在的相通之处。道家文化是崇尚自然的，儒家文化提倡和睦相处、和实生物、和而不同，贵州各地的人对中央政府高度认同，中华民族统一的一个重要原因是文化的统一。

贵州各民族文化兼容并包。贵阳的甲秀楼内，有历届贵州巡抚的诗句，彰显出儒家文化的灿烂。镇远古城，明清时期人们一年两次祭祀三皇，有浓郁的儒家文化，天后宫让我国海洋文明深入深山峻岭。安顺的天龙屯堡，是儒家文化共同体，那里的妇女现在都还穿着明朝凤阳服装。隆里古城在锦屏县大山深处，那是唐朝诗人王昌龄生活过 7 年的地方。青岩古镇清代出状元赵以炯，麻江县清代出状元夏同龢，张之洞童年在兴义生活 16 年，独山有清朝诗人莫友芝，遵义有清朝西南大儒郑遵。明朝以来的移民为贵州带来了儒家文化的繁荣。贵州本土和中原地区自古就有文化交流，东汉时期独山人尹珍到洛阳拜许慎为师，他 69 岁举孝廉，历任武陵太守和荆州刺史。贵州有不少儒家重臣，很有作为，文武双全，织金有丁宝桢，黔西有李世杰，镇远有谭钧培。张三丰从湖北武当山来到福泉，使得福泉成为全国的道教圣地。王阳明是贵州教育开拓者之一，他在贵阳任龙场驿丞 3 年，潜心研究儒家经典，创“知行合一”哲学，在贵州培养了一大批著名弟子。阳明学说在日本的深远影响耐人寻味，不仅要重视科学技术和经济发展，也要在精神上不断革新自我，要从我国传统文化中汲取营养。在文化融合过程中，儒家的“仁爱”思想是十分有益的，优秀传统文化的弘扬需要吸收各文化的长处，应该对优秀传统文化进行创造性转化和创新性发展。

贵州的古城镇和古村落富有魅力。青岩古镇地理位置重要，是明朝军事古镇和清朝驿站，散发着儒家文化的光芒。黎平翘街很古朴，是中国历史文化名街，那里的古民居保存完好，生活气息浓郁。贞丰古城从布依族古集市发展而来，让人感觉十分宁静，富有少数民族的灵性。下司古镇有明清码头和古街道，让人感觉无比真实，当时的清水江水运一片繁荣。赤水河让人感觉很神秘，焕发着红色文化顽强的精神，自古是川盐进贵州的水运要道，土城让人们能够了解以往的社会及文化。遵义老街高雅，文化资源丰富，湘江河散发着灵性。石阡古城在龙川江边，有湖广会馆和江西会馆。思南古城在乌江边，有始于宋朝的田氏土司旧迹。贵州少数民族村寨富有魅力，黎平有历史近千年的侗族古寨，雷山郎德苗寨民居和古巷子保持着原貌，从江县岜沙苗族人认为人就是树，务川仡佬族古村落出明朝进士申祐，安龙有十八先生墓和招公堤。桐梓县有娄山关战场遗址，有周西成和王家烈故居，有明清时期留下的太白碑亭，李白夜郎文化很有价值。贵州近代名人，邓恩铭是荔波人，王若飞是安顺人，周逸群是铜仁人，开国上将杨至成是三穗人，旷继勋是思南古城人，何应钦是兴义人。古城镇和古村落有益于旅游开发，有益于传统文化的挖掘，现代化需要弘扬优秀传统文化。儒家“仁爱”“守信”的内在制度有益于交易成本的降低，有益于市场顺利运行和市场范围扩大。非正式的社会规范需要与正式制度相融合。市场经济需要人们平等、自由的观念，需要企业家精神，需要生产性努力，需要更加尊重劳动，贵州有以任正非为代表的著名企业家。

贵州山地乡村的振兴成效显著。龙里县孔雀寨有湾滩河，那里的田野十分美丽，后山上有溪水流下，是农业部首批重点打造的 100 个美丽乡村之一，来自世界各地的游客使得那里一片热闹。惠水好花红村坝子很平，农家客栈让人感觉舒畅，有古民居一片，文化使得乡村富有灵性，一首流传600年的布依族民歌在1957年受到中央领导肯定。平坝的小河湾是黔中最美丽的乡村，那里地势平坦开阔，有羊肠河弯转流淌，河那边就是贵安新区，浙江人的开发让乡村富有活力。平坝的塘约村全国著名，组织振兴带来经济发展，形成了乡村公共精神，全村土地入股，蔬菜销往广东、香港各地。盘州娘娘山是全国“三变”改革发源地，联村党委书记带领乡亲们脱贫致富，所产猕猴桃销往我国台湾地区和俄罗斯等国家，老百姓和公司都十分满意。石阡县有楼上古村，山水、田园、民居让人感觉天人合一，人们从明朝以来一直以耕读为本，乡村富有凝聚力，对于我国乡村精神共同体建设很有借鉴意义。湄潭县是浙江大学抗战时期西迁之地，留下了竺可桢校长倡导的“求是精神”，那里一座座茶山秀色可餐，田家沟是歌曲《十谢共产党》发源地，乡村的振兴伴随着精神文化的振兴。贵州的乡村是人口流出型乡村，外出打工的人素质得到极大提高，多样化的社会联系有益于人的全面发展。贵州的乡村建设促进了新观念的形成，部分外出务工人员回乡创业，形成了自强自立的精神。文化的演化首先是部分人物质上的成功，当模仿人数达到临界值时新的文化规范就会形成，市场体系有益于文化的演化。

贵州是有为政府与市场体系结合的代表。贵州的地方政府在经济发展过程中起着巨大作用，基础设施建设取得了非凡成绩，高铁和高速公路的发展让人们称赞不已，乡村公路的普及方便了人们的出行，为人们走向市场打下了基础。贵州以往是静态的农业文明，现在则是动态的农业文明和工商业文明，贵州后发赶超的根本不是土地资源的开发，而是让人们的知识需求增加，地方政府提倡“脱贫致富，教育铺路”。贵州地方政府提倡“来一场振兴农村经济的深刻的产业革命”，城镇化正在加速进行，城镇和乡村正在融合发展，招商引资带来巨大活力。道法自然的思想显示出生命力，传统村落的保护特别重要，应该更加让乡村各有特色。贵州各地加速着土地征用和流转，有益于农业的规模化经营，有益于与大市场对接和传统农业的改造，农民的利益保护问题特别重要。贵州地方政府对公共基础设施的投入十分有力，各地的医疗卫生条件明显得以改善，能够提供效率更高的劳动力。贵州地方政府重视制度建设，法治能够促进交易成本降低。乡村振兴应该与乡村治理同步发展，这样有利于精神共同体的建设。贵州的贫困地区人口搬迁成效显著，形成了许多新的经济发展极，促进了城乡一体化发展，有益于少数民族融入现代社会。经济发展过程是人的全面发展过程，贵州人的自立、自强精神正在增强，收入的提高改善了人们的精神面貌。

《贵州行思录》的实地考察历时一年，其间，每周上完课我便乘高铁到贵州各地调查研究，所有假期都在贵州自费进行科研，是在大海捞针，是在探索未知，心里充满激情。在这本书写作之前，我用两年多时间精读亚当·斯密的《国富论》、马歇尔的《经济学原理》、熊彼特的《经济发展理论》、柯武刚和史漫飞的《制度经济学》、萨缪尔森和诺德豪斯的《经济学》、张培刚的《农业与工业化》等经典著作，并写了30万字读书笔记。在写作过程中，我阅读了近两年有关乡村振兴的主要论文。初稿完成后，用近一年时间反复阅读《易经》、《老子》、《孙子》、四书等国学经典，并将初稿修改了6遍。坚定文化自信是发展的前提。和《滇行散记》一样，本书以游记为线索，以发展经济学和制度经济学理论为工具，是一部研究贵州经济、社会、文化发展的专著，兼顾原创性、学术性和可读性，希望能够对发展中地区有所启发。本书的写作得到了学校领导和家人的大力支持。本书初稿完成后，中国社会科学院财经战略研究院钟春平教授向出版社推荐，解除了我心中的焦虑。感谢华中科技大学经济学院徐长生教授撰写推荐意见："《贵州行思录》是一位经济学博士的第一手实地考察所见所感，对贵州各地经济社会发展的现实描述很真切，对风情文化的体验很具体，很好地将我国优秀传统文化和发展经济学理论相结合，探索文化于经济的创造性转化和创新性发展。该书不同于一般的游记散文，而是经济学与散文的一个有机结合，经济中见人文，人文中看经济，书中提炼的思想丰富且有普遍性的启示作用，对了解贵州等发展中地区的经济社会文化综合发展具有独特的参考价值。”感谢我的父亲，他不仅从生活、工作等诸多方面为我提供帮助，在我写这本书的整个过程陪伴我，还为我这本书题写书名。我现在十分思念养育我的湖北省潜江市积玉口镇花园村，挂念我的老师、同学、亲友，想念我的爷爷和奶奶。本书编辑出版过程中，刘荣副编审和程丽霞编辑反复推敲文字、精心编辑校对，具有高度的敬业精神，特在此致以衷心感谢。

郑艾林

2020 年 3 月 24 日